# EDADES ZODIACALES DEL SER HUMANO

## MAURICIO PUERTA

ISBN: 1492941220
ISBN-13: 978-1492941224

## ADVERTENCIA

A pesar de la edad que usted tenga, le aconsejo leer este libro desde el principio y en todas las edades; pues así sabrá de donde saco los textos para cada uno de los años vividos, mientras hace memoria de lo que vivió alrededor de cada edad. Haga de cuenta que los años son el hilo de la vida; y los sucesos son las cuentas que se encaden al hilo de su vida. Leer sólo acerca de su edad, únicamente le hablará acerca de una sola cuenta del collar de su existencia. ¿Y el resto?

# ÍNDICE

# Introducción

He escrito este libro pensando en entregar al lector interesado en la astrología, una información que pueda servirle como base de orientación a la hora de querer comprender y comprobar de una forma evidente, los sucesos y estados que ha de vivir a lo largo de toda su vida -y la de los demás- utilizando los ciclos planetarios y las leyes que lo rigen, según cada una de sus edades mientras crece, estudia, viaja, se casa, se reproduce, ve crecer los hijos, nacer sus nietos, morir sus padres, se enferma, envejece, etcétera. El libro describe todas nuestras edades, año por año desde el nacimiento, hasta cuando cumplimos 90 años, abarcando así la totalidad de la vida de muchos de nosotros con todos nuestros sucesos, aspectos y estados anímicos, emocionales, filosóficos, físicos y espirituales.

Puesto que éste no es un texto acerca de la totalidad de los tránsitos ni de las progresiones planetarias, sólo dejaré consignado en él aquellos movimientos cíclicos que se efectúan según edades precisas; pues las variaciones y los significados pueden ser incalculables en una carta astral. Veamos tan solo dos ejemplos: por lo general, todos cumplimos entre 28 y 30 años de edad cuando por vez primera Saturno transitado cruza por encima de su posición en nuestra carta natal; pero el sector de la carta astral personal en donde se realice ese aspecto a esa edad exacta, marca el tipo de asuntos que llegaran a la vida en ese momento. Como lo mismo sucede cuando cerca de los 40 a 42 años todos tenemos la única oposición transitada de Urano con su posición natal, al significado de la conjunción y oposición respectiva dado en este libro, hay que agregar lo que representan las casas implícitas en estos aspectos.

Con el propósito de que lo dicho en esta obra sirva como mantel en la mesa astral de ustedes, entonces, a las definiciones escritas según los años que vamos cumpliendo, cada quien tiene que poner sobre dicho mantel el resto de la vajilla; es decir, dichos aspectos planetarios en el tema de una determinada casa, que sirve como escenario del suceso que está escrito desde cuando nacimos y según la edad que va siendo acompañada o regida por algunos planetas, tal como lo explico durante la narración. La carta astral es el mantel, las doce casas son los doce puestos dispuestos en la mesa y todo lo que haya en cada una de ellas es lo que está servido en los platos. Buen apetito.

## CAPÍTULO 1

### Explicación de la carta astral y los movimientos planetarios en general.

Usted es su carta astral, una especie de carta de navegación o manual de funcionamiento (uno de tantos), que le permite descubrir cual es el plan original, el drama y la ruta del Yo para convertirse evolutivamente en un ser humano verdadero; es decir, pasar de Yo a Ser. La carta natal, siendo la expresión simbólica de las distintas pautas energéticas o componentes psíquicos que lo constituyen a usted, gira alrededor de su signo zodiacal. Es una fracción estelar determinada acerca de un suceso cualquiera, que en este caso es su fecha de nacimiento terrenal; es algo así como si después del momento en el cual usted -como Esencia Solar- entró o encarnó en el vehículo -como Materia Terrenal- que le correspondía, hubieran tomado una "fotografía" de su nacimiento y ésta es llamada... su carta astral; que es quien contiene en sí misma todos los ciclos pertinentes a su vida y que es acerca de los cuales trata este libro. Usted mismo es el momento universal de ese instante; usted es la placa fotográfica de dicha instantánea. He ahí, en su carta natal, las cualidades que usted es capaz de actualizar según su conciencia y grado de comprensión, traído a esta vida y aumentado en ella; he ahí, también, los impulsos en semilla para ser desarrollados y expresados a través de las distintas edades de la vida; ahí están presentes, en fin, todos los potenciales personales latentes.

Como la carta natal es el derrotero de la vida dibujado por usted mismo a través de las acciones hechas en otras vidas, con su estudio puede llegar a ser feliz al alcanzar a ser consciente de por qué encarnó en donde lo hizo; así como las incapacidades kármicas que tiene que tratar de superar; y, de no poder lograrlo, entonces, aceptarlas por comprensión mientras conoce y encauza su caudal energético para sentirse realizado mientras los planetas van transitando según su edad alcanzada en esta vida. La carta astral muestra su destino.

Los ciclos y movimientos planetarios realizados en el sistema solar se reflejan en nuestros años de vida, tanto al momento de nacer como a lo largo de toda ella. Los más importantes de ellos son los conocidos con el nombre de **tránsitos** planetarios. Sí, tenemos una carta astral de nacimiento como si fuera la inamovible carrilera de un tren, tal cual lo está nuestro destino; pero, a la vez, los planetas van circulando o transitando sobre los natales de forma tal que no sólo pareciera ser el tren que se mueve con sus vagones sobre la carta natal, sino que van indicando en el planeta radical-natal qué es aquello que se siente afectado en la vida, según nuestra edad; mientras que el planeta en movimiento nos muestra cómo afecta, no sólo a un planeta en particular sino desde el sector o casa en donde él está natalmente y vaya transitando en la carta astral actual; es decir, el planeta en movimiento trae sucesos y acontecimientos nuevos con respecto a su significado natal en un escenario especial de su vida, a una edad determinada y representado por la o las casas en donde se realiza el suceso en cuestión.

Si de alguna forma, antes de nacer, el alma o la esencia "escoge" en donde vivir las experiencias necesarias para poder evolucionar, la carta natal nos recuerda el libreto para podernos expresar en la presente encarnación. Nos permite, además, establecer una correlación entre los ciclos estelares allá "arriba" y nuestra vida aquí "abajo", para poder comprender mejor nuestro devenir esencial como habitantes universales. Los tránsitos planetarios, precisamente, nos muestran sobre esa carta natal la relación que tenemos con la realidad a través de un significado y un escenario específico; ellos reflejan energías y fuerzas externas que inciden en nuestra vida total, dejándonos ver cómo nos afecta dicha realidad según la edad y el nivel de ser alcanzado. Los tránsitos tienen una influencia que varía enormemente en su tiempo-edad de actuación y en sus efectos sobre nosotros. Es así cómo, el tránsito lunar se considera que apenas tiene un efecto que dura unas 6 horas; mientras que los llamados planetas transpersonales de Urano hacia la lejanía, pueden influir hasta dos y más años. Por eso utilizo los tránsitos de la Luna Progresada y no los de la natal, así como los tránsitos de los planetas lentos y no sus progresiones. Los tránsitos y progresiones sobre dicha carta natal, nos han de permitir saber cómo va nuestra vida a lo largo de ella.

Como imagen que es, la carta natal nos informa acerca de la totalidad de la persona interior que somos y de nuestra relación con la vida externa; he allí, también, nuestro desequilibrio, virtudes y defectos, y la manera como podemos cultivar los primeros y corregir o dominar los segundos. Los tránsitos nos dejan ver qué sucede en ese sentido durante toda nuestra evolución. La carta astral es como un espejo que, descifrándola, nos dice lo que es mejor para nosotros mismos en cuanto al desarrollo evolutivo del ser; porque a diferencia del espejo material, nos muestra más lo que somos que lo que tenemos y nunca nos miente como lo hace éste. Vistos así, los tránsitos nos permiten conocer los sucesos que van a incidir en dicho desarrollo; mientras que las progresiones nos informan acerca de nuestro crecimiento interno a través de los sucesos transitorios.

Se sabe que en la carta astral encontramos el recuerdo de cómo queríamos que fuera esta vida; y, cuando nos demos cuenta de ello, entenderemos que algunas facetas de la existencia las hemos vivido y nos han sucedido por destino y otras por idiotas; es decir, por dormidos en vida. Partiendo de ambas situaciones, tenemos que definir -¿podremos hacerlo?- cual es el sendero que debemos seguir, para desarrollar todo nuestro potencial o la energía que somos, para llegar a la plenitud existencial mientras los planetas siguen su curso transitado sobre nuestra carta natal según edades específicas. Algo en nosotros, tal vez el alma, debió escoger o entender antes de encarnar, qué era lo mejor para lograr dicha plenitud; ahora, a ella misma, le corresponde recordar qué se le olvidó y para ello la carta astral es una magnífica herramienta de trabajo personal. No hay que olvidar que la palabra "recordar" está asociada al corazón: cor, cordis= corazón... re-corazón... re-cordar. Eso me da a entender que recordar debe ser algo así como volver a -o volver sobre- algo que ya teníamos en o habíamos sentido con el corazón. Para eso es la vida: para recordar.

Dependiendo del significado de los planetas en juego, podemos saber qué sucesos y estados vienen a nuestra existencia dentro de la realidad que nos corresponde vivir y evolucionar mientras los planetas transitan por ella. Por ejemplo: un tránsito de Saturno nos informa acerca de cual es nuestro lugar en la vida y, dependiendo de en qué casa se realiza, sabremos algo sobre los desafíos de nuestra madurez en ese sector del destino. Y de nuevo el ejemplo: un Saturno transitando sobre el Saturno natal, que sucede cuando la persona tiene alrededor de 28-29 (sembrar), 58-59 (cosechar) u 88-89 años (descansar), puede traer incluido una carga de responsabilidades representadas por el trabajo, el matrimonio, el nacimiento de un hijo o de un nieto y así sucesivamente dependiendo de la edad. Pero mientras Saturno cristaliza, Urano destroza lo inestable y deja incólume lo sólido. Con un tránsito de Urano se sienten más que ansias de liberar energías inmovilizadas en el inconsciente y dar un nuevo aire a las relaciones o a las viejas estructuras, haciendo consciente lo negado u oculto. A su vez, un tránsito de Plutón hace aflorar lo oculto como una energía-riqueza encerrada bajo nuestra superficie física, espiritual, emocional o psicológica. Como alrededor de nuestros 52 años de edad, Plutón hace su único trígono de alejamiento con su posición natal, allí podemos aprovechar mejor dicha energía representada por él en nuestra carta natal.

Urano hace su primer y único trígono de alejamiento con su posición natal hacia los 26 a 28 años de edad (cuando Saturno hace la primera conjunción consigo mismo y debe ser normal tener hijos) Urano hace su primer y único trígono de acercamiento hacia los 56 (cuando ya debe haber nietos) y a los 84 años (cuando los hijos y los nietos nos entierran para quedarse con la platica); que es cuando Urano regresa a su posición natal. Si dividimos ese ciclo en tres partes, la primera de ella, de los 0 a los 28 años, la llamaré la etapa emocional; la segunda, de los 28 a los 56 es la económica; y la tercera, de los 56 a los 84, es la etapa espiritual. A la primera edad la acompañan el primer retorno transitado de Saturno y el de la Luna Progresada, ambos de los 28 a 29 años de edad; a la segunda edad la acompaña el tercer retorno de los Nódulos Lunares a los 55 ½; y a la última edad la acompaña el séptimo retorno de Júpiter y la oposición de Neptuno a su posición natal, cuando cumplimos de 83 a 84 años, y faltan los 87 de Saturno. Pero acerca de estos ciclos profundizaré más adelante. De esa manera, y sin que lo sepamos, muchas de nuestras edades son seguidas por diferentes y múltiples aspectos precisos, que cumplen con sus ciclos y se reflejan en los sucesos y estados de nuestra vida. Pero lo importante no sólo es cuánto dura un ciclo, sino qué debemos hacer durante él para aprovecharlo mejor.

Aparte de los tránsitos planetarios, hay otro movimiento importante conocido como la **Progresión Solar**. Éste es un desplazamiento simbólico realizado por el Sol alrededor la carta natal, en donde cada grado que recorre equivale a un año de nuestra vida. Es decir, que si se nació con el Sol, por ejemplo, en 13 grados de Capricornio, cuando se cumpla de cerca 30 años de edad el Sol andará por 13 grados del siguiente signo -Acuario- que es el espacio equivalente a 30 días o un mes, luego de haber nacido la persona; ese aspecto se conoce como un sextil solar progresado de alejamiento, que ocurre una sola vez en la vida. Fíjense ustedes cómo ha de sincronizarse con el tránsito de Saturno sobre sí mismo de los 28 a los 29 años de nuestro nacimiento y con el retorno de la Luna Progresada a su posición natal. Eso indica que hay un paquete de años muy importante entre los 28 a 30 de edad. Cuando Jesús carga la cruz…

Toda la carta progresa, cada planeta, cada cúspide de las casas, el ascendente, el medio cielo, etcétera. Si somos una semilla sembrada en el cuerpo carnal y a la vez en el planeta Tierra, la progresión nos indica cómo va nuestra propia madurez, todo aquello que debemos saber acerca de nuestro propio proceso constante y natural de crecimiento fisiológico y psicológico. Las progresiones nos indican largas pauta y ritmos vitales en nuestra propia evolución interior; a través de ella podemos conocer, entonces, nuestra naturaleza y destino en general.

Podría imaginarme que cuando Cristo nos invitó a cargar nuestra propia Cruz y a seguirlo, se refería a progresar con Él a través de la Cruz Zodiacal en la cual hemos nacido por destino. Ahora bien, ¿para qué sirve una progresión? A la progresión solar le interesa saber cómo va nuestra esencia, nuestro Ser; cómo se manifiesta nuestra energía dinámica para la toma de conciencia y auto expresión; qué tanto hemos evolucionado, se ha desarrollado e integrado nuestra personalidad en un momento determinado; e indica, además, situaciones internas personales y cómo se manifiesta el potencial de toda nuestra carta astral a lo largo de la vida y en un momento determinado por nuestra edad alcanzada; vemos allí cómo asimilamos lo colectivo mientras crecemos.

Un planeta progresado aspecta al natal en un orbe o distancia de un grado antes o después de determinado aspecto; éstos serán movimientos largos con los cuales se puede llegar a precisiones y exageraciones tales como comprender que, si un día o 24 horas equivalen a un año de nuestra vida, dos horas del día, entonces, han de equivaler a un mes en la vida y que cada 4 minutos de tiempo son equivalentes a un sólo día. Como obviamente nada es gratis, y por lo tanto en las progresiones podremos estudiar esos largos períodos de luchas o conflictos internos que tenemos que llevar a cabo por edad, para poder expresar la conciencia, indudablemente, si los sabemos aprovechar trabajándolos adecuadamente, veremos de qué tipo y cuales son las oportunidades que nos da la vida para crecer y transformarnos hacia todo lo que significa el Sol, la Luna, el ascendente o el planeta progresado, con respecto a nuestra carta natal en una edad determinada.

Es allí cuando podemos renovar nuestras intenciones, pues cualquier movimiento por progresión nos está indicando los cambios graduales a los cuales nos vemos sometidos y orientados simbólicamente desde cada planeta, y con el tema de la casa en cuestión. Como las energías planetarias se van desenvolviendo paulatinamente, es fundamental saber qué significa cada planeta en nuestra carta astral natal; así como cual es el mito que involucra y cómo ha de influir en los demás planetas y sectores, sea el movimiento que sea. En el caso de las progresiones, con ellas conoceremos inclinaciones, transformaciones y actitudes internas tanto del ser como de la personalidad, y los cambios en la conciencia desde nuestros centros intelectual, emocional, físico-sexual e instintivo.

Ahora bien, la diferencia entre progresiones y tránsitos, estriba en que las primeras marcan estados internos alcanzados por el ser, y los segundos son los sucesos externos que nos ocurren para que nuestro ser interno evolucione; juntar ambas cartas con la natal, puede darnos muchas luces acerca de nuestro devenir sobre la Tierra en cada edad a la cual se dan combinados los distintos tránsitos con las progresiones. En resumen: la progresión indica cambios internos en épocas extensas, mientras que los tránsitos son sucesos cortos o largos pero externos, que nos llevan a ciertos estados.

La progresión involucra, entonces, toda la carta astral natal; por ejemplo, ya vimos que el Ascendente y el Medio Cielo avanzan 1° cada año, y esto significa que un error o diferencia de 1°, equivalen a 4 minutos de diferencia en nuestra hora de nacimiento y por lo tanto a un año entero en la vida personal. En general, una diferencia de 2 minutos en nuestra hora natal, crea una diferencia de ½° en el Medio Cielo y más de 1° en el Ascendente. Progresan las cúspides de las casas, la rueda de la fortuna, los nódulos lunares, etcétera.

Una buena práctica para entender estas cartas zodiacales tan personales, es estudiar bajo estos parámetros los años que usted ya ha vivido y ver de qué forma se cumplieron y por qué, los sucesos que llegaron a su vida a determinada edad; tales como grados en el colegio, la universidad, el matrimonio, los hijos, sus viajes, los divorcios, las muertes a su alrededor, aquellas largas épocas que consideró buenas y también las que creyó que fueron pésimas, etcétera.

Otro movimiento muy importante que he tenido en la cuenta para describir las edades, es el de la **Progresión Lunar**; que tiene un ciclo de 12° a 13° por año y por lo tanto más o menos 1° por mes, influyendo en cada parte de nuestra carta astral hasta en un orbe de 3°, es decir, de tres meses. La primera vuelta de la Luna Progresada se cumple alrededor de nuestros 28 a 29 años (noten la semejanza con Saturno transitado y con el hecho de que cada 29 a 30 años se encontrarán el Sol y la Luna progresados en nuestra carta astral)

Cada fase lunar, que progresada tiende a durar de 3 ½ a 4 años, nos indica los cambios a los cuales nos vemos inclinados en la vida. La Luna progresada modifica nuestro desarrollo interno, nos trae nuevos ambientes, nueva gente, relaciones interpersonales en general, momentos cruciales, decisiones familiares y emocionales internas por tomar, según edad y sector de la carta astral. Las fases lunares nos ayudan a utilizar las energías combinadas del Sol y la Luna en períodos críticos de la vida, como respuestas provechosas que debemos dar al medio y, si no podemos cambiar nuestro destino (cosa que jamás debemos tratar de hacer), por lo menos podemos aprovechar las circunstancias para que los efectos de dicho destino no nos golpeen de forma tan contundente; como sí lo haría si no trabajáramos nuestras actitudes y estados internos.

Las fases de la progresión lunar se conocen como períodos de tensión o de placer, en los cuales debemos estar atentos a dichos cambios, para demostrar nuestra capacidad de inteligencia sabiéndonos adaptar al medio y a sus exigencias. Estas progresiones influyen en nuestros cambios externos y rasgos de carácter; sin juzgarlos como buenos o como malos, sino tan sólo como rasgos que debemos aprovechar para realizar lo que está escrito para nosotros mismos. Ejemplos hay muchos y se dice, entonces, que cuando la Luna progresada pasa de nuevo por su sitio natal y comienza una vuelta de 360 meses, es como el punto de arranque de oportunidades nuevas; como reorientaciones de la personalidad y liberaciones de energías. Todo esto es muy fácil de estudiar y corroborar, repito, desde esta óptica de la astrología, si usted analiza lo que ya ha vivido con anterioridad en sus distintas edades. Haga memoria, use sus lunas natal, retornada, progresada, etcétera.

La **Progresión del Ascendente** o signo que sale en el horizonte oriental a mano izquierda de su carta astral, es fundamental para entendernos a nosotros mismos. Ese Ascendente también se progresa, como el Sol, a raíz de 1° por año; de modo tal que si su ascendente está en 23° de Acuario al momento de nacer, cuando usted cumpla 7 años estará alrededor de 0° de Piscis, permaneciendo en dicho signo durante aproximadamente 30 años más.

Necesitará saber todo lo que significa su ascendente por elemento, cruz y grado, pues esa progresión es algo así como el retorno de su aquí y de su ahora personal. En pocas palabras, esta progresión indica una renovación total de la forma en que acostumbramos interactuar con el entorno y la proyección hacia nosotros mismos; esto nos puede definir, por lo tanto, un nuevo estilo de vida que debemos aprovechar para cambiar las perspectivas de nuestro yo-personalidad, quitándonos el disfraz que usamos por un tiempo determinado Si el Sol es nuestra esencia-piel y el ascendente nuestra personalidad-vestido, el estudio progresado de ambos nos muestra qué debemos cambiar en nosotros y en la forma de manifestarnos en el mundo, a medida que nuestra esencia crece mientras pasan los años.

La **Progresión del Medio Cielo** va más o menos pareja con la del Ascendente y el Sol, e indica cómo nuestros intereses sociales se van modificando; y tanto así, que el Medio Cielo o cúspide de la Casa X, siempre progresa hacia la casa XI, la de la gente, la cooperación, la fraternidad y la evolución personal, alrededor de nuestros 30 años. Pero como el Ascendente y el Medio Cielo dependen de la hora y del lugar en donde nacimos, no necesariamente la edad concuerda con exactitud con los aspectos que ellos forman consigo mismos. Entre más cerca de la línea ecuatorial hayamos nacido, más exactos son los aspectos según la edad. De todos modos dicha edad debe estar muy cercana del momento de los aspectos y usted puede consultar lo que significa el que le interesa, así no tenga los años bajo los cuales los he puesto.

Recuerden que al progresar el Sol, el Ascendente y el Medio Cielo, cambian los regentes planetarios natales, y los nuevos van adquiriendo mucha importancia dentro de su posición en la carta natal.

## CAPÍTULO 2

### Aspectos Planetarios

Al igual que en un baile perfectamente sincronizado, los planetas realizan acercamientos, alejamientos y otras figuras "arriba" en los cielos, como si fueran indígenas danzando al rededor de la hoguera solar. Los aspectos ponen en contacto el pasado con el presente, hacen interactuar dinámicamente las energías planetarias en juego y aún de otros puntos de nuestra carta astral, como por ejemplo los ángulos.

Ya Cristo lo advertía en uno de los Evangelios Apócrifos, mas exactamente en el Evangelio Árabe de la Infancia, cuando al hablar con el astrónomo definía estas figuras como contraposiciones, aspectos triangulares, cuadrangulares, hexagonales y trayectorias de ida y vuelta. En otro libro (Tránsitos Astrales, de Editorial Urano) he tratado extensamente acerca del tema y en éste no he de referirme al significado interplanetario, como lo hice en aquel, sino ahondar en el simbolismo del aspecto en sí según una edad determinada. No hay que olvidar que para entender la expresión de un planeta por medio de los aspectos con el resto de los factores de la carta astral, el planeta está representando una energía dominante específica a través del signo o disfraz en el cual se ubica. Los acontecimientos nos suceden según la energía de los aspectos y los actores en cuestión; ellos nos muestran cuánto esfuerzo debemos hacer para obtener o satisfacer una necesidad determinada o expresar un impulso en concreto, según el tema planetario.

Se llaman aspectos superiores a la conjunción, trígono y oposición, porque es en ellos en donde podemos estudiar la posibilidad que tenemos para desarrollar nuestra voluntad y crecer espiritualmente.

Se llaman aspectos mayores a la conjunción, la cuadratura, el trígono y la oposición, pues en ellos se determina de una forma drástica el estado interior que poseemos -o nos posee- y la conducta que nos corresponde seguir desde cuando nacemos. Se dice que bajo su influencia se forma la personalidad.

Se llaman aspectos menores a los aspectos armónicos que no se encuentren en la lista de los mayores y aspectos principales a los armónicos que no se encuentren entre los superiores; como por ejemplo el semisextil, la semicuadratura, el quintil y el quincuncio, que menciono en este libro. Estos últimos son aspectos de elección que, como su nombre lo indica, permiten elegir entre estar activos o pasivos en la resolución de las distintas situaciones que nos presenta la vida.

Los orbes o distancias que se dan a los aspectos son muy variados y como cada autor utiliza el suyo, hagamos lo mismo; cada uno de ustedes sabrá cuando un aspecto se da entre los distintos puntos de su carta astral. Al Sol y a la Luna se les da más amplitud para formar los aspectos entre sí y con los demás miembros de la familia planetaria. En las Progresiones el orbe es de 1° antes y después del aspecto; que con respecto al Sol sería un año antes y hasta uno después del aspecto; y con la Luna un mes antes y hasta un mes después del aspecto.

Observemos primero la lista de estas formas de dinamizarse la energía y luego analizaremos por separado los más importantes. El primero de ellos y que da inicio a los demás, es la Conjunción de dos planetas, de las dos luminarias o de todos éstos con los ángulos de la carta, así como con otros factores no tratados en este libro.

| Conjunción | una separación de 0° |
|---|---|
| Semisextil: | « «  de 30° |
| Semicuadratura | « «  de 45° |
| Sextil: | « «  de 60° |
| Quintil | « «  de 72° |
| Cuadratura: | « «  de 90° |
| Trígono: | « «  de 120° |
| Quincuncio: | « «  de 150° |
| Oposición: | « «  de 180° |

Pero y ¿qué significa cada uno? Estos aspectos nos indican, como en la forma de sembrar en agricultura, los cuidados que debemos tener con la semilla; tan sólo que aquí la semilla somos nosotros mismos y... por sus frutos nos conoceremos. Como se puede asociar a los signos con semillas, a los planetas con sembradores y a las casas con el sembrado, todo ello junto formando un sistema astrológico perfecto, analicemos los aspectos bajo esta óptica, que es la que he vivido entre los indígenas de Tierradentro durante los últimos 41 años de mi vida.

Una aclaración: un aspecto rara vez está solo, siempre hace parte de un conjunto de aspectos y, además, viene de hacer uno y hará otro aspecto. Por tal motivo las principales edades y las más fáciles de seguir y corroborar son las de Saturno, quien hace unas tres veces todos los aspectos durante un solo lapso de vida de 28 a 30 años. Obviamente los planetas lejanos jamás darán toda la vuelta, pero por lo menos hasta Urano tenemos la posibilidad de que todos los planetas realicen cada uno de los aspectos durante una vida completa, cada cual a su velocidad. Así vemos cómo Saturno formará todos los aspectos cada 28 a 30 años; Marte cada 2 años en promedio; Quirón más o menos cada 50 años y Urano cada 84 años (se conoce el período de vida comprendido entre los 56 y 84 años, como el período del espíritu)

Conjunción: comienza la actividad; se siembra la semilla (unión de semilla y tierra) como iniciativa del individuo en cuestión. En la Kabbalah equivale al Yod (germen, impulso, padre, potencial, semilla, voluntad)

Semisextil: se cuida el brote de la delicada planta. Corresponde al mundo de las creaciones y emanaciones, en donde hay ideas y pensamientos aún sin concretar.

Semicuadratura: alerta (percepción consciente) a las posibles plagas y tormentas que se ven a lo lejos. En donde tenemos que adaptarnos por vez primera y ceder.

Sextil: si se pudieron controlar los embates del tiempo y las plagas, las ansias de cosechar (producción) son fuertes; sería lo que llaman cosecha de la mitad, circunstancias muy favorables que nos animan.

Quintil: intuimos a través de este aspecto débilmente benéfico, a qué tendremos acceso viendo nuestras plantas crecer cualitativamente cada vez más, y el hábil estilo con el que abordaremos la cuestión; es decir, descubrimos la capacidad que tenemos de conocer lo incognoscible.

Cuadratura: se cierne una tragedia casi inevitable sobre la plantación. Si este aspecto se realiza entre signos de aire y tierra es un polvero; si es aire con agua es una tormenta; si es fuego con aire es una sequía; si es fuego con tierra es un incendio. Como todo puede venirse al traste y la ruina ser total, debemos tomar esa etapa de nuestra vida como un sacrificio; lo que se nos opone, la piedra en el zapato o en el camino, aquello se nos opone, nos da la posibilidad de cambiar. Son edades de luchas o ambiciones conflictivas, asuntos incompatibles, rechazos a lo que queremos lograr y, por lo tanto, corresponde sabernos adaptar a las circunstancias de cualquier índole.

Trígono: si se logró sortear la dificultad, entonces cosechamos lo que queríamos o lo que se pudo; y eso genera ayudas, creatividad, facilidades y oportunidades gracias a los esfuerzos acumulados.

Quincuncio: es un aspecto creativo y variable en donde aparecen desvelos y ajustes que debemos ir realizando si queremos hacer una nueva siembra. También es la imagen interna; y durante él pueden presentarse edades de bloqueos, desequilibrios, dolencias, inconvenientes y molestias impulsivas -aún en la salud- que no nos dejan progresar.

Oposición: se culmina el proceso (el Karma) que se inició en la Conjunción y, entonces, revisamos nuestra parcela para sembrar de nuevo y continuar con los ajustes, o damos por terminada la cuestión; definir esto es un obstáculo que tenemos que afrontar (percepción consciente). No hay que olvidar que los extremos se tocan, que equivale a decir se parecen. Este aspecto es sumamente importante, pues hay que conciliar en uno lo que está separado en dos. Por tal motivo representa igualmente desequilibrios y dolencias, reacciones a iniciativas que nos llegan por parte de otras personas.

Antes de continuar debo recalcar que, así como en el baile al cual ya hice alusión, las parejas se acercan y se alejan según los tiempos, igualmente los aspectos se pueden llamar crecientes, aplicativos, aproximativos o de acercamiento; y por otro lado menguantes, separativos o de alejamiento, según que el planeta o la luminaria se esté acercando o alejando de otro para formar el aspecto.

El planeta natal podríamos decir que está "quieto" y el transitado o progresado quiere actuar sobre él, demostrarle algo, incidir en él, modificarlo y probarse a sí mismo a expensas del significado del primero. Pero, a su vez, éste ha de sentir el estímulo evolutivo del planeta que se le aproxima o se le aleja. El planeta natal le dice al segundo qué es lo que debe aprender mientras éste lo visita.

En el primer caso, el de acercamiento, que es como si un planeta cualquiera se le fuera encima al otro, se trata de un importante aspecto de auto percepción y causas individuales; es algo muy personal y de interacción nuestra con lo interior, tratando de formar nuestro ego, nuestra propia individualidad y auto imagen, bajo el cual queremos impresionar a los demás de una forma espontánea. Podríamos resumir la idea diciendo: Soy como soy y a nadie me parezco. Los aspectos de acercamiento se dan luego de la oposición y el planeta que la efectuó comienza a alejarse de ella bajo un quincuncio, hasta volver algún día a la conjunción inicial. Estos aspectos menguantes, están muy emparentados con el hecho de desarrollar conceptos de hermandad, amistad e integración con el prójimo.

Un ejemplo: Urano hace los aspectos de alejamiento consigo mismo hasta una edad fluctuante entre los 40 y los 42 años; de allí en adelante todos los aspectos consigo mismo son de acercamiento con su posición natal. En ese caso debemos reorientar nuestra alianza con la sociedad, volvernos más objetivos y ampliar nuestras miras; para ello nos es de suma utilidad la experiencia que adquirimos mientras el planeta anduvo en su ciclo creciente; algo así como decir que en la primera mitad sabemos quienes somos, construimos ese ser y, en el segundo, sabemos para qué sirve dicha construcción.

En el segundo caso, el de alejamiento, los planetas describen los efectos de esa causa y nos trae sucesos desde el mundo exterior, que nos sirven para nuestra evolución personal y para despersonalizarnos, haciéndonos caer en la cuenta que no estamos solos, que nadie es una isla.

Podríamos concluir diciendo que en la dirección de acercamiento, que es lo interno, algo en nosotros se pone agresivo, impaciente, tenso, pues un determinado planeta activo con su significado, se acerca al otro pasivo; el mundo nos da o influye actuando en nosotros, haciéndonos preocupar por nosotros mismos.

En la dirección de alejamiento, sentimos como que el "peligro" hubiera pasado y quedamos con ideas más altruistas; somos más estables, inertes, tolerantes, tranquilos; algo en nosotros se fue y cambió al tener otros valores más humanos, otra percepción acerca del mundo y cómo interactuamos con él y le damos, entonces, nuestros propios aportes o contribuciones a ese mundo, para reformarlo y hacer que progrese según nuestra visión de él.

Pero, si no logramos tener una perspectiva acertada acerca del medio social y nuestra adaptación con él, entonces este grupo de aspectos nos hacen la vida difícil (en especial cuando se realicen los aspectos tensos del ciclo)

Ahora profundicemos un poco más en cada aspecto.

**Conjunción:** en los tránsitos puede darse un orbe de 7° si es con el Sol y la Luna; 5° si es Júpiter, el ascendente o el medio cielo; 6° desde Saturno hasta Plutón; 2° a 3° si es con los Nódulos lunares. Pero en esto sean amplios de entendimiento.

Se considera favorable o no, según los planetas y sectores en juego; es como plantar una semilla o idea y en ese sentido guarda estrecha relación con el significado del planeta Marte. También puede verse como la acción, autoproyección, interacción, unión o fusión de dos fuerzas a veces complementarias entre ellas, a veces opuestas, pero que siempre generan automotivación, abundancia, cohesión, prominencia, incremento o solidaridad de lo que signifiquen quienes intervienen en ella; éste se considera un aspecto neutro. Algunos autores opinan que la conjunción conlleva una crisis en la cual deseamos un cambio personal, pero que como hay una falta de objetividad que nubla la percepción que tenemos acerca de las demás personas, por ello se identifica con la obstinación y la unilateralidad en nuestro comportamiento.

Hablamos en ella acerca de generar impulsos, nuevos comienzos y verbos como aliar, casar, entretejer y soldar, nos pueden definir muy bien la idea que se expresa a través de la conjunción que sea. Recuerden que si es creciente, es decir el transitado o progresado alejándose del natal, es como si estuviéramos lanzando una pelota de béisbol y por lo tanto tendemos a proyectar la unión de ambas energías planetarias, sobre el mundo externo. Cuando es al contrario, el planeta transitado o progresado acercándose al otro, entonces es del mundo externo de donde obtenemos información para interiorizarla en nosotros. Lanzamos una piedra a alguien y luego alguien nos la devuelve. Es a nosotros a quienes nos debe interesar saber esto, porque la conjunción sólo está interesada en expresarse a través nuestro; no olviden que nos comportamos según ella.

Una conjunción en elemento fuego, por ejemplo, puede hacer que nos sintamos como una locomotora en marcha, o egoístas y con exagerada confianza en nosotros mismos, y con respecto a aquello que signifiquen los planetas en cuestión. Si el aspecto es en elemento tierra nos podemos volver demasiado prácticos con los planetas en juego. Pero si la conjunción es en signos diferentes, entonces la dirección de los acontecimientos se marca menos; en este caso los planetas en cuestión no se funden tan apropiadamente, es más difícil su coordinación; y las motivaciones que generan las conjunciones, son más complicadas de afirmar. En definitiva, no sabemos cómo expresar dicho aspecto y por lo tanto somos presa de las dudas indicadas por el significado de los planetas en juego. Pero si lo vemos desde otro punto de vista, al estar en dos signos diferentes, cuando nos decidimos a actuar podemos encontrar muchos más recursos para expresarnos ahora que con la conjunción normal. Tenemos que darle gusto a los dos signos.

Quiero llamar la atención acerca de este aspecto cuando se da en el mismo signo, pero en decanatos diferentes, pues el planeta que rige cada decanato "tiñe" al visitante con su propio significado. Es así cómo, una conjunción de cualquier par de planetas, por ejemplo en el decanato de Aries en el signo de Aries, se sentirá diferente si uno de los dos actores se encuentra en este decanato y el otro en el siguiente, en el de Leo; cada uno de ellos actuará según Marte el primero y según el Sol el segundo. No siendo este un libro sobre decanatos específicos, no puedo profundizar más en el tema y por lo tanto sigamos con los demás aspectos.

**Semisextil:** en los tránsitos se le puede dar un orbe de unos 2° a 3° y tiende a ser un factor de apoyo armónico y positivo, que nos vincula de una nueva manera con aquello que iniciamos en la conjunción. Comenzamos a trabajar tímidamente, para un objetivo lejano a la manera en que Cristo alienta al lector de los Evangelios Apócrifos cuando le dice:...Bienaventurado aquel que abandona la pasión de un momento por una promesa que aún no ha visto. Se trata entonces de conciliar las fuerzas en uno mismo, para lograr desarrollar lo que nos proponemos; imagínense para este caso a los escaladores del Everest cuánto tienen que trotar y ejercitarse para obtener el éxito lejano.

Pues bien, es a esta etapa de preparación y calentamiento de las habilidades latentes en nosotros mismos, a la cual se refiere el semisextil; un momento en el cual nos sentimos aún jóvenes y vigorosos, pero a la vez muy impresionables y delicados para enfrentarnos a semejante empresa; por lo tanto tenemos que cuidarnos y prepararnos sin olvidar lo que queremos lograr, interna o externamente, en el lejano futuro.

El semisextil que se aleja, típicamente de posesión material, nos informa de en qué lugar externo podríamos desarrollar más esos potenciales que debemos hacer crecer en nosotros; es decir, lo externo nos motiva a crecer y a prepararnos para vivir en el mundo el semisextil particular que analizamos en nuestra carta astral.

El semisextil que se acerca, más de posesión espiritual, va a influir en nuestro mundo interno y, entonces, absorbemos de él información o inquietudes que nos hacen bucear en nuestra psiquis y aún en temas que, como las regresiones, otras vidas, estados alterados de conciencia, etcétera, nos hacen sentir cómo crecer para fundirnos con la humanidad y el cosmos entero. Estamos cerca de llegar a una conjunción, de modo que puede ser que las cosas pertenecientes al estado de ser humano, se resuelvan por sí mismas o por la fuerza de gravedad del término de un gran ciclo.

**Semicuadratura:** algunos autores sólo conceden un orbe de 2° a este aspecto y afortunadamente es pequeño, porque siendo algo desfavorable o negativo, aquí nos entra una especie de desánimo, de desgano general, de perfidia, de terquedad; como si teniendo un problema en nuestras manos, no supiéramos que hacer con él, porque una fuerza pasiva se ha metido en nuestros planes y pareciera que se estuviera gestando un mal. Como son las primeras dificultades para conseguir lo que nos proponemos, y esto nos pone irritantes y nerviosos; el aspecto genera fricción y afecta el honor y los estados morales. Por ello se recomienda estar alerta y meditar en la importancia de lo que queremos lograr con nuestra acción; hay la posibilidad de que no reconozcamos el mal, es decir, que los excursionistas se fueron para el Everest sin saber que allá los sorprendería la época de invierno.

Por ello vemos en este aspecto una serie de advertencias que nos pueden volver muy creativos para sortear dicho aparente mal. Son estímulos sin realización supuesta y estamos a la expectativa sin poder finalizar lo que queremos. Trato de ver aquí la fricción necesaria para mantener vivo nuestro proyecto o abortarlo (se fundió un fusible) antes de que sea peor (en la cuadratura), cuando los acontecimientos se precipitan como sea. La causa de los males se ve en el aspecto de ida y el efecto se ve al regreso, cuando se acerca de nuevo. Esto produce el mantenimiento de la tensión activa, que nos puede debilitar en el obrar, hacernos menos conscientes de lo esperado y todo ello genera conflictos que si los sabemos aprovechar bien, nos permiten aumentar nuestra fuerza activa en el siguiente aspecto.

En la Semicuadratura que se aleja, derramamos sobre el exterior toda nuestra insatisfacción, queremos que los demás se amolden a nosotros y es precisamente dicha actitud quien atrae los resultados negativos hacia nosotros. Hay una hostilidad sorda, una inadaptación muy real que, si la analizamos a fondo, nos puede mostrar cual es nuestra posición con respecto al aspecto de los planetas en cuestión; y así hallar otra clase de valores y hacer los ajustes necesarios interna y externamente, para salir del percance que nos ata a determinada situación. Es allí cuando necesitamos de toda nuestra fuerza de voluntad y dominio sobre sí mismos, para no parecer como unos desadaptados sociales.

Cuando la Semicuadratura se está acercando, entonces queremos ayudar a los demás y participar en sus problemas de acuerdo a nuestro punto de vista. Esto genera deslealtades, fricciones, maledicencias y traiciones con el prójimo y un estado de impotencia en la forma como los demás no nos aceptan en su vida con nuestras "brillantes" ideas. Pero como la fuerza de cohesión con los demás es superior a nuestras fuerzas, tal vez debemos recapacitar en cual es el mejor modo para que los otros nos reconozcan. Tenemos, entonces, que ocultar o por lo menos manejar nuestras ansias de dominar a los demás y de emitir juicios prematuros.

**Sextil:** se asocia con Mercurio y su simbolismo, en especial en lo mental; con un orbe por tránsito de 3° a 6° cuando lo forman el Sol o la Luna, 2° a 5° cuando es Júpiter y 2° con los restantes planetas, el ascendente y el medio cielo. He aquí un aspecto favorable luego de pasar la etapa anterior, pues llega la apertura hacia nuevas actitudes, fluyen nuevas energías, fuerzas internas, ideas, personas que nos persuaden e impulsan cada vez más a lograr lo que deseamos: el objetivo primigenio.

Es decir, tenemos otro nivel de comprensión, mayor objetividad, nuevos potenciales y una nueva oportunidad; sentimos ansias por aprender y conocer; tenemos más confianza y hasta alientos positivos; una sintonía natural y automática para reorganizar el asunto o la realización de la idea bajo la comprensión, elaboración de estrategias y habilidades concretas para alcanzar ese crecimiento continuo que nos hemos propuesto.

Varios aspectos atrás aprendimos que los extremos son perjudiciales y ahora, de nuevo, tenemos otra oportunidad para no dejar morir lo que hemos sembrado o queremos hacer. Pero, para obtenerlo, tenemos que trabajar, interrelacionarnos con el todo con más ímpetu y sabiduría, porque de pronto nos hemos dormido un poco esperando quien sabe qué, y ahora hay que juntar medios y ayudas para continuar tras esa sensación de mayor libertad que ahora poseemos. ¿Aparecerá algún mecenas que nos ayude económicamente para realizar, por ejemplo, el viaje o la idea en cuestión?

"No hay mal que por bien no venga", es lo que podríamos decir cuando vivimos bajo un Sextil; pues ahora podemos transformar lo negativo doloroso en positivo dichoso. Fluimos de nuevo con el medio ambiente, nos sentimos reanimados y a gusto, hemos hecho lo que había que hacer para que no se nos aguara el proyecto. Lo que estaba congestionado ahora se ha roto, la vara del retén se ha levantado y podemos continuar con la idea liberando nuevos potenciales, talentos, dones y aptitudes que no sabíamos que podíamos contar con ellos y que ahora, para poder desarrollarlos, exigen nuestra atención.

Palabras asociadas al Sextil tales como aceptación, adaptabilidad, agilidad, alegría, alerta, ánimo, apertura, aptitudes, atención, baile, compás y ritmo, cooperación, curiosidad, dispersión, entusiasmo, esfuerzo, estímulo, expresividad, fomentar, ideas brillantes, oportunidades, optimismo, participación, permitir, persuasión, placer, valoración intelectual, versatilidad, vitalidad; nos dan a entender que este aspecto promete soluciones; que si es de ida las gestamos y si es de venida se materializan para concretar la idea de un modo creativo y ventajoso para la evolución de aquello que tenemos entre manos.

Si el Sextil es de alejamiento, nos vemos motivados por la curiosidad a participar de lo externo, siempre con resultados positivos gracias a nuestros propios esfuerzos, pues obtenemos, aun cuando sea sólo eso: información que nos sirve para el propósito en cuestión; pero esto nos puede convertir en un "todero". Observamos todo a nuestro alrededor, como adolescente inquieto, sin detenernos en nada en particular.

Si el Sextil es aproximativo, el mundo influye en nuestras reformas personales y nos llega desde afuera un progreso positivo, indicado por los planetas en cuestión, que influye en el logro de nuestras metas. Igualmente queremos devolverle al medio social aquello que él "ha hecho" por nosotros y logramos hacerlo de manera providencial, con el concurso de la vida misma a nuestro favor.

Cuando se da en signos disociados, nuevamente la situación es más difícil para darse, pues habrá menos estímulos, más pasividad para manifestar el aspecto y menos ganas de aprender. A cambio de ello la persona desarrolla más flexibilidad, concentración, conoce mejor sus impulsos, aprecia más aquello que le sucede según los planetas en juego.

El aspecto puede suceder entre dos signos que normalmente pertenecen a la misma cruz y por lo tanto, si éste es el caso, la tensión e inseguridad es mayor y ésta depende del tipo de cruz implícita. Podemos desperdiciar más energía para realizar algo que no requiere de tanto esfuerzo. En resumen, nos corresponde no sólo saber esforzarnos mejor, sino mucho más de lo normal.

**Quintil:** o quintilio armónico, nos permite liberar la energía creadora, y conocer cosas que antes del impulso anterior no podíamos conocer, pero que nos dejan continuar comprendiendo los sucesos ya vividos. Antiguamente lo asociaban con la magia hermética y la habilidad mental de Mercurio-Hermes. Recuerden que estamos viendo crecer la siembra que hemos hecho y según eso, ahora podemos imponer nuestra voluntad porque nos sentimos más fuertes, ya que vemos un destino realizable muy favorable; como queremos creaciones concretas, necesitamos comunicarnos y dar aún más fuerza a nuestro proyecto a través de procesos mentales y orales.

Pero como nosotros mismos somos esa semilla, entonces nos ponemos bajo la autoridad directa de la evolución cósmica para lograr la autorrealización. Tenemos la capacidad de convencer a otros para que nos apoyen o acompañen, y sintetizamos así las diversas energías de una manera muy nuestra, ya bien sea por medio de la palabra, los gestos o los escritos. Ahora poseemos un nivel de conciencia al cual no es fácil acceder; conocemos nuestras obligaciones personales y positivas, y sabemos que ya nada se nos puede oponer internamente al deseo que queremos realizar. Si hay algo que se le oponga será externo, pero no viene de nuestro propio ser; ya nosotros estamos convencidos de lo que queremos realizar y será un arte fundirnos con lo que queremos.

Con este aspecto nos podemos sentir con ansias de dominar el tema que nos interesa o cualquier materia y llevar a la práctica la teoría, ahora que conocemos nuestros potenciales y habilidades, lo cual podremos hacer de una forma personal, única y muy creativa, como algo secreto pero muy positivo.

Palabras ligadas a este aspecto: abuso y uso del poder, arreglar, circular, creación-destrucción, especialización, formar, genio creativo, dones, habilidades, hacer, obsesionar, refinamiento de la maestría y unidireccionalidad.

Si el aspecto es de alejamiento, tiene una relación con los procesos mentales y del conocimiento en general, así como con la relación con las demás personas; las palabras dichas en el párrafo anterior, entonces, verán su resultado en esta clase de procesos.

Si es de acercamiento, entonces el medio influye en nosotros a través de los vocablos ya citados.

**Cuadratura:** en los tránsitos se le da un orbe de unos 5° a 10° cuando lo hacen el Sol y la Luna; 3° con Júpiter, ascendente y el medio cielo; 4° con los restantes planetas. Tal vez lo mejor sea empezar su definición con una serie de palabras, que nos dan a entender acerca de qué trata este aspecto considerado como de la misma naturaleza que el planeta Saturno y como muy desfavorable, el más negativo de los aspectos negativos; he aquí algunas de ellas: acciones abruptas, agudas y enérgicas en situaciones difíciles, acicate, amenazas, amputación, arduos empeños, atracción-repulsión, batalla interior, bloqueos (de energía), cambios drásticos, choque, coacción, lo que hay que conciliar, contradicción, conflicto, crisis inevitables, desafíos (vitales), desbordamiento, descarrilamiento, determinación, dificultades, divergencias, divisiones internas, dolor, dudas, energías divergentes, entorpecer, excesos, frenos, fricción, frustración, fuerza irresistible, golpe, ignorancia, impedimentos, impulsos para desarrollarse, incompatibilidad esencial, inhibir, interferencias, lo irredimido, lecciones, liberación de fuerzas, miedo, necesidad y sentido de esfuerzos, obstáculos, oportunidades para crecer, problemas psicológicos, propósitos contradictorios, reconciliación, resistencia, sucesos cruciales, super esfuerzos personales, tensión (interna), lo truncado.

Todo ello puesto contra o sobre el proyecto o la idea que tenemos en la mente, sólo puede generar que nos convirtamos en un héroe o en un santo, si salimos adelante luego de liberar la energía de una forma concreta al saber qué debemos enfrentar, cómo encarar los desafíos de tal o cual cuadratura. Y para ello debemos entender que el planeta natal de la cuadratura en cuestión, rechaza lo que signifique el que se mueve, a quien tampoco le gustan los requerimientos que el otro planeta le exige; por lo tanto nuestra energía puede estar limitada.

Al fin y al cabo es un choque entre dos fuerzas opuestas: una activa que es lo que queremos lograr y una pasiva que es lo que en realidad podemos tener; en la vida privada (si el orbe es por lo general menos a 4°) o en la vida pública (si el orbe es alrededor de 10°). Y como se mete con nuestra realidad material, hemos de ser muy claros al poder identificar cuales son las energías que se resisten entre sí y producen esa especie de corto circuito, que también nos puede motivar, porque así como una patada en el trasero nos despierta, una cuadratura también.

Desarrollamos nuestro potencial de logro, evoluciona nuestra conciencia, subsanamos confusiones de identidad o escisiones internas de la personalidad producidas en la infancia; hacemos más conciencia de sí mismos y lo que sea, con tal de aprovechar este aspecto tan conflictivo. Como cada parte en nosotros tira para su lado, hay una tendencia a disgregarse en medio de la congestión de potencialidades. No sabemos qué camino tomar y con todo ya tan armado. ¿Será que hay falta de confianza propia? ¿Que las inhibiciones a través del temor o del odio nos ganan la partida?

Entonces es el momento de experimentar y expresar de nuevo la energía y como dice el dicho "al mal tiempo, buena cara". Las facetas en conflicto en nosotros mismos, hay que emparejarlas o hacerlas que se respeten. Entonces, el fuego de Aries que forma una cuadratura con el agua de Cáncer, debe ser algo desastroso; pero si bien es cierto que el agua apaga el fuego o éste la evapora, lo único que debemos hacer es poner el fuego a una buena distancia del agua y ambos en una justa medida, para tener una buena cena. Es decir que cada elemento respete al otro.

Una cuadratura es como un muro u obstáculo que debemos sortear, y que no debemos verlo como algo negativo, sino como una situación que nos sirve para ejercitar la paciencia, el aguante, la diplomacia o el optimismo. Nuevas fuerzas nos pueden ayudar a solucionar dicha tensión o momento pasajero. Sea lo que sea, la cuadratura es un aspecto cerrado que nos indica que es un momento oportuno para mirar otras posibilidades, cruzar la esquina o voltear la cuadra. No podemos seguir como veníamos y por lo tanto nos es necesaria una regeneración, para continuar nuestra evolución o la de aquello que tenemos en la mente. Es como si hubiera una guerra entre lo consciente y lo inconsciente y nosotros fuéramos el campo de batalla de fuerzas irresistibles, enfrentadas entre sí a veces por acciones ajenas a nuestra voluntad, pero que de todos modos nos afectan.

Cuando la cuadratura es creciente, estamos creando las posibilidades, construyendo barreras, abonando el terreno para que llegue lo aparentemente negativo y nuestras necesidades entran en conflicto con las del medio en el cual vivimos, lo cual puede llenarnos de dudas acerca de aquello que queremos lograr. Debemos, entonces, alejarnos de modos de ser y de actuar pasados; dicha decisión crea conflictos con el medio externo en el cual vivimos, pero qué ha de hacerse si ahora necesitamos establecer nuevas bases y cortar cordones umbilicales que nos dieron seguridad, pero que ahora estamos cambiando por incertidumbres. Es por ello que en esta etapa del aspecto, tenemos que aprender a liberar energías en tensión en nosotros mismos, aún en el subconsciente.

Cuando es de acercamiento, nos es devuelto el mal que liberamos, como un bumerán; ante ello, tan sólo podemos aceptar sus consecuencias y purificarnos en medio del dolor que esto nos produzca, pues la ley ha de actuar sobre nosotros. Por un lado nos sentimos limitados, pero con una gran confianza en sí mismos y capacidad de aguante a lo que se venga sobre nosotros; y por otro lado no sólo de aguante, sino de hacer lo que sea necesario por lograr lo que nos proponemos como un desafío peligroso.

No debemos olvidar que la Cuadratura puede ser abierta y darse en signos que normalmente forman un Sextil o un Trígono entre ellos; esta modalidad del aspecto puede ser muy complicada porque la persona puede no saber cómo enfrentar las situaciones y ser excesivamente pasivo ante ellas. Se carece de menos ímpetu, pero con más fe en sí mismo y casi resignación (si es en signos en Trígono) o con más optimismo, estímulo, fuerza y más abierto para reconocer las tensiones (si es en Sextil). Nos corresponde ser muy realistas y más autodisciplinados, para enfrentar o saber dejar pasar el efecto que produce este tipo de Cuadratura.

**Trígono:** en los tránsitos se le da un orbe de unos 6° a 8° cuando lo hacen el Sol y la Luna; 4° con Júpiter, el ascendente y el medio cielo; 5° con los planetas restantes.

"Después de la tempestad viene la calma" podría ser el dicho para resumir el significado de este aspecto tan relacionado con el elemento fuego y considerado como muy favorable, el más positivo de los positivos; hay que aprovecharlo para dejar fluir la energía de una forma normal y en especial en nuestra manera de ser. Para ello debemos hacer los esfuerzos necesarios y "no dormirnos sobre nuestros laureles", otro dicho apropiado para este aspecto.

Observemos las palabras que lo identifican para comprobar la veracidad de este dicho tan popular: acción, aceptación, actividades creativas, agrado, aperturas, aptitudes, armonía, atracciones, autoconocimiento, autosatisfacción, bendiciones, beneficios, bienestar general, brillar, buena suerte, calidez, canalización de energías, circunstancias favorables, comodidades, confianza (interna), conformismo, conciencia de la conciencia divina, conocimiento superior, cosechar, creatividad, dones, equilibrio interno, facilidades, felicidad, florecimiento, irradiar, líneas de menor resistencia, milagrosas protecciones, motivaciones, pasividad, paz, percepciones, positivismo, preservación, privilegios, prosperidad, realización espiritual, reconciliación, relajación, resoluciones favorables, satisfacciones personales, seguridades, sincronización, suerte, talentos.

Todo esto conlleva escondida una actitud peligrosa de conformismo y pereza, que nos anularía en vida. Por ello su simbolismo se le asocia en sus efectos a Júpiter; lo que deseábamos en la conjunción, aquí lo realizamos o cosechamos y es por tal motivo que, "quien siembra cosecha", es otro dicho muy oportuno para este aspecto.

Pero ¿y si la siembra no fue en esta vida, sino que en pasadas encarnaciones la hicimos? Entonces el trígono natal representa aptitudes adquiridas en ese pasado remoto. Estoy tentado a decir, que los trígonos actuales son cuadraturas natales que trabajamos con anterioridad en esa otra vida. Pueden ser entonces logros poderosos, que nos permiten vivir muy tranquilamente; pero... ¡ojo!, mucho trígono nos puede volver ociosos, despreocupados, irnos por el camino fácil o de menor resistencia y, en tal caso, el dicho "cría fama y échate a dormir", puede resultar tan pernicioso o más, que una serie de Cuadraturas que nos mantienen alertas y bien despiertos.

Tal vez los trígonos nos sirvan para que las cosas se resuelvan solas, sí; pero debemos evitar los extremos, porque si es cierto que se parece a la acción de Júpiter, sus expansiones pueden llevar a excesos. Para ello nos sirven nuestros patrones de conciencia, en donde hemos registrado nuestros avances de comprensión espiritual. Hemos llegado, al igual que en la Cuadratura, a algo definitivo; pero mientras aquella nos habla del fondo del abismo, éste nos informa acerca de como ser, de la cima de la montaña como símbolo de lugar sagrado y de la conciencia de Dios. Pero tengan en la cuenta que en aquella podíamos decir que comienza la subida a esa montaña y en el trígono la bajada...

En el trígono que se aleja damos y en el de venida recibimos... ¿Amor?, ¿Odio?; sea lo que fuere, nos queda fácil hacerlo, estamos motivados para ello. En el primero somos más expresivos con los demás a través de los planetas en cuestión; como si quisiéramos mostrar a los demás nuestra buena suerte y además lograr todo muy fácilmente. Pero también es cierto que las demás personas pueden ver lo mejor de nosotros mismos.

En el de acercamiento los logros son más sociales y tendemos a compartirlos más con los demás, porque es de ellos que provienen. Sentimos una gran empatía con el medio, a través de los planetas que lo conformen y que nos puede permitir comprensión, elevación, esperanzas, fe en sí mismo y el prójimo, humanismo, idealismo, inspiración, tolerancia y entendimiento acerca de las necesidades ajenas y propias.

El Trígono disociado puede darse entre dos signos de la misma cruz o en Quincuncio. Es cuando nos quedamos "con los crespos hechos", es decir, sabemos que el aspecto en sí es magnífico, pero no sucede y esto nos llena de ansiedades y expectativas. Los efectos psicológicos son adversos (si es en signos en Quincuncio), producen estrés, tensión, insatisfacción en general. Podemos perder tiempo arreglando lo que de todos modos está arreglado (recuerden que es un Trígono), pues no entendemos qué nos sucede. La persona puede llegar a perder la confianza y la fe en sí mismo, volverse excesivamente pasiva.

Todo esto hay que saber manejarlo para no excedernos en nuestras expectativas y volvernos así exageradamente optimistas, ante una realidad que de pronto nos puede mostrar todo lo contrario. Si aprovechamos bien este tipo de aspecto, nos sentimos acicateados a perfeccionarnos en todo el sentido de la palabra, porque algo en nosotros siente que si no lo hacemos, hemos de perder la posibilidad de contar con el Trígono en cuestión.

Si se da entre signos que pertenecen a la misma cruz se experimentan conflictos internos, en especial cuando nos hemos preparado tanto y las situaciones ni eran tan fáciles o tan difíciles como lo esperábamos. Es algo así como producir sus propias crisis, si éstas no aparecen como las presentíamos; si no manejamos la situación con la altura pertinente, sencillamente nos bloqueamos y sentimos tensos ante las circunstancias de la vida (crisis proviene del vocablo griego *crino*: decidir).

Pero si caemos en la cuenta que el Trígono tiende a ser conformista y seguro de su buena suerte, cuando éste se presenta entre signos en cruz semejante, esto le añade dinamismo y dinámica a la modorra del Trígono.

**Quincuncio:** (la relación existente entre los signos en Quincuncio la he tratado extensamente en otra obra El despertar de la Conciencia, de Editorial Gaviota). Distintos autores le dan a este aspecto un orbe de $3°$ a $6°$ (si es abierto de $1°$ a $3°$); y si analizamos una lista de palabras ligadas a su definición, veremos que es uno de los aspectos más interesantes de la astrología, acerca de cual algunos autores piensan que es algo desfavorable: adaptaciones, agotar fuerzas, ajustes de cualquier tipo, alteración del equilibrio, ambiente tenso angustia, atracción y rechazo, atracción-repulsión, contradicción, corrección, debilidades cotidianas, discernimiento, discriminación, energía compulsiva o molesta, energías interferidas entre sí, enfermedades mentales y somáticas, erotismo, esfuerzos concentrados y conscientes, falta de ritmo, habilidades artísticas, insatisfacciones ocultas, irregularidad, irritación emocional, mala salud (enfermedad), mentalidad no comprometida, indecisa y en suspenso, molestias internas de cualquier tipo, muerte, neurosis, nuevos puntos de vista, piedra en el zapato, reajustes, refinamiento, reunión, roces, síntesis, soluciones creativas, suprimir lo no efectivo, estrés, talentos, tensión en las relaciones, tensiones ambivalentes, terapias, tire y afloje, torpeza, transformación, vaivenes.

    ¿Cómo integrar toda esta información? Pareciera que son energías que están desconectadas entre sí y que si no se canalizan o enfocan, como la lava del volcán, pueden generar problemas mayores de difícil diagnostico y de tipo psicológico o de mala salud en general. Se dice que es un aspecto humano selectivo, muy semejante a la acción de Mercurio (o Quirón); que es mayormente maléfico cuando intervienen Saturno o Urano.

    Por ser el aspecto que se encuentra a mitad de camino entre el Trígono y la Oposición, supuestamente lo mejor y lo peor del zodíaco planetario, entonces a veces es bueno y a veces es malo; pero ya sabemos cuán relativos son el bien y el mal. Pero si aprovechamos éste aspecto, podemos a su vez tener muy buenas oportunidades para transformar y lograr transmutaciones conscientes. Una de las mejores actitudes para hacerlo es estar alerta de lo que nos rodea para que el miedo y la paranoia no nos visiten.

    Podemos ir de dicha a tristeza, de armonía a rompimiento o viceversa; o nos ahogamos en un vaso de agua o no cabemos en el mar; y es por ello que el Quincuncio debemos aprovecharlo para ser muy realistas y dedicarnos a resolver problemas para salir de las crisis. Es como necesitar a alguien, pero no resistir su presencia y por eso lo repelemos; pero no lo dejamos ir por la misma necesidad de necesitarlo. Indica una renuncia a la voluntad del poder para acomodarse a fuerzas mayores provenientes de la familia (el padre), la sociedad, la religión, la política, físicas, etcétera

    Si el aspecto es de alejamiento, interfiere siempre en nuestro estado de salud y frustra nuestra rutina diaria, tan sólo para que hagamos los ajustes pertinentes en dichas áreas de nuestra vida, en medio de las indecisiones propias de los planetas en juego. Es como tener una llave en la mano y no saber si usarla para abrir o cerrar la puerta; aún más, no sabemos cual puerta es la que hay que abrir o cerrar.

    Si el Quincuncio es menguante, viene acompañado de un fuerte sabor a muerte y, entonces, sentimos una gran necesidad de reorientar nuestras miras, según la sociedad en la cual vivimos. Queremos regenerarnos, entender nuestros procesos de percepción interna y en este sentido tiene también una gran relación con el simbolismo de Scorpius, Plutón y la Casa VIII. Es en este Quincuncio, en donde enfrentamos al guerrero con la bestia según los planetas que la conformen, siendo el más lento el representante del guerrero en nosotros mismos. Este enfrentamiento nos matará, enfermará síquicamente o rejuvenecerá ante la fuerza vital. El objetivo de este aspecto es permitir superarnos e integrarnos con el yo de una forma más efectiva, por medio de zafarnos de aquello que no somos.

    Fíjense que un Quincuncio se puede dar en signos en Trígono o en

Oposición y es por ello que se le denomina abierto o disociado. Cuando se da en el primer caso obviamente todos los significados de éste ayudan al Quincuncio y querrá, por ejemplo, reorganizar aquello que los planetas en cuestión le indiquen en el aspecto; hasta sentirá gusto al rehacer el rumbo perdido y corregirse a sí mismo. Eso en caso de coger por el mejor lado del aspecto; pero no olviden que el Trígono también genera modorra y conformismo, como pensar que las cosas se resolverán por sí mismas o nos deben llegar gratis, porque sí.

Si el aspecto se da en signos que normalmente hacen Oposición y que por lo tanto pertenecen a la misma cruz entre ellos dos, tendremos mayor claridad y sabremos cómo adaptarnos a los sucesos externos, para que nuestros estados internos no se afecten más de la cuenta. Tal vez necesite del concurso de otras personas para lograrlo y hasta puede rechazar al médico que viene a sanarlo, pero en el fondo sabe que lo necesita.

La confianza en sí mismo le es fundamental y aprender a no rechazar tanto a los demás, en especial a quienes él sabe que le pueden ayudar a pesar de lo amargo de la medicina. Es como saber que si necesitamos garrote, tenemos que ir a buscarlo; tan sólo debe tener cuidado con su salud mental, pues el constante conflicto interno entre saber qué necesita y rechazarlo, puede ser fatal para éste Quincuncio.

**Oposición:** en los tránsitos se le da un orbe de unos 7° a 8° cuando la hacen el Sol y la Luna; 5° con Júpiter, el ascendente y el medio cielo; 6° con los planetas restantes.

Como la misión de este aspecto, considerado como desfavorable o negativo según los factores en juego, es dar perspectiva mediante la conciencia del otro, lo primero que se me ocurre pensar es que una oposición es una hiperestimulante contradicción que nos hace sentir atrapados sin salida; que contiene un maravilloso potencial de claridad y objetividad. Y lo es porque, a pesar de realizarse en signos opuestos, a su vez lo hace en elementos complementarios. Entonces ¿cómo tratarla?: mirándonos al espejo para saber qué debemos corregir.

Sea como fuere que lo encaremos, este es un aspecto de acción que nos debe producir un aumento de conciencia, pero sin llegar a expandirnos más allá de ciertos límites razonables, porque entonces se nos aplicaría un dicho muy apropiado y que reza: "la cuerda se rompe por el lado más débil" y más si la tensionamos mucho; además están en juego nuestras relaciones personales, pues este aspecto nos pone en relación con el mundo exterior.

Estamos, entonces, mirando los toros tras la barrera o desde el otro lado, pero a menudo con falta de objetividad, pues proyectamos sobre los demás una determinada parte de nuestra propia naturaleza haciéndosenos difícil saber qué es y qué no es de nuestra propiedad y si no lo es, es de otros. Aquí debemos ser prácticos y aceptar lo que logramos desde aquello que ambicionábamos cuando se efectuó la conjunción realizada en esta u otra vida. Toda oposición actual, ¿sería una conjunción en otra vida?

He aquí una energía que se nos opone ya bien sea en nuestra relación consigo mismos o con los demás, para hacernos enfrentar con aquello que proyectamos en ellos. Tenemos que llegar a acuerdos con lo demás y "lo demás" es todo. O ¿será que nos identificamos con un lado o polo de la oposición y proyectamos el otro? ; ¿Qué es lo que no vemos en nosotros mismos que los demás sí ven?

Frases y palabras ligadas a este aspecto: acciones abruptas, agudas y enérgicas, agua y aceite, ambigüedad, autoengrandecimiento, compromiso mutuo, culminación, dar y tomar, dos caras de una misma moneda, escisiones de la personalidad, excesos, expansiones y aumento de conciencia, polaridad, resistencia, retorno a la fuente, separación, tensión.

Si la oposición es de acercamiento a formar el aspecto exacto, queremos verter encima de los demás, todo aquello que signifique el planeta quieto, y debemos equilibrarlo hacia el punto de vista social. Si es de alejamiento, ese medio social tratará de volcar sobre nosotros el significado del planeta quieto.

Vimos en el aspecto pasado que un Quincuncio abierto podía darse entre dos signos en Oposición; pues bien, una Oposición es abierta cuando se da entre dos signos que están en Quincuncio. Corrección en las relaciones es lo primero que nos indica éste tipo de aspecto.

En general, tratamos de proyectar muy objetivamente sobre las demás personas al planeta quieto de nuestra carta natal y más aún, si está en el hemisferio occidental o en la Casa VII. Debemos estar muy despejados en el área en donde se realice este aspecto, pues la vista se nos puede nublar a la hora de relacionarnos con las demás personas y el mundo en general; podemos llenarnos de inquietudes y conflictos internos que nos exasperan, en especial al tratar de comunicarnos con los demás, lo hagamos o no.

## CAPÍTULO 3

**Regencias planetarias en las edades del hombre y la mujer**
Cada Signo, Luminaria y Planeta rige una edad determinada de nuestra vida; lo cual significa que durante esos años, el significado de dicho signo, luminaria y planetas es fundamental en ese período, pues poco a poco vamos adquiriendo las características propias de cada uno de ellos; hasta cuando muy lentamente una edad se va diluyendo en la siguiente, al mismo tiempo que determinado signo, luminaria y planetas van pasando la regencia al siguiente regente.

Y, aun cuando no hemos de hablar de todos los signos y planetas, he aquí sus regencias por edades:

**ARIES**: la adolescencia (junto con Mercurio) y en especial los primeros siete años de vida.

**TAURO**: desde los 7 hasta los 14 años.

**GÉMINIS**: desde los 14 hasta los 21 años.

**CÁNCER**: desde los 21 hasta los 28 años.

**LEO**: la infancia (junto con la Luna) y la madurez; también de los 28 a los 35 años.

**VIRGO**: de los 35 a los 42 años.

**LIBRA**: de los 42 a los 49 años (edad, ésta última, que entre los lamaístas es el plazo que necesita el alma para alcanzar su nueva morada. Termina el viaje)

**SCORPIO**: de los 49 a 56 años.

**SAGITARIO**: de los 56 a los 63 años.

**CAPRICORNIO**: rige la edad de los 50 años o madurez (edad luego de la cual llega por lo general el éxito a la persona Capricornus) También rige de los 63 a 70 años (setenta es el número de la totalidad o universalidad; por tal motivo Cristo aconseja a Pedro perdonar a sus enemigos setenta veces siete, es decir por siempre) **ACUARIO**: de los 70 a 77 años.
**PISCIS**: de los 77 a los 84 años.

Ahora vamos con las luminarias y los planetas:
        **LUNA**: las cuatro principales fases lunares se relacionan con la Infancia-Luna Nueva; juventud-Cuarto Creciente; madurez-Luna Llena y vejez-Cuarto Menguante. ¿En que fase lunar nacería usted?
        Algunas culturas antiguas, en especial asirios y fenicios, pensaban que la Luna era la morada de las almas que esperaban una nueva oportunidad de vida. Plutarco sostenía que las almas de los difuntos iban a la Luna y el espíritu al Sol, mientras el cuerpo quedaba aquí en la Tierra. Es decir, cada quien reclamaba lo suyo.
        Si redondeamos el ciclo de la Luna a partir de 28 días, y el de Saturno y la Luna Progresada a partir de los 28 años de vida, hay una primera edad media que ha de ser fundamental: a partir de los 14 años. Quiero traer a su memoria un mito egipcio que nos recuerda perfectamente este ciclo lunar de dichos 14 años.
        Pues bien, el mito que lo he narrado más extensamente en otro libro que titulé Mitología Aplicada sólo para Astrólogos, dice que Seth, el envidioso hermano menor de Isis y Osiris (esposos), descuartiza a este último en catorce pedazos para que jamás pudiera resucitar. Isis encontró una parte de su marido pero jamás el pedazo número catorce -su órgano sexual-; sin embargo, reconstruyó y embalsamó el cuerpo de Osiris, haciendo el falo de arcilla. Dormido Osiris, esperando su resurrección, Isis copuló con él concibiendo así, milagrosamente, al divino Horus-halcón, cuyos ojos brillaban tanto que lo hacía con la luz del Sol y de la Luna. Osiris se convierte, entonces, en la deidad de los muertos guiándolos en el misterio de la muerte y reencarnación. Esos pedazos deben ser los catorce días que van desde la fase de Luna Llena a la de Luna Nueva; en donde nuestro satélite natural va perdiendo día a día una parte de su luz, hasta cuando vuelve a resucitar en otra Luna Nueva y llega a Llena catorce días después.
        La Luna influye principalmente en el período de vida comprendido entre los 0 a los 4 o 7 años de edad, que comprende aquella etapa de la vida vista como la del crecimiento, desarrollo y la primera infancia; obviamente se incluye la lactancia, la infancia y la pubertad, la época de los cuidados maternos. Luego regirá otra vez de los 49 a los 56 años, cuando talvez ya somos abuelos. Debe ser la primera columna del cuadro que expongo más adelante en el capítulo IV, equivalente a Gestación, Nacimiento e Infancia. En la astrología de la India rige de los 0 a los 4 años.
        **MERCURIO**: rige de los 4, 5 o 7 a los 14 o 15 años, edad conocida como la adolescencia, etapa educacional o del aprendizaje, en la cual el niño (la niñez) comienza a formar su mentalidad. Período impúber, cerca de la pubertad, es la edad juvenil o juventud, la cual se representa con la figura de un niño. Debe ser la segunda columna del cuadro que hay más adelante en el capítulo IV, equivalente a Crecimiento, Expansión y Juventud. En la astrología de la India rige de los 4 a los

24 años.

**VENUS**: rige de los 14-15 a los 21, 22 o 24 años, época de la emoción, exaltación y adolescencia que se le representa como una joven. La edad de la menarquia en las mujeres y el crecimiento de los senos. Debe ser aún la segunda columna del cuadro del capítulo IV, equivalente a Crecimiento, Expansión y Juventud. En la astrología de la India rige de los 24 a los 32 años.

**SOL**: rige la vida de los 18-21 a los 28 años o de los 22-23 a los 37-41- 42 años, conocida como la energía de la juventud, la maduración o virilidad (madurez física) La edad máxima de exuberancia vital, la edad de la plenitud de las facultades, del éxito y brillo social en la vida, que debe comenzar alrededor de los 25 años. Se conoce esta etapa de vida hasta cuando la persona cumple los 28 años de edad, como el período material. Aún debe abarcar la segunda columna del cuadro del capítulo IV, equivalente a Crecimiento, Expansión y Juventud. En la astrología de la India rige de los 32 a los 51 años

**MARTE**: de los 28 a los 35 años, llamada la edad madura, la del soldado o de la ambición, aspiración o virilidad; importante en ella el desarrollo de los genitales en el hombre y el final del cambio de voz. Todavía debe abarcar la segunda columna del cuadro del capítulo IV, equivalente a Crecimiento, Expansión y Juventud. También se cree que rige de los 34-37 o 41 a 52-56-57. Se conoce el período de vida de los 28 hasta los 56 años, como el período del alma. En la astrología de la India rige de los 51 a los 66 años.

**JÚPITER**: de los 35 a 42 y de los 45 o 52-56, 58 a los 64-68-69 años, es la edad de la reflexión y la madurez tardía; del sedentarismo luego del triunfo, cuando aparece la llamada curva abdominal de la felicidad; época para desentenderse de todo, pues es la del goce de la vida y de la comprensión, que se representa como un hombre adulto o un juez. Especialmente rige la edad de los 50 años (número que en Irlanda es símbolo de lo infinito). Debe comenzar a ser la tercera columna del cuadro del capítulo IV, equivalente a Transformación, Contracción, Reproducción y Madurez. En la astrología de la India rige de los 66 a los 78 años.

**SATURNO**: de los 42 a los 49 y de los 64 o 68 a 70 o 72. Rige en particular de los 77 a los 99 años y aún de los 99 años en adelante, llamada la edad de las ambiciones no satisfechas, las amarguras, la desesperanza, la resignación o de la decrepitud y la vejez temprana; que se representa como un anciano. Principalmente Saturno influye y representa la edad de los 64 años en adelante; edad en la cual las neuronas, que se desarrollan hasta la edad de 30 años, han completado su evolución y perfeccionamiento y comienzan a desintegrarse; se acentúa de un modo intenso la decadencia, se agota la sensibilidad, se disminuye la inteligencia, se refrena la actividad y se aquilata la conciencia devenida ahora en razonable. Continúa siendo parte de la tercera columna del cuadro del capítulo IV, equivalente a Transformación, Contracción, Reproducción y Madurez. En la astrología de la India rige de los 78 a los 108 años.

**URANO**: rige la juventud, pero para los cabalistas rige la vejez avanzada. Debe comenzar a ser parte de la cuarta columna del cuadro que hay en el capítulo IV, equivalente a Realización, Muerte y Vejez

**NEPTUNO**: para los cabalistas rige la edad de la conclusión de la vida o muerte del individuo. Debe ser, también, parte de la cuarta columna del cuadro del capítulo IV, equivalente a <u>Realización, Muerte y Vejez</u>

El controvertido **PLUTÓN** aún en la determinación de las edades es polémico, pues para unos especialistas rige la pubertad y para los cabalistas rige cualquier edad.

## CAPÍTULO 4

### La tríada del destino

Al encarnar y nacer, cada uno de nosotros tiene una carta astral cual si fuera la carta de navegación que nos acompañará por destino en esta vida. En ella hay un primer par de planetas-actores que cumplen un papel fundamental en dicha carta de navegación o manual de funcionamiento personal: Saturno y Urano. Si usted tiene este libro entre sus manos espero que sepa quienes son, cual es su mito y qué representan ambos factores astrológicos. Lo único que me interesa recalcar aquí es el hecho de que Saturno nos muestra el destino kármico y Urano cómo liberarnos de él.

Saturno gira alrededor del Sol en un promedio de 28 ½ años, mientras que Urano lo hace más o menos cada 84 años. El primero permanece unos 2 ½ años en cada signo y el segundo unos 7 años. Toda esta matemática me llevó a concluir que, por lo general, nuestra permanencia en este cuerpo planetario abarca unas 3 vueltas de Saturno y una de Urano. Y he ahí lo interesante del ciclo, que si dividimos el período de 84 años de Urano en tres partes, nos da un resultado de 28 años. Es decir, que mientras Saturno recorre todo el triángulo equilátero, Urano avanza un solo lado de éste. Y eso también me puso a pensar que nuestra vida se divide en tres partes muy marcadas por edades determinadas.

La primera de ellas va de los 0 a los 28 años, cuando Saturno comienza a regresar por vez primera a su posición natal y Urano hace, entonces, su primer trígono de alejamiento consigo mismo desde su propia posición natal. Saturno nos invita a un funeral: el nuestro. Mientras que Urano nos invita a una liberación: la nuestra. Todo esto suena como a gusano transformándose en mariposa a través de la crisis que trae la edad. Nos liberamos del pasado-gusano y liberamos a la mariposa-futuro.

La segunda etapa es alrededor de los 56 a los 59 cuando Saturno, permaneciendo sus dos años y pico en un signo, regresa por segunda vez a su posición natal y Urano hace su trígono de acercamiento consigo mismo. Y, por último, más o menos de los 84 a los 87 años, cuando cada uno de ellos regresa a su posición natal, cerrando el ciclo en el cual se hallaban al nacer con nuestra carta natal.

Sabiendo esto, voy a dividir y a bautizar cada una de esas etapas que, como las describo largamente en el libro, tan sólo voy a denominarlas y presentarlas en unos cuántos renglones.

El ciclo que va desde los 0 hasta los 28-29 años de edad lo he llamado la etapa **Emocional**; porque por lo general, de los 28 a los 30 años, bajo el primer ciclo de Saturno, terminamos con la cruz a cuestas que el destino nos ha puesto al casarnos o tener al menos un hijo. Con esa obligación encima, o con cualquier otra, comienza la segunda etapa, la **Económica**; porque con o sin dicha responsabilidad, hay que subsistir. Y por último, comienza a los 56-59 años la etapa **Espiritual**, que termina al encontrarse cada planeta consigo mismo con su posición original; cuando estamos cerca de desencarnar naturalmente. Debo aclarar que cuando digo "comienza" estoy dando a entender que tiene mucho más énfasis en nuestra existencia dicho asunto vital. Porque, por ejemplo, la vida o el interés por lo místico y espiritual puede comenzar desde antes de los 28, pero como hay que vivir de algo, prima la etapa económica. Veámoslo de otra manera.

También podemos llamar al primer lado del triángulo nuestra etapa **Profesional**; porque alrededor de los 28 a 30 años ya debemos serlo. Pero como no es lo mismo la profesión que el trabajo (muchos de nosotros terminamos trabajando -casa VI- en algo que no es nuestra profesión -Casa X-, cual ingeniero que le va mejor de taxista), entre los 28 años y el cierre del siguiente ciclo a los 56 años, viene la etapa de **Trabajo** en la cual cada uno de nosotros se desempeña en su profesión o en lo que le resulte y le toque hacer para subsistir en la vida rutinaria. Que también nos pudo suceder desde el principio si no fuimos a la universidad o no tenemos un título profesional. Precisamente, para la profesión hay que ir a una universidad, graduarse y colgar el título en la pared de la oficina o del consultorio, esperando que esa profesión llene nuestras expectativas económicas y sociales. Por otro lado, para el trabajo, lo único que hay que hacer es tener la necesidad de ganar dinero para sostenerse y trabajar en lo que sea, o en lo que la vida nos haya enseñando sin necesidad de haber ido a la universidad.

Bien, esas dos etapas están listas. Pero el último ciclo de nuestra vida en esta área, luego de los 59-60 años, es aquel que he bautizado como **Vocacional**; porque ahí y ahora nos podemos dedicar a lo que nos gusta. El problema es que por lo general, lo que nos gusta no da plata para vivir; por tal motivo lo dejamos para el final. ¡Qué bueno hubiera sido que nuestros padres nos hubieran apoyado desde el principio de nuestra vida en aquello que nos gustaba, para desde entonces buscar que eso mismo nos sostuviera desde jóvenes! ¿Cuántos de nosotros trabajamos verdaderamente en lo que nos gusta? Y la otra pregunta es ¿qué nos gusta? ¿Dará eso lo suficiente para sostenernos? Y ¿a cuántos de nosotros sí se nos dará la oportunidad de hacer algún día lo que nos gusta, si es que la profesión o el trabajo nos dieron los recursos económicos como para ser tan afortunados? ¿O es que nos van a sostener los hijos devolviendo el dinero y el tiempo que les invertimos? Pues bien, todas esas preguntas nos las responde la vida en el último ciclo o etapa de vida Vocacional manejados por Saturno y Urano, entre los 56 y 87 años de edad, en el último lado del triángulo.

Ahora hagamos un pequeño resumen:

56-60 años

3- Etapa Espiritual
y Vocacional

2- Etapa Económica
y de Trabajo

87 a 90 años

0

28-30 años

1- Etapa Profesional
y Emocional

Obviamente en medio de esos tres ciclos o vueltas del destino, hay otras semietapas importantes: Urano hace un semiciclo fundamental cuando cumplimos los 42 años de edad, que es la mitad de vida de Urano y, por ende, de nosotros mismos; haciendo muchas veces el trígono de alejamiento con Neptuno que, por generación, se puede dar a una edad un tanto más avanzada.

Quirón se encuentra con su posición natal alrededor de nuestros 50 años de edad, mientras Urano está rondando en algunas edades de los 50 a los 54 años su trígono de alejamiento con Neptuno; y Plutón anda por ahí cerca haciendo su único trígono de alejamiento con su posición natal a los 52 años de edad. Neptuno, que tiene mucho que ver con el baile de Urano, pues mientras éste último da una vuelta al Sol, Neptuno da media, también se sincroniza con Urano; si dividimos por 3 el período de 165 años que necesita Neptuno para dar la vuelta al zodíaco, nos da un promedio de 55 años; más o menos los mismos años que tarda Urano para avanzar dos lados del triángulo, y los Nódulos Lunares para encontrarse por tercera vez con su posición natal.

Los ciclos de 12 años de Júpiter son fundamentales, porque éste se sincroniza con Saturno en uno de sus ciclos, en el importantísimo período de los 58 a los 60 años cuando Saturno ha dado 2 vueltas y Júpiter 5 alrededor de nuestra carta astral, encontrándose cada uno entre ese período de años con su posición natal, mientras Urano hace el trígono de acercamiento consigo mismo.

Pero no distraigamos la atención del verdadero par de protagonistas de nuestros ciclos vitales que son Saturno y Urano. He escrito extensamente acerca de ambos actores en otros libros de astrología y mitología que no es el caso citar aquí. Por ahora, lo que me interesa es que cada uno de nosotros piense quién fue y qué hizo en cada una de esas etapas. Yo, al menos, mientras escribo estas líneas, voy pasando por la cuadratura de acercamiento de Urano consigo mismo a los 63 años de edad.

Hagamos, entonces y antes de profundizar en cada una de ellas, una lista de las principales edades más cercanas a los tránsitos y progresiones planetarias después de los 21 años de edad:

- **21 AÑOS** CUADRATURA ALEJAMIENTO URANO-URANO Y CUADRATURA DE ACERCAMIENTO SATURNO-SATURNO.
- **24 AÑOS** SEGUNDA CONJUNCIÓN JÚPITER-JÚPITER.
- **27 AÑOS** TERCERA CONJUNCIÓN LUNA NEGRA-LUNA NEGRA.
- **28 AÑOS** CONJUNCIÓN SATURNO-SATURNO, SEGUNDA OPOSICIÓN NODULOS LUNARES Y TRIGONO ALEJAMIENTO URANO-URANO.
- **36 AÑOS** TERCERA CONJUNCIÓN JÚPITER-JÚPITER Y CUARTA LUNA NEGRA- LUNA NEGRA.
- **37 AÑOS** SEGUNDA CUADRATURA DE ALEJAMIENTO SATURNO-SATURNO, CUADRATURA PLUTÓN-PLUTÓN Y SEGUNDA CONJUNCIÓN NODULOS LUNARES.
- **40 AÑOS** SEGUNDO TRÍGONO DE ALEJAMIENTO SATURNO-SATURNO.
- **42 AÑOS** OPOSICIÓN URANO-URANO Y CUADRATURA NEPTUNO-NEPTUNO.
- **44 AÑOS** SEGUNDA OPOSICIÓN SATURNO-SATURNO.
- **45 AÑOS** QUINTA CONJUNCIÓN LUNA NEGRA-LUNA NEGRA.
- **46 AÑOS** TERCERA OPOSICIÓN NÓDULOS LUNARES.
- **48 AÑOS** CUARTA CONJUNCIÓN JÚPITER-JÚPITER.
- **50 AÑOS** SEGUNDO TRÍGONO DE ACERCAMIENTO SATURNO-SATURNO.
- PLUTÓN-PLUTÓN Y CONJUNCIÓN QUIRÓN-QUIRÓN.
- **54 AÑOS** SEXTA CONJUNCIÓN LUNA NEGRA-LUNA NEGRA.
- **55 AÑOS** TERCERA CONJUNCIÓN NÓDULOS LUNARES Y TRÍGONO NEPTUNO-NEPTUNO.
- **56 AÑOS** TRÍGONO DE ACERCAMIENTO URANO-URANO.
- **58 AÑOS** SEGUNDA CONJUNCIÓN SATURNO-SATURNO.
- **60 AÑOS** QUINTA CONJUNCIÓN JÚPITER-JÚPITER.
- **63 AÑOS** SÉPTIMA CONJUNCIÓN LUNA NEGRA- LUNA NEGRA Y CUADRATURA ACERCAMIENTO URANO-URANO.
- **65 AÑOS** CUARTA OPOSICIÓN NODULOS LUNARES.
- **67 AÑOS** TERCERA CUADRATURA DE ALEJAMIENTO SATURNO-SATURNO.
- **68 AÑOS** TERCER TRÍGONO DE ALEJAMIENTO SATURNO-SATURNO.
- **70 AÑOS** SEXTIL DE ACERCAMIENTO URANO-URANO
- **72 AÑOS** SEXTA CONJUNCIÓN JÚPITER-JÚPITER Y OCTAVA. CONJUNCIÓN LUNA NEGRA-LUNA NEGRA.
- **74 AÑOS** CUARTA CONJUNCIÓN NÓDULOS LUNARES Y ULTIMA OPOSICIÓN SATURNO-SATURNO.
- **81 AÑOS** NOVENA CONJUNCIÓN LUNA NEGRA-LUNA NEGRA.
- **84 AÑOS** SÉPTIMA CONJUNCIÓN JÚPITER-JÚPITER, ÚLTIMA OPOSICIÓN NÓDULOS LUNARES, CONJUNCIÓN URANO-

URANO Y OPOSICIÓN NEPTUNO-NEPTUNO
* **87 AÑOS** TERCERA Y ÚLTIMA CONJUNCIÓN DE SATURNO CON SU POSICIÓN NATAL

## CAPÍTULO 5

### Ciclos y edades del hombre y la mujer

Bien, ahora vamos a analizar extensamente toda nuestra vida, o por lo menos hasta los 90 años, bajo la óptica de las regencias planetarias y los aspectos más importantes que acontecen en ella según la edad que vamos teniendo. No sobra decir que nuestro nivel de ser, aquel que hayamos alcanzado a adquirir en cada etapa de la vida, marca qué tanto nos afectan los efectos del destino que no podemos cambiar. No podemos cambiarlo, pero sí los efectos que éste tiene sobre nosotros. Y no podemos cambiarlo, primero, porque no lo conocemos y, segundo, porque es nuestro destino. Aun cuando el gusano cambia de destino si el pájaro se lo come, el gusano no cambió el destino, pero cambió de destino. El destino de ser gusano es volverse mariposa y éste no puede cambiar ese destino. Lo que sí puede hacer es cambiar de destino; en este caso, servir de suculento banquete para unos polluelos en qué sabe qué nido.

Bien, nosotros somos como dicho gusano cuando, lloviendo por destino, nos mojamos por imbéciles. A no ser, claro, que nos queramos mojar. Sin embargo, no creo que el gusano quiera ser alimento de ningún pájaro.

Supongo que si usted tiene este libro en sus manos es porque ya conoce bastante de astrología, mitología y religiones; es decir, que es un buen astrósofo y no tengo que hacer énfasis en el hecho de saber de donde sale la información, porque entiendo que usted lo sabe o, por lo menos, lo intuye...

También tengo que advertir que las fechas dadas a continuación no son exactas, sino aspectos planetarios que se dan en las cercanías de dichas fechas y que marcan épocas definitivas de acuerdo al significado de lo analizado en cada caso, no antes ni después de una edad determinada. Es más, un aspecto exacto puede abarcar dos edades; o dos aspectos diferentes de un mismo planeta pueden darse en una misma edad. Por ejemplo: si alguien nace a mitad de año y un aspecto determinado se le ha de realizar en ese año, si es antes de su cumpleaños tiene una edad y si es después tiene otra. Por eso sean flexibles a la hora de leer sus edades, porque un aspecto puede abarcar dos años y una edad determinada puede tener varios aspectos.

Tampoco hay que olvidar que los planetas hacen varias veces el mismo aspecto al retrogradarse. Por ejemplo, Saturno transitado hace la conjunción consigo mismo, puede retrogradarse y volver a hacer el aspecto que se repetiría de nuevo al volver a avanzar, y la conjunción nos puede sorprender una vez más a otra edad cercana. Para tal caso, menciono solamente la edad en que comienza cada aspecto y no cuando el planeta regresa sobre él en su retrogradación, y luego de nuevo en su dirección de avance. Por lo general cada aspecto, en esos ejemplos, en especial de los planetas lentos, dura unos dos años. Tengan ésto en la cuenta y no olviden que un efecto puede abarcar varios años juntando aspectos de diferentes planetas.

He excluido de las lista de los tránsitos a la Luna, Mercurio y Venus, porque su velocidad y sus retrogradaciones no permiten llevar una cuenta tan exacta como con los demás planetas. A los tránsitos de Marte sólo los tengo en la cuenta para las conjunciones y no las menciono todas porque sus largos movimientos de retrogradación no dejan que se cumplan exactamente cada dos años, sino cada dos años y meses que se van acumulando según la carta de cada quien.

A la Luna Negra sólo la menciono para las conjunciones consigo misma; y a los Nódulos Lunares al hacer conjunciones y oposiciones consigo mismos, pues estas últimas se realizan a edades fijas y, a la vez, las conjunciones entre el Nódulo Sur y el Nódulo Norte y viceversa.

Estudiaremos los aspectos conjunción, sextil, cuadratura, trígono y oposición, de ida y venida de Júpiter y Saturno. A Júpiter le haremos un seguimiento más cerrado pues, al fin y al cabo, él es quien se encarga de nuestro crecimiento y desarrollo consciente.

A Quirón solo lo veremos en su conjunción, pues el resto de aspectos son muy erráticos.

Por ser más lento que los anteriores, haremos el seguimiento de Urano bajo sus aspectos de semisextil, sextil, semicuadratura, cuadratura, trígono, quincuncio, trígono y oposición de ida y regreso a su posición natal.

A Neptuno y Plutón los estudiaremos bajo los mismos aspectos de Urano, teniendo en la cuenta que sólo pueden llegar hasta la oposición por vez primera.

De las Progresiones sólo he tomado las de las Luminarias (Sol-Luna), el Ascendente y el Medio Cielo, con todos los aspectos importantes que hagan (los mismos que analizamos para Urano), pues las edades que marcan las progresiones de los planetas rápidos dependen de si están directos o retrógrados al momento de nacer la persona; y los lentos no tienen movimientos significativos que determinen edades precisas. En resumen, analizaremos por edades exactas los ciclos transitados de la LUNA NEGRA, JÚPITER, NÓDULOS LUNARES, SATURNO, QUIRÓN, URANO, NEPTUNO y PLUTÓN. Intercalaremos con ellos los ciclos progresados del SOL, la LUNA, el ASCENDENTE y el MEDIO CIELO hasta llegar a la edad de los noventa años.

Por razones que explico dentro del texto, considero que hay "paquetes" de años que involucran aspectos por edades y que, por lo tanto, se pueden tomar como un ciclo importante de la existencia. Es así cómo, son un solo paquete de fechas las edades comprendidas entre los 12 a 15 años; de los 18 a los 21 años; de los 27 a los 29 años; los 36 y 37 años; de los 39 a los 44 años; de los 58 a los 60 años; los 66 y 67 años; de los 71 a los 74 años y de los 84 a los 87 años.

Por cierto, divido las edades de cada uno de nosotros en el cuadro expuesto a continuación y acerca del cual me he referido en el capítulo anterior:

| GESTACIÓN | CRECIMIENTO | TRANSFORMACIÓN | REALIZACIÓN |
|---|---|---|---|

Pero fíjense ustedes, cada una de esas etapas puede relacionarse con los siguientes ciclos:

| NACIMIENTO | EXPANSIÓN | CONTRACCIÓN | MUERTE |
|---|---|---|---|

En algún momento todos hemos dicho:

| NACE | CRECE | REPRODUCE | MUERE |
|---|---|---|---|

En resumen, nuestras etapas de vida pueden dividirse así:

| INFANCIA | JUVENTUD | MADUREZ | VEJEZ |
|---|---|---|---|

A su vez la vejez la divido en cuatro etapas:

La **Vejez** propiamente dicha que comienza a los 72 años, en la cercanía del sexto retorno transitado de Júpiter a su posición natal.

La **Ancianidad** que comienza a los 84 años, cuando Neptuno ya ha hecho su única oposición transitada con su posición natal, y está Urano en la cercanía de su único retorno transitado con su posición natal.

La **Senectud** que comienza a los 90 años, cuando ya Saturno ha hecho su tercera y última conjunción transitada con su posición natal.

Y la **Decrepitud** que avanza de los 100 años en adelante.

Estas últimas cuatro partes están bajo la fuerte regencia de Saturno, con la ayuda de Urano y Neptuno.

Ahora sí, y sin olvidar que **algunos de los aspectos rondan una edad determinada pero sin tener que ser exactamente en ese año-edad en donde lo describo, pero sí no más allá de un año y pico antes o después de realizado el aspecto**, vamos con la descripción de cada uno de nuestros años de vida, añadiéndole ustedes lo que signifiquen las casas en su carta astral personal:

**Primer año de edad**    El **Sol** ha dado su primera vuelta regresando a su posición natal, como lo hará cada año el resto de la vida. **Júpiter** hace su primer semisextil de alejamiento con su posición natal. Los primeros tres años de vida son críticos para las personas de signo Capricornio.

Páginas atrás he mencionado cómo nuestros primeros años de edad están bajo la regencia de la Luna quien, obviamente, representa a la madre y la lactancia. En los primeros meses de vida la madre es para nosotros un restaurante; para nada nos afecta emocionalmente el hecho de que sea blanca, negra, india, judía, musulmana, alta, baja, gorda o flaca. Lo que nos interesa es que tenga una buena lechería, porque cuando lloramos es llamando su atención hacia el hecho urgente de que queremos mamar, porque tenemos hambre y para eso está ella: para satisfacer nuestros deseos de alimentación. A partir de allí sólo necesitaremos dos cosas en la vida: comer bien y buena salud.

El **Sol** y la **Luna** representan nuestro sentido (Luna) del ser (Sol); la vitalidad (Sol) del cuerpo (Luna); las elecciones conscientes (Sol) y el comportamiento habitual inconsciente e instintivo (Luna); el futuro (a lo que aspiramos-Sol) y el pasado (Luna); las fuerzas cósmicas (Sol) y magnéticas (Luna)

Respectivamente, el Sol y la Luna representan las tendencias psicológicas de nuestro padre y de nuestra madre; los deseos y las necesidades; el carácter y la personalidad que poco a poco iremos formando. El Sol indica nuestro proceso evolutivo y la Luna, cómo se aplica éste en la vida diaria. El Sol es positivo, masculino, representa el espíritu universal y la energía; y la Luna es negativa, femenina, representa la materia universal y la sustancia. El Sol quiere diferenciarse de los demás, mientras que la Luna quiere fusionarse con los demás. El Sol imparte la vida, la Luna la protege como si fuera nuestra madre... ¡Lo es!

Somos un Sol -el Sol de la familia- en crecimiento, y necesitamos de toda la atención posible, tal como debe tratarse a un rey o a una reina que quiere y desea activar todos los potenciales con los cuales ha nacido. Comenzamos por aportar gratificación al ego familiar causando, además, un impacto definitivo en el ambiente en el cual hemos nacido. Desde esta edad el Sol nos conmina a desarrollar todos los recursos disponibles, mientras vamos emitiendo e irradiando nuestra propia luz al ser centro de atención y reconocimiento por parte de los demás.

Estamos, entonces, bajo los cuidados del entorno materno y de la familia en general que está feliz con nuestro nacimiento. Ha llegado una pequeña criaturita al olimpo, que será el hogar en donde hayamos nacido. Y es **Júpiter**, precisamente el Señor del Olimpo, el encargado de que los demás nos vean como la Luz Caída de los Cielos. En nuestro primer año de vida, Júpiter se ha separado unos 30 grados de su posición natal haciendo el primer semisextil con dicha posición. Este es el único semisextil de Júpiter que voy a analizar; el resto de sextiles de alejamiento sucederán más o menos cada doce años. Para esta etapa de la existencia, la vida y la familia nos cuidan cual brote de una delicada planta. Como poco a poco iremos alcanzando autonomía, control y una mayor realización, ello nos alienta libremente al crecimiento y al desarrollo en expansión de la forma, a través de una clara visión mental. Paso a paso se va ampliando nuestra gama de intereses y aprendemos a ver la luz, en un momento en el cual es inminente que atraigamos a nuestro propio mundo cosas que son exteriores a nosotros para convertirlas en parte de nuestro yo; comenzando por el seno materno. Estamos aumentando, expandiendo y organizando la conciencia, a la vez que construimos nuestra visión particular del mundo y del lugar que ocupamos en él; a pesar de lo pequeños ya queremos ensanchar el alcance de nuestra acción, la conciencia, nuestra experiencia, los propios horizontes y todo lo que tocamos.

Algo en nosotros debe sentir de una manera jupiterina que estamos protegidos por algo o por alguien; que la vida es algo benigno y que tiene un sentido. Comenzamos, entonces, a movernos tímidamente, saliendo al mundo y aprendiendo cada vez más cosas sobre él; conciliando en uno mismo las fuerzas que estamos empezando a conocer, para lograr desarrollar lo que nos proponemos; estamos en una etapa de preparación y calentamiento de las habilidades latentes en nosotros mismos, pero a la vez muy impresionables y delicados para enfrentarnos a semejante empresa, como es la de vivir en un mundo extraño. Intentamos relacionarnos con lugares externos en donde podríamos desarrollar más esos potenciales que debemos hacer crecer en nosotros; es decir, lo externo nos motiva a progresar y a prepararnos para vivir en el mundo. Júpiter rige el explorar y con el semisextil de alejamiento comenzamos a alejarnos cada vez más del centro de gravedad que tuvimos hasta dar los primeros pasos. Ahora empezaremos a investigar.

A esta temprana edad somos la fuente y el fin de las cosas; todo gira a nuestro alrededor, somos el dominio, la energía vital primitiva encarnada en un hogar terreno. Podemos ser afectuosos, dignos y, en especial, únicos en medio del interés por lo nuevo, porque sólo conocemos acerca de la individualidad; tal vez creamos que somos el origen de todas las cosas en medio de la perfecta armonía y la unión completa sin auto reflexión (aún con el principio del Padre) Y, como aún estamos muy cerca del Eterno Ahora en el cual estuvimos inmersos y sabemos que lo somos, en este caso algo en nosotros recuerda que "Mi Madre y yo somos Uno".

**Segundo año** **Marte** ha dado su primera vuelta regresando a su posición natal, como lo hará más o menos cada dos años durante el resto de la vida. **Júpiter** hace su primer sextil de alejamiento con su posición natal y a veces, según la velocidad, también su primera cuadratura de alejamiento. Entre los dos y tres años de edad **Saturno** transitado y la **Luna Progresada,** pareja que bailará al unísono y con milimétrico compás durante el resto de nuestra vida, hacen su primer semisextil de alejamiento con su posición natal.

Continuamos bajo la regencia y los cuidados de la **Luna**, pero ahora tenemos algo de más confianza en nosotros mismos porque caminamos y andamos al estilo de **Marte**: bajo nuestro propio riesgo y sin admitir que nos lleven la contraria. Seguramente ya somos el niño o la niña rabieta que descarga su agresividad, no sólo llorando para que le den lo que desea sino para imponer su presencia y manipular las situaciones con uno que otro berrinche. Descargamos así la energía en algún tipo de conducta personal, como si nuestro deporte preferido fuera llamar la atención. Nos sentimos dueños de la energía y si no se nos hace caso, el resentimiento estallará contra el hermanito o hermanita que nos haya podido nacer o que sea mayor que nosotros. Aquí sabemos ya, gracias a Marte, que existen los rivales y todo rival es una competencia. Alguien nos quiere quitar lo nuestro, ya bien sea el carrito, la muñeca, al papá, a la mamá, nuestro puesto viendo televisión o la ventana del carro al salir de paseo.

Obviamente somos muy niños y, como Marte, actuamos decisivamente a través del deseo y del impulso antes de pensar, y como fuerza que exterioriza la expresión del yo. Sin embargo, ya tenemos más fibra para hacer respetar nuestros derechos; y falta tiempo para comprender que también tenemos obligaciones. Por ahora, al pequeño marcianito que somos sólo le interesa una cosa: ganar a como dé lugar; porque a esa edad sólo el Yo tiene la razón. Poco a poco, el ciclo de Marte ayudará a afirmarnos en el medio natal haciéndonos valer tal como somos, con la independencia, la individualidad, las iniciativas, la libertad y el poder ante la vida.

Gran tiempo de estos años, la iremos empleando en aprender a utilizar y controlar la fuerza y la energía impulsiva que nos domina; cosa que nos ayudará a crear nuestra propia identidad. Parte de nuestra tarea, es ir buscando en nosotros el ímpetu necesario para aprender nuevas habilidades para las salidas en los pasos difíciles; pues está dominando en nosotros el hecho de defender nuestros intereses, la individualidad que está creciendo y el propio terreno; así como ser nosotros mismos por medio de lo que queremos ser. Es importante recalcar que a estad edad ya establecemos y defendemos el propio espacio existencial y territorial, tal como le gusta a Marte.

Como también nos afirma al ir tomando conciencia de nosotros mismos, el entusiasmo es otra característica de esta época; estamos llenos de energía para derramarla alrededor y lo que menos queremos es que alguien se nos interponga; comenzando así a descubrir nuestro "ser locomotora" tomando la iniciativa sin el permiso de nuestros padres; lo cual, seguramente, nos lleva a descubrir la distancia que hay de nuestra nariz (o cabeza) al suelo o a la esquina de la mesa de la sala. Los accidentes, como los colmillos, aparecen como los pasos dados al irnos alejando del centro y, seguramente, como no sabemos nada acerca de frenarnos y tener paciencia, cualquier cosa nos saca de juicio. ¡Cómo ser prudentes –y menos aún con Marte- si apenas tenemos dos años de edad¡

Como el primer sextil de **Júpiter** consigo mismo nos hace creer ser dueños del mundo, y estamos en el plan de apoderarnos de él cada vez más, empezamos a dar los pasos necesarios para reclamar por él. Comenzamos así a reafirmar ser los dioses del Olimpo; y, en nuestro caso, el Olimpo es todo lo que abarcan nuestros rápidos pasos marcianos y nuestra fuerza emocional lunar. A esta edad ya estamos en capacidad de apreciar la plenitud de todo cuanto experimentamos; ahí vamos creciendo como individuos en un nivel físico y comenzando a encontrar un lugar en el mundo más cercano: el familiar; así como un papel que desempeñar en él. Nos estamos desarrollando poco a poco, desplegando nuestras posibilidades y llevando a la plena expresión lo que está latente en nosotros. Claro, a esta edad, Júpiter está comenzando a hacer crecer y expandir nuestra personalidad y la vida en general, superando los pequeños-enormes retos que se nos presentan, mientras somos conscientes del mundo que nos rodea y aceptamos las nuevas experiencias e informaciones que absorbemos de él.

Estamos viviendo en un continuo arco iris, puesto que nuevas sensaciones están invadiendo nuestro estado interior con optimismo y más confianza en nosotros mismos; al fin y al cabo ya sabemos caminar y dar nuestros propios pasos. Marte nos ayuda a dirigirnos y Júpiter a sentirnos a gusto en ese Olimpo personal. Nuestros primeros esfuerzos por comunicarnos con el mundo han dado buenos resultados; ya vemos de qué somos dueños y podemos creerlo y decirlo. Estamos aprovechando el tiempo para ver, estudiar y aprender acerca de ese mundo que nos rodea, y con el cual, alguna manera, establecemos una especie de "dame y te doy" de intercambio con el entorno circundante; el habla y el trueque van de la mano y el desarrollo del habla y de la idea nos ayudan a "comprar y vender" en el nuevo mundo. "Si te portas bien…." dice nuestra madre…, "me dan lo que quiero…" dice algo en nosotros. Hemos comenzado a abrir nuevas puertas y a comprender con quienes nos corresponde vivir y para qué están allí.

**Saturno** nos empieza a endurecer la estructura, mientras vamos adquiriendo conciencia de los límites de la vida a nuestro alrededor. Ya sabemos que un semisextil que se aleja, nos informa acerca de en qué lugar podríamos sentir confianza al desarrollar más esos potenciales que debemos hacer crecer en nosotros; es decir, lo externo nos está invitando a progresar y a prepararnos para vivir en el mundo. A pesar de los niños, ya Saturno nos acicatea para que cultivemos ciertas cualidades y características bajo la presión necesaria… ¿de mamá? Pues bien, nosotros también estamos interesados en acumular y aferrarnos desde ahora a cualquier clase de propiedad, mientras vamos adquiriendo confianza en nosotros mismos y en nuestro propio valor.

Ahí vamos, poco a poco, con la ayuda de mamá y papá, aferrándonos a rutinas y rituales que nos dan seguridad y preservan la incipiente autonomía personal. Empezamos a afirmar, definir, concentrar y disponer nuestra energía dentro de formas y estructuras específicas, de una manera absoluta. Incluyendo ir al baño (el esfínter lo rige Saturno) ¿Será que desde ahora, y al típico modo de Saturno, comenzamos a alzar un sistema de defensa contra el mundo exterior? De todos modos tenemos que ir arreglándonos con lo que tenemos y asumir la lección, las responsabilidades y, sin compulsión externa, todo aquello que debe irse cumpliendo para poder andar. Por cierto, Saturno nos ayuda a atemperar el potencial de Marte que en esta época es tan fuerte. Claro que Marte no va a dejar castrar nuestra creatividad, ni los deseos de evolución y de libertad, aun cuando Saturno sea el planeta más crucial de nuestro desarrollo evolutivo.

Definitivamente estamos causando un impacto contundente en el ambiente; estamos empeñados en conquistar (a los demás) con el fin de controlar todo a nuestro alrededor; pues es desde ahora cuando queremos conseguir nuestra realización sin importar las dificultades que tengamos que superar. Así empezamos a defender el modo como nos comportamos, y a establecer relaciones entre el Ego y todo lo que forma su ambiente y una segura estructura de vida. Ya estamos con la capacidad de entender que Saturno hace que una lección se aprenda primero, antes de emprender la siguiente.

Poco a poco vamos incluyendo a los demás seres dentro de nuestra vida, sin dejar de ser un individuo separado (como el Sol lo es dentro de la galaxia de soles); pero también esta edad nos va induciendo una insaciable tendencia adquisitivo-acumulativa y conservadora. Obviamente nuestros padres son los representantes de Saturno, quienes nos dicen que nuestra existencia está limitada a unas leyes, y a unas condiciones concretas y ordenadas. Saturno nos proporciona el tiempo para comenzar a escalar los muebles, las mesas, las escaleras de casa cual si fueran muros, y conocer nuestra propia fuerza mientras nos va recompensando con algunas cosas pequeñas pero firmes.

La **Luna Progresada**, que va pareja con Saturno en su primer semisextil de alejamiento, también es obvia acompañando la primera conjunción transitada de Marte, porque el niño que somos comienza a alejar sus pasos del centro de gravedad físico que ha sido su madre. Nuestra Luna denota el área de donde proviene nuestra dependencia emocional y la inseguridad; describe nuestro ambiente emocional y de donde procede éste; el pasado, las primeras experiencias infantiles y con la madre; la habilidad para ajustarnos a las distintas situaciones que se nos están presentando en la vida; la herencia, historia, hogar, manera de actuar, necesidad de proteger y ser protegido; las raíces y nuestra tendencia de comportamiento por costumbre o inconscientemente. Y es todo eso, precisamente, lo que la Luna Progresada está empeñada en ayudar a desarrollar en nosotros.

Como aún estamos temerosos de todo y, en especial, de aquello o aquellos que no conocemos, los brazos de mamá son nuestro principal refugio. La Luna nos auxilia para encontrar seguridad en ese refugio; nos enseña cómo defendernos y estimula nuestros instintos maternales y de protección, así como a expresarnos en conceptos de alimentación, bienestar y protección. Ahí va creciendo nuestra forma de reaccionar a nivel cotidiano, bajo la influencia de nuestra madre y del tipo de circunstancias con las cuales nos enfrentamos en la infancia. Pero algo en nosotros quiere manipular a la gente por medio de relaciones de dependencia, necesidades emocionales y sensibilidad. Estamos formando nuestros hábitos y personalidad; y, obviamente, queremos gobernar sobre lo doméstico y lo familiar.

No hay que olvidar que la Luna rige esta etapa de nuestra vida, de modo que este aspecto progresado es supremamente fuerte. Marte nos aleja, pero la Luna nos mantiene firmemente agarrados al cordón umbilical; de forma tal que de vez en cuando es bueno mirar atrás para ver por donde andará mamá y qué caras estará haciendo mientras nos vigila. "Te dije que no corrieras, que te ibas a golpear". Pero bueno, ella sabe que esos primeros golpes nos convienen para ir construyendo nuestro propio mecanismo de defensa marciano, a la vez que conocer los límites saturninos.

Estamos motivados por la adaptación y por el esfuerzo físico positivo, en donde el sentido del tacto es muy importante; y, mientras la posesividad va aumentando, también vamos siendo conscientes de la preocupación que generamos por parte los demás. Esta edad lunar nos muestra cómo reaccionamos basados en lo predispuesto en nuestro subconsciente y cómo pueden ser satisfechas nuestras necesidades emocionales y de profundo cariño personal; por ello actuamos desde el inconsciente, bajo las tendencias primitivas y la vida instintiva; estamos comenzando a afirmar nuestra personalidad a través de la emotividad, las sensaciones y la incipiente vida psíquica profunda y rica; también agudizamos la imaginación y la intuición por medio de ese vínculo con el subconsciente. Obviamente la Luna nos apega a la gente y a las cosas por mucho tiempo, razón por la cual aumentamos la sensibilidad y la vitalidad afectiva.

A esta edad hemos comenzado a buscar una relación física para sentir seguridad (doméstica y emocional) y bienestar. Empezamos a conocer qué es la adaptabilidad, la ambivalencia y las amenazas latentes, y qué es la expresión del desdoblamiento en sujeto y objeto; y aun cuando la diferenciación es relativa, la división comienza a ser primordial. Sigue siendo necesaria la protección, empezamos a escuchar de labios de nuestra madre la sabiduría de la tradición y a recibir el conocimiento de seres que para nosotros son superiores.

Como no queremos dejar ir a nadie de nuestro lado y sólo deseamos obtener satisfacción interior y un sentido de sobrevivencia emocional, pedimos y exigimos el afecto que satisfaga nuestra inseguridad emocional. Y eso lo haremos durante varios años por delante.

**Tercer año**    **Júpiter** termina su primer cuarto de recorrido haciendo su primera cuadratura de alejamiento con su posición natal. La **Luna Progresada** comienza su primera semicuadratura de alejamiento con su posición natal. Aquí termina una etapa crítica para las personas de signo Capricornio.

Aún la Luna-Madre tiene el mando en esta temprana edad, y ya **Júpiter** nos ha mostrado en donde nos excedemos al correr, al pedir y al exigir que reconozcan que somos el Dios de la casa. Las exageraciones, las imprudencias y las autoindulgencias son típicas a una edad en que se cierra un ciclo, pues en el tercer año se completa el triángulo y ya sabemos cuales son los primeros resultados de nuestras extravagancias y errores. Poco a poco vamos aprendiendo a ser más realistas, pues conocemos los primeros límites que nos impone la vida a través de nuestros padres y, más aún, si tenemos un hermanito o hermanita que nos haga competencia; las falsas expectativas de los primeros años en los cuales somos "la luz de los ojos de papá y mamá", pueden ir quedando atrás si no somos el hijo único; la rana se infló tanto que ahora comienza a estallar a bajar o a aumentar el volumen de sus exigencias.

Poco a poco nos vamos aventurando en mundos que, por lo menos, sean similares a aquellos con los cuales ya estamos familiarizados; y vamos incentivando el crecimiento y la confianza en la vida. A esta edad comprendemos nuestras primeras vulnerabilidades, inseguridades e inestabilidades y, de alguna manera, la sabiduría nos dice que debemos aprender a adaptarnos a las circunstancias que comenzamos a vivir. No es una época agradable, pues ya no atraemos tanto la atención de las demás personas; es como si ya se hubieran acostumbrado a nuestra presencia; es decir, somos uno más de la familia, ya no el dueño del Olimpo.

Y a esa sensación contribuye la primera semicuadratura de la **Luna Progresada** consigo misma. Como también, paso a paso, la Luna va ayudando a la alteración entre sentimiento y pensamiento, y a crear las condiciones que conducen a la transformación del instinto en intelecto, la terquedad se adueña cada vez más de nuestro comportamiento emocional y no sabemos que hacer con el problema que nos agobia representado en el hecho de crecer; como si una fuerza pasiva se hubiera metido en nuestros planes y pareciera que se estuviera gestando un mal. ¿Será que ahora nuestros padres le prestan atención al inquilino que acaba de llegar -si somos el hijo mayor- y no tanto a nosotros? Empezamos así a compararnos con los demás y a ajustar nuestra visión para realizarla en el mundo que tenemos por delante; lo cual nos permite aumentar nuestras posibilidades a través de los obstáculos que se nos presentan, mientras buscamos y vivimos toda clase de aventuras. Hay que comenzar a crear y forjar una gran autoconfianza en nuestras habilidades para progresar. Es época para comenzar a descubrir los recursos asequibles.

A pesar de que aún no somos muy conscientes de nuestra actitud ante el hecho de estar encarnados en el universo físico, lo que sí es cierto es que se están acrecentando cada vez -y con más fuerza- nuestros sentimientos; día a día entendemos cuales son las nuevas experiencias que nos resultan seguras y mejor acopladas a nuestras necesidades. Por tal motivo comienzan las verdaderas y las primeras dificultades emocionales para conseguir lo que nos proponemos y esto nos pone irritantes y nerviosos. Pero dichas dificultades nos pueden volver muy creativos para sortear el aparente mal manteniendo la tensión activa que, aprovechándola, nos permite aumentar nuestra incipiente fuerza activa.

La Luna nos proporciona satisfacción emocional, una receptividad del mundo cambiante que nos rodea y una sensación de seguridad. Con más frecuencia ella va promoviendo nuestro instintivo y un vago deseo de experimentar, percibir y sentir el espectáculo del mundo que estamos descubriendo. Queremos, entonces, derramar sobre él toda nuestra insatisfacción, mientras exigimos que los demás se amolden a nosotros y es, precisamente, dicha actitud quien atrae los resultados negativos hacia nosotros. Como puede ser que ya nos hayamos ganado las primeras palmadas en la colita, hay una hostilidad sorda y una inadaptación muy real que nos lleva a encontrar otra clase de valores y a hacer los ajustes necesarios, interna y externamente, para salir del percance que nos ata al compromiso de crecer. Con nosotros está forjándose el Ego, gracias a mamá quien, además, nos está llenando la mente de ideas acerca de cómo vivir en familia. Hacia esta edad aumenta el énfasis en la adhesión a dicha familia, y tal vez los primeros brotes del buen sentido del deber y la capacidad emotiva. Va aumentando la conciencia y con ella la expansión y la imaginación creativa; hasta puede que ya haya premios en la satisfacción del Ego por lo hecho o logrado. Ahora hay más humor, diversión, encanto, expresión de las emociones y de la unidad que siempre se restablece, a pesar de nuestro resentido trasero.

**Cuarto año**    Mientras **Marte** ha dado su segunda vuelta con respecto a su posición natal, **Júpiter** está haciendo su primer trígono de alejamiento con su posición natal y, dependiendo de la velocidad, su primer quincuncio de alejamiento. La **Luna Progresada** comienza su primer sextil de alejamiento con su posición natal.

Seguimos bajo la regencia de la Luna que ahora aparece no sólo como la figura de la madre, sino de la maestra-niñera. Es desde esta edad que Mercurio acompañará a la Luna con su aprendizaje hasta cuando cumplamos 14 a 15 años de edad. La Luna y Mercurio nos alimentan la mente y la capacidad de memoria con la cual vamos a crecer.

Esta es la última vez que menciono la conjunción de **Marte** consigo mismo, porque, como ya lo advertí, lo hará más o menos cada dos años. Como a esta edad ya nos hemos aventurado suficientemente en el mundo para saber quienes somos en los primeros años de vida, se están abriendo espacios para una nueva creación; muchos de nosotros hemos entramos al Jardín Infantil, donde conoceremos otros guerreros y guerreras que serán aquellos rivales marcianos que no hemos tenido en casa y que, por lo tanto, sí nos van a dar en la cabeza unos cuantos golpes si pretendemos ir más allá de los límites impuestos por ellos. Al típico estilo de Marte queremos y vamos a alcanzar grandes éxitos al enfrentarnos a esta edad a las pruebas más difíciles que hay en este nuevo ambiente de aprendizaje mercuriano, en donde nadie tiene por qué tenernos ninguna clase de consideración; sencillamente porque ninguno de ellos nos conoce ni sabemos cómo son ellos. Ahí aprenderemos a competir con criaturas de nuestra edad, en un mundo físico que no es el de casa y al cual estábamos tan acostumbrados.

Como Marte quiere asegurarse de que haya en nosotros un ente separado que experimente las cosas,  nos ha de arrastrar cada vez más hacia nuevas realizaciones y a controlar todo lo que tenemos y vemos a nuestro alrededor. Nos insita a movernos desde sí hacia fuera sin importar las condiciones externas, y a obtener lo que deseamos por el método que sea, mientras pedimos lo que queremos. Cada vez más somos una corriente constante de energía llena de atrevimiento, espontaneidad, fuerza y vigor que provoca un infatigable esfuerzo de acción. Pero como el ciclo de Marte nos brinda la libertad necesaria para utilizar nuestras energías como lo creamos apropiado, también estamos en el plan de separarnos psicológicamente de los demás mediante nuestra agresividad. El problema es que Marte también le está brindando la misma oportunidad a nuestros compañeritos del Jardín Infantil…

Es ahora cuando en verdad hay que concentrar nuestra energía con miras a la lucha por la vida. El encuentro con los demás nos ayuda a aumentar la efectividad y potencia los esfuerzos constructivos y regeneradores, así como el riesgo. El Olimpo ha quedado atrás, ahora conocemos el nuevo campo de batalla con gladiadores de verdad; así las espadas sean los pinceles para dibujar y los lápices para escribir; no hay mazos para rompernos la cabeza, pero si nos halan las mechas. ¿Que qué tipo de herramientas utilizaremos para defendernos? Las que conocemos, desde gritar, llorar, empujar, escupir, sacar la lengua... No vamos a permitir que los demás nos cierren el paso. Este ha de ser el campo de batalla en donde sacaremos a la luz las cualidades latentes en nosotros mismos, mientras queremos seguir satisfaciendo las necesidades de nuestro yo y los propios deseos y pasiones, siguiendo el camino que queremos.

Esta es una etapa muy importante de la vida para constituir la clave de nuestra propia identidad egóica y aprender a correr otra clase de riesgos, declarando ante los demás nuestros propios intereses. Muy seguramente es ahora cuando estamos aprendiendo, al puro estilo de Marte, a dejar atrás a nuestros adversarios y un huella en el mundo de ellos, así como ellos en el nuestro o en nuestra adolorida cabecita. El planeta nos invita a la interacción creativa y satisfactoria con los demás y a la temeridad, mientras exploramos y labramos estos nuevos caminos.

Es con nuestros primeros compañeros y rivales con quienes aprendemos a expresar la individualidad en la acción, la autoafirmación y el poder; haciéndonos valer en un nuevo medio ambiente en donde Marte manda en nuestro movimiento hacia adelante. Obviamente continuaran los conflictos y la discordia, pero en otro escenario en donde estamos ensayando a proyectar nuestra energía. Durante buenos años por delante el ciclo marciano nos impulsará a los asuntos en donde manifestaremos anhelo de probar cosas nuevas, la curiosidad, y nuestro espíritu aventurero y pionero.

Pero al hacer el olímpico **Júpiter** su primer trígono de alejamiento, lo que ha sucedido es que hemos encontrado otro Olimpo en el cual también podemos brillar; éste es, precisamente, el lugar en donde aprenderemos cosas nuevas acerca de la vida al típico estilo de Júpiter. Es decir, que comenzamos a expandir nuestro territorio y a sentirnos exitosos. ya bien sea por nuestros propios medios para aprender algo que nuestros padres no nos habían enseñado, o por los esfuerzos que estamos haciendo ahora con el concurso de otras personas diferentes a las habituales.

Con Júpiter se nos abre la puerta hacia aspiraciones, mejoramientos y planes nuevos, trayendo -por el trígono- experiencias afortunadas en el mundo exterior. Durante este ciclo planetario se está enriqueciendo nuestra energía personal y cada vez más crecemos desde adentro hacia fuera. Uno de los oficios de Júpiter es -y lo será durante toda nuestra vida- extender la educación; asunto que también nos va dando un sentimiento de inclusión con respecto a las demás personas y apoyo para que estemos a la altura de los nuevos retos. Entonces nos sentimos optimistas, tranquilos y equilibrados con el nuevo conocimiento que llevamos a casa; podemos observar las nuevas perspectivas que se abren en nuestra vida, y emprendemos con el entusiasmo marciano el recién hallado camino jupiterino del aprendizaje, saliendo así del conformismo que podíamos traer de nuestro hogar. Ahora hay otra clase de retos y desafíos; comunicamos a otros nuestras ideas mientras oímos las suyas; aprendemos lo que nos gusta o nos gusta lo que aprendemos, cual si fuéramos descubridores y conquistadores de un nuevo mundo que no sólo existe afuera de nosotros, sino también adentro.

No hay que olvidar que, a pesar de los descubrimientos que comenzamos a hacer en esta etapa de la vida, todavía estamos bajo la influencia de mamá **Luna** y eso se deja ver en el primer sextil de alejamiento en su avance progresado. Marte y Júpiter, y aún el alejamiento progresado de la Luna, nos invitan a explorar; pero la Luna también nos regresa al hogar pues aún falta mucho tiempo para cortar el cordón umbilical con él (que tal vez nunca cortemos) Nos es necesario regresar a la intimidad lunar hogareña en donde podemos estar tranquilos luego de contar todo lo que hemos aprendido, y hasta traemos tareas que mamá nos ayudará a hacer; poco a poco iremos modificando nuestra situación y papel en la casa; hasta podemos establecer otra clase de lazos emocionales en y con nuestra familia y, obviamente, con la gentecita que estamos conociendo.

En esta etapa de educación la Luna apoya a la imaginación, y contamos con ese toque de candor que nos da la vida afectiva, confianza y sencillez ante los demás. Además, el ciclo lunar nos ayuda para iluminar la habilidad que tenemos para integrarnos al cambio sin trastornos. Ahora podemos tener una madre en casa y otra en el Jardín Infantil; las dos nos quieren. Nos muestran como niños inteligentes y grandecitos que ya vamos al colegio; nos invitan a la casa de los amiguitos en donde conocemos otras lunas-madres que también nos quieren. Y así, poco a poco, la Luna Progresada nos muestra otros ambientes familiares, como si se estuviera preparando algo muy especial para conocer a la familia humana en la cual hemos nacido, y que existe de puerta de casa hacia afuera. Ahora escuchamos tantas cosas nuevas, y establecemos tantos nuevos cordones umbilicales, que nos sentimos un tanto temerosos pero, al fin y al cabo, intrigados por saber y ver qué hay al otro lado de las puertas que Júpiter nos está abriendo.

A esta edad vamos ampliando el espacio como campo de batalla de la materia en la cual estamos inmersos, mientras también van aumentando a nuestro alrededor las leyes necesarias, con el fin de mantener el orden y la organización. Somos conscientes de las limitaciones físicas que nos generan los brotes de la incipiente autodisciplina; pero a la vez, comienza a importarnos muy poco el qué dirán, y nos encantan los retos a los cuales nos lleva cada vez más la curiosidad. Todo ello nos invita a disciplinar el Yo-Ego, por medio de ciertas aptitudes técnicas que vamos desarrollando con un esfuerzo persistente

**Quinto año**  Mientras **Júpiter** termina la primera mitad (6 años) de su recorrido de unos 12 años, comenzando a hacer la primera oposición con su posición natal, **Urano** está haciendo su primer semisextil de alejamiento con su posición natal.

Seguimos bajo la influencia de la Luna (mamá) y Mercurio (enseñanza), quien abre la mente al deseo de aprender y actualizar el conocimiento; además de animarnos a civilizar, escuchar, reflexionar y saber responder ante los nuevos retos de la vida. Estamos comenzando a aprender a concentrar la atención consciente en lo que sucede en la experiencia personal del ahora; llega el momento de compartir información contando a nuestros padres qué aprendemos en la escuela, y a la maestra qué nos sucede con los padres; es decir, al típico modo de Mercurio, le decimos nuestro cuento a otro. Así, bajo su tutela, y por varios años por delante, la vida nos empieza a dar claridad mental, comunicación, elocuencia, imaginación, inquietud, intuición, invención, movimiento en el entorno, nerviosismo, persuasión y rapidez mental para fomentar el desarrollo de esa intuición, interpretar la experiencia de crecer y relacionar poco a poco al hombrecito y mujercita interno con el ser humano externo. Nuestra mente está cada vez más llena de ideas ajenas con las cuales no nacimos, pero que nos las van transmitiendo. Es el momento en que la educación se integra a nuestra vida como una forma de amaestrarnos para vivir en el mundo.

El apoyo de Mercurio sirve para definir la manera en que abordaremos las cosas en un sentido intelectual y la naturaleza de nuestros talentos mentales. Cada vez más empezamos a demostrar cómo nos comunicamos con los demás con afinidad y participación, y a denotar el talento que tenemos para esa comunicación verbal con ellos. Estamos disfrutando de los hechos por el inmediato estímulo que nos ofrecen; queremos expresar la inteligencia y las propias percepciones por medio de la destreza y el lenguaje, así como establecer contacto con el mundo entero y vínculos lógicos entre dos o más conceptos, objetos o personas.

También nos empeñamos en excitar la actividad de las funciones psíquicas dándoles rapidez y vivacidad; en explotar los conocimientos de otros seres; así como en expresar las propias percepciones y experiencias por medio del arte o la palabra y lo aprendido por el estudio que estamos comenzando. Pero, igualmente, hay que tener en la cuenta que es a esta tierna edad, cuando nos es imposible o muy difícil explicar el proceso mediante el cual desarrollamos preocupaciones y expectativas negativas que nos conducen al aislamiento. ¿Comenzaremos a ser el bobo-a de la clase? Para que eso no nos suceda debemos aprender, y desde ya, a hacer asociaciones y conexiones inteligentes con los compañeros de clase y con la maestra. Para eso, la tutela de Mercurio nos introduce en la fluidez, el movimiento y los nuevos comienzos en nuestra vida y, desde ahora, a aprender a llevar a cabo convenios y compromisos con otras personas. También nos motiva un insaciable afán por conocer, por explicar qué significan los seres con quienes nos estamos relacionando y a percibir el nuevo medio ambiente. A esta edad queremos procesar rápidamente la variedad de datos externos que nos impactan; procurar una buena comunicación; promover la reflexión intelectual, la acción de pensar, de asociar, de comparar, de comunicar, de formar la inteligencia y, sobre todo, de hablar.

Muy desde ahora, Mercurio nos empieza a señalar el área en que debemos concentrarnos, para que la comunicación sea un vehículo de satisfacción al ser comprendidos por los demás. Estamos obstinados en usar creativamente el arte, la facultad discriminativa, la inteligencia, la palabra y la razón, como símbolos de lo que olemos, oímos, saboreamos, tocamos y vemos para expresar lo que es verdadero y amoroso, y sirve al ideal superior a esta edad: saber más. Estamos entrenando la mente recibiendo verdades -nuevas verdades- que no podemos poner en duda, y aprendiendo a utilizar creativamente nuestra destreza e inteligencia.

Pero también vamos descubriendo gracias a la oposición de **Júpiter**, que definitivamente el camino sí tiene dos puntas, que hay dos mundos: el de adentro: nuestra casa lunar; y el de afuera: la escuela jupiteriana. Con afán vamos de un extremo al otro mientras vamos descubriendo cual de los dos nos gusta más o si ambos nos agradan; pero definir qué ambiente ha de gustarnos más, es un obstáculo que tenemos que afrontar (percepción consciente). No hay que olvidar que los extremos se tocan, que equivale a decir se parecen; y por lo tanto este aspecto es sumamente importante, pues hay que conciliar en uno, lo que está separado en dos: el hogar de mamá, con la escuela de la otra mamá, la maestra. Por tal motivo, esta edad representa igualmente desequilibrios y dolencias, reacciones a iniciativas que nos llegan por parte de otras personas: los padres que nos conminan a ir a la escuela y los amiguitos que nos están esperando para jugar con nosotros, para darnos duro o, al menos, burlarse de nosotros. He allí la oposición de Júpiter en donde ahora tenemos dos Olimpos: el natal, que es el lugar en donde nacimos y el del otro extremo que es a donde ahora nos toca ir todos los días a aprender a crecer con otras personas.Al fin y al cabo se culmina una parte del proceso que se inició al nacer y entonces revisamos nuestra vida, para comenzar de nuevo haciendo los ajustes necesarios para poder continuar; pues entre las cosas que estamos aprendiendo es que nada es permanente en la vida, que todo tiene sus alteraciones.

Ahí vamos avanzando, dando los pasos necesarios de acuerdo al tamaño de nuestras piernitas y al de nuestra comprensión; conocemos más nuestros recursos, pero también aquellos nuevos que se ponen a nuestro alcance. Aprendemos algo que no le gusta a Júpiter y menos aún a Urano, que también comienza a actuar a esta edad: que todo tiene su límite. Antes todo era nuestro, ahora hay otros que dicen que lo de ellos es de ellos y que, de pronto, hasta la nuestro también es de ellos. He allí la oposición que comienzan a hacernos los demás, mientras nos compararnos con estos seres extraños con los cuales hemos de compartir la vida de puertas de casa para afuera. Aun cuando a algunos los convidaremos a nuestro Olimpo privado; o iremos al de ellos cuando nos inviten a festejar sus cumpleaños. A Júpiter le encantan las ceremonias.

Podemos sentirnos nerviosos he intranquilos tanto con lo que estamos aprendiendo como con quienes estamos conociendo; en definitiva, estamos creciendo física y mentalmente. Poco a poco vamos abriendo la puerta hacia aspiraciones, mejoramientos y planes nuevos, mientras Júpiter nos va relacionando con otras personas que estén dispuestas a ayudarnos a conseguir nuestros objetivos; vamos superando el pasado, nuestra pequeñez, el sentimiento de aislamiento y de falta de control, mediante la experiencia de la riqueza del presente.

Pero **Urano** entra en escena mostrándonos también un mundo de libertad que debemos explorar. Por un lado conocemos acerca de los límites que nos ponen los amiguitos y la maestra (además de los que ya conocemos en casa); pero Urano también nos dice que nuestro mundo se está agrandando para ser libres en él. Comenzamos, entonces, a liberarnos tímidamente, mientras buscamos y conocemos nuevas fuerzas en nosotros mismos para lograr desarrollar lo que nos proponemos. Los compañeros nos han de servir como si estuviéramos en una etapa de preparación y calentamiento de las habilidades latentes en nosotros mismos; y como estamos a la expectativa, en medio de ser muy impresionables y delicados para enfrentarnos a semejante empresa que es la de ser nosotros mismos sin que nos defienda mamá, tenemos que cuidarnos y prepararnos para desarrollar más esos potenciales que sentimos crecer en nosotros; es decir, lo externo nos sigue motivando a ascender y a prepararnos para vivir en un nuevo mundo uraniano lleno de sorpresas.

Se nos están abriendo las puertas a la era del crecimiento mental e intelectual y a una visión más fascinante de la vida; acelerando y amplificando el pensamiento racional; acumulando la información con el fin de crear algo que sea completamente diferente y nuevo; así como creatividad, genialidad y sorpresa a través de todo lo que tocamos. Con Urano, que eleva y estimula el intelecto, aprendemos a concretar un nuevo orden de las cosas a través de la curiosidad del buscador que somos. El problema es que por nuestra infantil etapa, Urano nos invita a multiplicidad de experiencias y a escapar a las reglas, cuando, precisamente, empezamos a tener más reglas sobre nosotros.

A esta edad somos personas uranianamente activas, agradables, analíticas, comunicativas, de decisiones rápidas, excitables, impulsivas, inquietas, investigadoras; amigas de constantes y nuevas aventuras; somos observadores y receptivos mientras nos domina una tremenda ansia de saber y una buena capacidad recuperativa de cualquier trance; la mente es cada vez más versátil estando siempre alerta a la novedad. Algo nos indica que estamos como comenzando a hace valer alguna clase de poder sobre el mundo que nos rodea. ¿Será por nuestra mente creativa y penetrante? ¿O por andar recorriendo el mundo hablando con toda la gente? Estamos en un cambio de conciencia por medio del impulso, el movimiento y el progreso aventurero, clasificando, separando y arreglando en nosotros toda la información que estamos recibiendo del mundo externo. Ya sabemos para qué nos sirven los cinco sentidos, la comprensión y la comunicación; debemos tener alguna habilidad, una especie de innata capacidad humana de entender y crear algo a partir de esa comprensión; todo genera nuestra inquietud y acicatea la inteligencia a nivel mental en su aspecto más creativo y penetrante.

Urano, definitivamente, nos ha dejado instalados -y para siempre- en un mundo lleno de gente extraña.

**Sexto año**      **Júpiter** continúa la primera mitad de su recorrido, con la primera oposición con su posición natal. **Saturno** está haciendo su primer sextil de alejamiento con su posición natal; mientras la **Luna Progresada** inicia su primera cuadratura de alejamiento con su posición natal.

Seguimos aún bajo la regencia de la Luna y Mercurio, pero alejándonos cada vez más de sólo la influencia materna o del hogar. Algo en nosotros empieza a aceptar la propia pequeñez en comparación con la inmensidad; se acrecienta la capacidad de agudeza en los procesos mentales, y el sentido latente de la dualidad y del discernimiento. Paso a paso vamos almacenando más datos o signos; distinguiendo entre el bien del mal; despertando una amplia e intensa curiosidad susceptible de convertirse en conocimiento universal aplicativo para nuestra corta edad; distinguiendo una cosa de otra midiéndola, comparándola o contándola; funcionando con más habilidad y sorteando las cosas de manera coherente.

Ahora somos conscientes de la existencia y presencia, cada vez más fuertes, de otras personas que van influyendo en nuestro modo de ser y de ver el mundo, tal cual **Júpiter** nos lo ha venido mostrando. He aquí una hiperestimulante contradicción que nos hace sentir atrapados sin salida porque otros quieren dominarnos imponiéndonos sus puntos de vista y ante quienes también tenemos que poner unos límites; ante otros que, de todos modos, contienen un maravilloso potencial de claridad y objetividad jupiterina. Tal vez comenzamos por entender a los amiguitos, como mirándonos al espejo para saber qué debemos corregir y hasta donde podemos ir en nuestro trato con ellos.

Como Júpiter nos ayuda a acrecentar el buen juicio y, por medio de él, a sobreponernos a los miedos y sentimientos limitantes, cada vez más están en juego nuestras relaciones personales; pues este aspecto nos pone, también cada vez más, en relación con el mundo exterior. A veces actuamos como mirando los toros tras la barrera o desde el otro lado, pero a menudo -con falta de objetividad- proyectamos sobre los demás compañeros una determinada parte de nuestra propia naturaleza, haciéndosenos difícil saber qué es y qué no es de nuestra propiedad. Aprendemos a definir que el cuaderno mío es mío y el de la amiguita de al lado es el de ella. Si no lo sabemos, ella nos lo hará saber y nosotros a ella.

**Saturno** comienza a instruirnos en un tema que nos dará dolores de cabeza o triunfos por el resto de nuestra vida: aprender a usar el concepto del Yo soy yo y usted es usted. A esta edad seguramente ya estamos definiendo áreas en las cuales se localizan nuestros deseos y miedos más profundos; y delimitando espacio y tiempos propios. Si Júpiter nos alienta a ir más allá, Saturno nos dice que seamos prudentes. Júpiter acicatea nuestra curiosidad para participar de lo externo, siempre con resultados positivos gracias a nuestros propios esfuerzos observando todo a nuestro alrededor, como niños inquietos, sin detenernos en nada en particular. Mientras tanto, Saturno nos va dejando la experiencia acumulada de las veces que nuestra curiosidad nos castigó o nos premió. Mientras Júpiter nos muestra unas nuevas posibilidades dentro de nuestro destino, Saturno nos dice cuales nos sirven y cuales no.

Pero lo más importante es que Saturno, la presión educativa, nos está enseñando a hacer las cosas bien; a respetar a los mayores; a seguir las reglas; a soportar todas las dificultades, el dolor y las frustraciones (que provocamos); así como la ley, la moderación, la paciencia y la templanza respecto a los extremos, el deber y el trabajo. Desde ahora, Saturno nos quiere mostrar aquellas áreas de la vida que necesitan atención especial para desarrollarlas adecuadamente; aquellos factores que nos ayudan a ganar el respeto ajeno; y cómo procuramos establecernos y preservarnos a través del esfuerzo personal. Ya tenemos la edad suficiente para poner a prueba nuestro carácter por las restricciones y las negaciones venidas del mundo externo.

Pero en esta etapa, aún lunar, es cuando la **Luna Progresada** comienza su primera cuadratura de alejamiento; y entonces aprendemos acerca de las nuevas tensiones emocionales que nos han de llenar de miedos, inseguridades y hasta de mal humor o el mal genio que nos producen los compañeros de clase. Hay choques e irritaciones, que nos harán llorar frecuentemente por motivos diferentes hasta los cuales hemos llorado hasta hoy. Es la mamá-maestra-Luna quien nos ha de defender y ayudar a arreglar las desavenencias que, sin ser tan graves físicamente, sí nos afectan emocionalmente. La actitud caprichosa de los demás y la nuestra propia, nos puede indigestar emocionalmente y hacernos volver a casa llenos de lágrimas que vamos a descargar sobre nuestra madre-Luna.

Estamos construyendo barreras y nuestras necesidades entran cada vez más en conflicto con las del medio en el cual vivimos, lo cual puede llenarnos de dudas acerca de aquello que queremos lograr. Como gracias al comportamiento de los amiguitos, estamos alejándonos de modos de ser y de actuar pasados, ahora necesitamos establecer nuevas bases y comenzar a cortar cordones umbilicales lunares que nos dieron seguridad, y aprender así a liberar energías en tensión en nosotros mismos.

Seguimos asimilando también cómo aprovechar, dirigir y reconstruir las energías que estamos liberando, así como elegir entre varias alternativas. Hay que controlar y dirigir nuestra energía para resolver los problemas que esto nos plantea. Afortunadamente contamos ya con una capacidad de razonamiento cercana al uso de razón, pues están en desarrollo nuestras facultades mentales en medio de una edad llena de dispersión de ideas; así mismo, entramos cada vez más en posesión -o nos posee- una inteligencia superior creativa, que nos ha de servir para la superación de las pruebas que trae el hecho de crecer. Ya debemos comenzar a saber lo que es la amistad, el amor a la belleza, la atracción, la confianza, y algo de organización y responsabilidad; entonces, puede ser que por ley del destino, ya hayamos comenzado a ser afectuosos, amistosos, educados, con buen carisma y discernimiento; pero también celosos, decididos, tercos y con una gran necesidad de hacer algo conveniente y útil para cualquier logro personal.

**Séptimo año**  Dependiendo de la velocidad, **Júpiter** está haciendo su primer trígono de acercamiento consigo mismo, mientras **Saturno** hace su primera cuadratura de alejamiento con su posición natal.

Estamos entrando a la difícil edad de los siete años en donde, aparentemente, la Luna nos ha de abandonar o, al menos, nos irá soltando de la mano porque… ya somos grandecitos y cada vez más nos encargaremos de hacérselo saber a mamá. Ahora seguiremos creciendo de la mano de Mercurio, con quien hemos venido aprendiendo a aplicar en la vida cotidiana cualquier nueva idea y entendimiento de los ya adquiridos y, de forma tal, que la mente se nos ilumina cada vez más. Estamos intentando hacer otra clase de cosas nuevas, impulsados por la eterna curiosidad del Mercurio que ahora somos. Ya podemos interpretar y resolver problemas con un entendimiento lógico, y llegar a acuerdos mediante la comprensión objetiva y una clara expresión verbal.

Cada vez vamos siendo más capaces de mostrar a los demás cómo nos comunicamos y pensamos, porque Mercurio nos proporciona la capacidad de tener ideas y percepciones nuevas que nos liberan o expanden. Sí, estamos recopilando aceleradamente más información que nos permite regular nuestra apreciación mental del mundo, la capacidad de aprendizaje y la forma en que exteriorizamos las ideas y puntos de vista particulares; así como responder con entusiasmo y regocijo a las oportunidades que nos brinda la vida para aprender y comprender. Como Mercurio nos está revelando qué tipo de conexión mental con los demás nos permite un intercambio de información comprensiva y expansiva mutua, cada vez sabemos más para qué nos sirven los ambientes, funciones circunstantes, mundos y seres con los cuales vivimos. En fin, estamos aprendiendo a transformar nuestra propia forma de expresar la inteligencia, la modalidad de pensamiento y la percepción. La mente está cada vez más llena.

El trígono de **Júpiter** nos da mucha más seguridad en aquello que sabemos; pero ojo, Saturno entra en acción. El primero nos anima con lo que sabemos, pero el segundo nos pone temerosos ante lo que aún no sabemos. Júpiter nos está ayudando a colaborar en el desarrollo del Yo que nos presentó Saturno y, por eso, tal vez algo en nosotros va aspirando a ser más de lo que ya somos; y poco a poco vamos captando mejor los significados de la vida que alcanzamos a comprender.

Si no hemos nacido muy tímidos, entonces Júpiter indica que nuestros logros son cada vez más sociales y tendemos a compartirlos también, cada vez más, con los amigos del colegio, porque es de ellos que provienen. Sentimos una gran empatía con el medio que nos puede permitir comprensión, elevación, esperanzas y fe en sí mismos y en el prójimo; debemos tener ya algo de humanismo, idealismo, inspiración, tolerancia y entendimiento acerca de las necesidades ajenas y propias. En resumen: tenemos uso de razón. Y ante eso **Saturno** tiene mucho que decir; puesto que si tenemos uso de razón ya no nos van a tener tantas consideraciones como antes. Recuerden que hasta aquí nos acompaña la Luna y, si Saturno entra en escena, el cambio habrá de ser brusco.

Comenzamos, entonces, a ver la realidad de la vida y a alejarnos de los cuentos de hadas y explicaciones infantiles con las cuales fuimos educados durante los primeros años. Debemos saber actuar muy acertadamente para no producir reacciones adversas por parte de los demás debido a nuestras decisiones, pues el mundo nos devolverá todo el mal que hagamos en esta temporada. Tanto la cuadratura como Saturno nos abren y cierran un ciclo; pero también, ambos nos amenazan con el infortunio y el castigo, si nos resistimos a aprender las lecciones de la ley de la vida, de papá, de mamá y de la escuela. Por ello tenemos que ir comenzando a aplicar el conocimiento y la presión para lograr ciertas metas; asunto que nos ayuda a conectar -antena a tierra- cada vez más con nuestra realidad cotidiana. Así, de la mano de Saturno, vamos creando y gestando constantemente, un Yo en continua maduración; y siendo conscientes de nuestras fortalezas y limitaciones; de nuestras propias fuerzas escondidas y de nuestras latentes debilidades. Ya para esta edad debemos saber cual es el ámbito en el que nos sentimos más acobardados, incómodos, temerosos y vulnerables.

Saturno siempre imparte lecciones que se necesitan aprender para crecer y, como estamos doblando una esquina, y Saturno nos invita a hacer lo que es correcto, a abrir los ojos y a ser cautelosos, debemos ser muy cuidadosos en nuestra acción; es seguro que ya atraemos animadversiones, ataques y hasta accidentes en una época llena de restricciones. Se han instalado en nosotros las alegrías, pero también las depresiones, las decepciones, los fracasos, las tristezas y las experiencias penosas en el hogar y en la escuela. Los temores, los miedos absurdos y las frustraciones, pueden asaltarnos para que maduremos de una forma saturnina a través de todo lo adverso que nos suceda ahora. Estamos madurando y sin anestesia.

He aquí el término de una era, fase, mundo o tiempo en nuestra vida; un cambio después de un ciclo completo o consumado, en donde hemos de dar alguna clase de paso de lo conocido a lo desconocido, en medio de una renovación positiva. Nos acercamos más y más a alguna serie de aptitudes físicas, con cierta suficiencia mental para hacer las tareas de la escuela, de la casa y aquellas que nos pone la vida. Tal vez ya nos encanta el misterio o lo prohibido, y cada vez más nos atrae adquirir un cierto tipo de conocimiento que nos vuelva autosuficientes y con el cual podamos volver agradable lo provechoso.

A esta edad aparecen algunos modos de ser compulsivos o inexplicables, accionados por necesidades grupales; muchos podemos desarrollar un cierto aislamiento social por problemas emocionales, o amistades muy personales por afinidades personales con quienes hacemos ese grupito de amigos. Pero, como nuestra mentalidad está viva, el poder creativo inicia un nuevo ciclo a través nuestro y de los demás, sean amigos o enemigos.

**Octavo año**     **Júpiter** sigue haciendo su primer   trígono de acercamiento y, dependiendo de su velocidad, la primera cuadratura de regreso con su posición natal. **Urano** está formando su semicuadratura de alejamiento con su posición natal. La **Luna Progresada** comienza su primer trígono de alejamiento con su posición natal.

Desde cuando nacimos la Luna había sido nuestro regente, pero en los últimos años también nos ha venido acompañado Mercurio para que, al llegar a esta edad, cuando aquella se va de nuestra vida, él continúe llevándonos de su mano. La Luna nos cuidó, pero Mercurio nos ha de enseñar y acompañar hasta los 14 años de edad. En esta etapa, conocida como la educacional o del aprendizaje, comenzamos a reforzar nuestra mentalidad individual.

Estamos sufriendo cambios en la percepción mental, en una etapa en la cual **Júpiter** nos introduce de lleno en el mundo de las creencias religiosas y muchos de nosotros hacemos la Primera Comunión o comenzamos a hacer presencia en las ceremonias religiosas de la cultura en la cual hayamos nacido. Si por esta época hemos entrado de lleno bajo alguna creencia religiosa, Júpiter comienza a ejercer su papel de árbitro moral en nuestra vida; ante lo cual también empezamos a tener cierta postura filosófica. Júpiter nos va ayudando a confiar en un plan más vasto o en un poder superior y, tanto, que de repente crea de nuevo el sentimiento de unidad que existía en el primer período de nuestra vida. Pero ahora la unidad es a través de las ideas religiosas de los primeros años de crecimiento; y eso es algo que nos marcará para siempre pues, desde ahora, le daremos un significado a la existencia mediante la filosofía o algún sistema de creencias muy ajeno a nosotros.

El problema es que, a esta edad y al estilo jupiteriano, seguramente erigimos y glorificamos algo o a alguien en un pedestal; y más aún si esa persona nos ha "ayudado" a percibir el gran esquema de las cosas. ¿Y quien más que nuestros maestros o el sacerdote del colegio? Ante nuestros ojos ellos poseen la verdad. Y, para lo máximo que nos puede servir todo esto, es para aprender a ser servicial y útil por juiciosos consejos; igualmente es bueno aprender a tener confianza y fe en la vida, en sí mismo y en un plano mayor o poder superior. También desarrollamos, cada vez, más algún tipo de destreza ejecutiva, gracias a algunos logros personales; estamos aprendiendo por experiencia propia, por ejemplo, a tener más autocontrol y algo de la autodisciplina que nos dejó la cuadratura de Saturno en la edad anterior. Gracias a ello, ahora hacemos deducciones inteligentes, que nos aportan algo de estabilidad y  fortaleza interior, en medio de las restricciones normales y morales que nos ponen en el hogar y en la escuela. El sentido del deber  y el buen entendimiento, nos llevan a cierto tipo de éxito externo, cuyo camino siempre es difícil y está sembrado de impedimentos que nos aportan experiencia.

Y en ese camino **Urano**, que se apodera de nosotros por medio de ideas y apresura cambios, nos trae sorpresas no muy agradables. Como Urano anuncia adelantos decisivos, nuevos y frescos, se identifica con lo joven y moderno, con los aciertos inventivos; es decir, con los que estamos haciendo. Él también llama a asumir nuestra responsabilidad de interpretar o traducir una idea, en los términos de una ciencia o una filosofía útil para nuestra corta edad. Los primeros pasos dentro de las ideas religiosas son el caldo de cultivo que usa Urano para buscar y explorar el camino hacia adelante; e ideales y visiones que ayuden a ordenar y dar significado a nuestra existencia. Seguramente hemos venido descrestando a nuestros padres con ideas que expresamos; y que ellos no tienen idea alguna de donde las hemos sacado. Este ciclo planetario está empeñado en expandir los límites de nuestra receptividad; en que experimentemos con nuevas tendencias corrientes de pensamiento; con una totalidad en nuestro interior que nos permita fluir con la corriente del cambio y con un sentido de independencia personal.

Sencillamente estamos iniciando el nuevo orden de una nueva estructura de la vida; y el grado de terquedad con el cual hayamos nacido se instala cada vez más como una fuerza pasiva que se ha metido en nuestros planes; pareciera ser que se estuvieran gestando las primeras dificultades después de adquirir uso de razón, para conseguir lo que nos proponemos, y esto nos pone cada vez más irritantes y nerviosos. Ya debemos ser muy concientes de qué o quien genera fricción en nosotros y estamos a la expectativa sin poder realizar mucho de lo que queremos. Como algo o alguien nos puede debilitar en el obrar y hacernos menos conscientes de lo esperado, todo ello genera conflictos que si los sabemos aprovechar bien, nos permiten aumentar nuestra fuerza activa derramando sobre el exterior toda nuestra insatisfacción; ahora queremos que los demás se amolden a nosotros, y es precisamente dicha actitud quien atrae los resultados negativos hacia nosotros. Puede haber una hostilidad o una inadaptación, que si la analizamos a fondo nos deja ver cual es nuestra posición con respecto a las demás personas, y así hallar otra clase de valores para hacer los ajustes necesarios, interna y externamente, y para salir del percance que nos ata a determinada situación. Es allí cuando necesitamos de toda nuestra fuerza de voluntad y dominio sobre sí mismos, para no parecer como desadaptados sociales. Podemos ser tildados cada vez más de parecernos a "Daniel el travieso".

De todos modos la **Luna Progresada** está a nuestro favor, seguramente para encontrar en nuestro hogar el refugio que no encontramos en la escuela. La tranquilidad familiar nos hace valorar y desear cada vez más nuestro ambiente hogareño, compartir la vida emocional y la armonía que no encontramos en el colegio. Hasta podemos haber aprendido a brindar ayuda y proteger a quien necesite de nuestra mano amiga; nos queda fácil hacerlo; estamos motivados para ello; somos más expresivos con los demás, como si quisiéramos mostrarles nuestra buena suerte y además lograr todo muy fácilmente; modo de actuar que hace que las demás personas puedan ver lo mejor de nosotros mismos. A esta edad sí que comenzamos a reflejar el tipo de experiencias que vivimos, por medio de nuestra familia y las distintas personas o formación de los distintos yoes del Ego. Cómo es de importante para nosotros sentir el ahora y un apoyo interior, pues este ciclo lunar señala los cambios de una importante etapa de la vida; qué tan capaces somos de considerar el Yo tal y como va apareciendo, y transformar los sentimientos acerca de nosotros mismos.

**Noveno año** Están la **Luna Negra** en su cercana primera conjunción por tránsito consigo misma, y **Júpiter** haciendo su primera cuadratura de acercamiento con su posición natal que, dependiendo de su velocidad, también realiza el primer sextil de acercamiento. Los **Nódulos Lunares** cambian de posición respectivamente, haciendo ellos mismos su primera oposición con su lugar natal.

Seguimos bajo la tutela de Mercurio mientras aparecen nuevos personajes en escena conocidos como la Luna Negra y los Nódulos Lunares. Mercurio nos está enseñando cada vez más a aplicar en nuestra vida cotidiana cualquier entendimiento, intuición "superior" o sabiduría-visión espiritual que tengamos. También vamos aprendiendo a expresar por medio de actos y palabras las creencias espirituales, filosóficas, inspiraciones, intuiciones, nuevas ideas y visiones interiores que tengamos a tan corta edad. Igualmente Mercurio está interesado en que seamos jóvenes de corazón, objetivos y racionales, y lo menos emocionales posible.

Ahora bien, teniendo ya ciertas ideas y emociones religiosas, la **Luna Negra** nos invita a comenzar a oír, por ejemplo, que las almas sancionadas pueden ser salvadas luego de pasar por el proceso de la muerte; y nosotros somos parte de ellas. Pero, a la vez, nos conmina cada vez más a no aceptar la autoridad de nadie y a tener una actitud defensiva personal a nuestro favor (en especial cuando sabemos que estamos equivocados); tal vez ya hayamos desarrollado una agresividad excesiva para dar lecciones a los demás o para recibirlas de parte de ellos. Puede ser que seamos arrogantes y vivamos con una autosuficiencia que nos lleve a tener una autonomía exagerada, cuando por vez primera en la vida conocemos nuestra capacidad para encontrar defectos en los demás y para jamás olvidar ni perdonar el daño que nos hayan producido, añadiendo el goce que esto nos produce. ¿Será que comienza el momento de culpar a los demás de todas nuestras insatisfacciones y fracasos de cualquier clase? La gente puede ser muy especial con nosotros, porque tenemos un alma muy perceptiva, aun cuando emocionalmente seamos desordenados por lo jóvenes.

Fíjense que **Júpiter** hace una cuadratura de acercamiento con su posición natal y, por lo tanto, parece que la entrada a los diez años de edad no será nada fácil. Ante esto tan sólo podemos aceptar las consecuencias de crecer y purificarnos en medio del dolor que esto nos produzca. Esta es una de las edades más aventureras, conflictivas y corajudas; pues como ya poseemos cierta facilidad de expresión y una inteligencia clara para compartir conocimientos y experiencias jupiterinas, eso nos permite ser corajudos, determinados e impulsivos para superar los obstáculos; en especial los emocionales familiares que nos indique la Luna Negra. Por un lado nos sentimos limitados, pero con una gran confianza en nosotros mismos, con capacidad de aguante para lo que se venga sobre nosotros, y para hacer lo que sea necesario con tal de lograr lo que nos proponemos; como teniendo un desafío peligroso: pasar a los diez años de edad.

Pero Júpiter también nos puede ayudar a dar una mayor motivación para mejorar las circunstancias de la vida diaria, y una visión más optimista acerca de los problemas que nos aquejan; nos demuestra cómo cultivar la confianza, la fe en nosotros mismos y la habilidad para manejar cualquier situación inesperada o nueva.

Y si el **Nódulo Norte** nos indica el futuro y el **Nódulo Sur** el pasado que tenemos que dejar atrás, ahora, cuando por vez primera éstos se oponen a sí mismos, es cuando comenzamos a alejarnos cada vez más del niñito que fuimos y entramos, también cada vez más, al mundo de los adolescentes; falta tiempo para ser uno de ellos, pero para allá vamos. Creo que para esta etapa de nuestra vida ya sabemos quienes y cómo influyen en nuestra evolución y crecimiento; qué y quienes nos hacen felices y de qué y quienes debemos esperar sorpresas desagradables. Comenzamos a separarnos conciente, física y emocionalmente de aquello que nos hirió hasta el momento, y ahora tenemos empatía con una serie de personas, temas y lugares afines que nos invitan a conocerlos cada vez más. Se cierra un proceso en nuestra vida y a la vez se abre otro; estamos en el centro de una etapa entre el ayer y el mañana que nos acerca al décimo año de vida.

**Décimo año**          **Júpiter** hace su primer semisextil de acercamiento con su posición natal, mientras **Saturno** hace su primer trígono de alejamiento con su posición natal.

Aún de la mano protectora de Mercurio, vamos queriendo estar en contacto con la aguda y fresca intensidad de la realidad de los momentos que estamos descubriendo. Al entrar a nuestra primera década de vida, el ciclo mercurino nos impulsa hacia la búsqueda de las estructuras de los sistemas con los cuales entramos en contacto, mientras nos mantiene en armonía con un presente que siempre está ocurriendo; como lo hará el resto de nuestra vida.

Con el semisextil de acercamiento de **Júpiter** (único que voy a analizar y el resto sucederán mas o menos cada doce años) continuamos abriendo puertas en el mundo de las creaciones y emanaciones, en donde hay ideas y pensamientos aún sin concretar. Su aspecto nos informa en qué nuevos lugares externos podríamos aventurarnos para desarrollar aún más esos nuevos potenciales que sentimos crecer en nosotros; es decir, lo externo nos motiva para vivir en el mundo de gente mayor; ahora empezamos a ver que los niños son otros. Y, como a esta edad ya debemos ir siendo capaces de contemplar aquello que nos está sucediendo o que tenemos que soportar desde un contexto más amplio de evolución, algo o alguien en nosotros debe sentirse ya "grandecito" -al estilo Júpiter- buscando como armonizar con las posibilidades futuras. Este ciclo planetario sirve para descargar la tensión acumulada en la posición de Saturno que también vivimos a esta edad.

Pero, mientras Júpiter nos invita a crecer, **Saturno** nos hace un llamado de atención para ir madurando cada vez más. Para ello debemos hacer los esfuerzos necesarios al ir dejando fluir la energía de una forma normal y en especial en nuestra manera de ser; puesto que año tras año dejaremos de ir siendo el pequeñito que fuimos, y en esos temas Saturno tiene el mando. Tímidamente vamos pidiendo permiso para entrar en un mundo de niños grandes con otras leyes, que aún nos ven como muchachitos de pantalón corto.

Saturno nos está ayudando a acabar con algunos apegos para poder crecer y ser más plenos; a aceptar, acentuar y enfrentar los deberes, los límites humanos, las normas, las pruebas, la realidad y la responsabilidad de empezar a ser "mayorcitos". Este ciclo nos sirve para ir construyendo nuestro carácter con mayor seriedad y los pensamientos que inclinan a la acción; para desbaratar lo flojo y dar oportunidad a otra construcción en nosotros mismos. Es una edad en la cual Saturno nos empuja a ser cautelosos, esforzados, prudentes, realistas, sobrios, tenaces en otro sentido de la existencia: en el de tomar conciencia de nuestra vulnerabilidad y de los puntos débiles para corregirlos y superarlos. A la edad de diez años empezamos a enfrentar otra clase de desafíos, mientras continuamos cumpliendo con los deberes actuales para con nosotros mismos y con cuantos nos necesiten. Poco a poco, mientras Saturno nos insta a crecer, vamos adquiriendo seguridad e identidad dentro de las esferas personal y social.

En el primer trígono transitado de Saturno que se aleja damos de sí mismos y somos más expresivos con los demás, porque estamos buscando su aprobación; como si quisiéramos mostrarnos a los demás como alguien ya grande y preparado. De cómo lo hagamos, depende que las demás personas puedan ver lo mejor de nosotros mismos. En esta edad acabamos saturninamente, pero a la vez comenzamos jupiterinamente momentos exitosos gracias a la confianza en nosotros mismos y al cumplimiento de nuestros deberes y obligaciones; es decir, nos elevamos jupiterinamente hacia la juventud, mientras vamos presenciando la caída saturnina de nuestra tierna infancia.

Como es el momento de empezar a ser la mujercita o el hombrecito que queremos y debemos ser, nos comenzamos a preocupar mucho más por nuestra apariencia personal y física en general.

**Décimo primer año**     **Júpiter** comienza a regresar por vez primera a su posición natal; mientras la **Luna Progresada** está en su primer quincuncio de alejamiento con su posición natal. Es una edad crítica para las personas Piscis.

El ingenioso e inquieto Mercurio nos susurra al oído que cada vez somos más grandecitos. No hay que olvidar que él nos mostrará siempre cómo ser el eslabón entre el entorno y el yo; que él es el ingeniero de nuestra computadora cerebral que nos dice cómo mantenernos actualizados con el mundo circundante. La curiosidad jamás nos abandonará.

Como comenzamos a cerrar el primer ciclo de **Júpiter**, podemos pedir a nuestros padres que nos alarguen un poco más la cadena para ir más lejos. El planeta de las puertas abiertas nos concede alguna clase de favor o de regalo, mientras nos vamos introduciendo en el mundo de los niños grandes; como queremos ser aceptados en su Olimpo, comenzamos a conceder alguna clase de permisos para aumentar nuestro prestigio ante ellos. Estamos buscando nuevos horizontes, a la vez que una vuelta de la espiral se abre en nuestra conciencia. Somos niños sensibles, queremos ayudar a otros y que nuestros amigos tengan la oportunidad que nosotros tenemos (si es que la tenemos, claro)

También puede verse esta edad como una nueva acción personal; como una autoproyección en ese otro mundo en el cual hemos de tener también un nuevo tipo de interacción, unión o fusión con energías a veces opuestas, pero que siempre nos motivan para seguir adelante. Obviamente recibiremos el rechazo de algunas personas, pero también la solidaridad de quienes nos ayudan a sortear la crisis en la cual deseamos un cambio personal. Seguramente ya tenemos amigos muy cercanos con quienes jugamos, vamos de paseo o vemos la TV; pero igualmente hay una falta de objetividad que nubla la percepción que tenemos acerca de otras personas de las cuales queremos su aprobación. Júpiter nos está ayudando a iniciar una búsqueda; a reconocer las soluciones favorables y optimistas; a realizar con confianza todo aquello que queremos hacer; y a ver el lado bueno y optimista de la vida. También nos impulsa hacia un nuevo orden y a ir siempre hacia delante. La **Luna Progresada** nos ayuda a ser más creativos y variables con los ajustes emocionales y familiares que debemos ir realizando, si queremos hacer una entrada triunfal al nuevo mundo. Como comenzamos a construir una imagen interna diferente, pueden presentarse bloqueos, desequilibrios, dolencias, inconvenientes y molestias impulsivas que no nos dejan progresar; puesto que crecer físicamente es mucho más fácil que hacerlo emocionalmente. Obviamente estamos en una etapa en la cual hay que hacer una serie de nuevas adaptaciones y ajustes de cualquier tipo, en medio de la atracción y rechazo que recibimos especialmente de niños más grandes que nosotros.

En este momento el ciclo lunar nos apoya para ser lo que somos como individuos, y nos pone en contacto con nuestro cuerpo físico de una manera que no conocíamos antes. Sí, ver morir la infancia y nacer la juventud, nos debe llenar de cierto tipo de frustraciones, mientras la vida nos pone pruebas ocultas llenas de separaciones internas que generan en nosotros una lucha interior. Como vivimos el conflicto virtual de dejar de ser niños pequeños para ser niños grandes, alguna especie de rebelión se instala en nosotros. Podemos vivir una gran cantidad de contradicciones emocionales que nos muestran nuestras debilidades cotidianas. De ser así, el aspecto progresado interfiere siempre en nuestro estado de salud emocional y frustra nuestra rutina diaria. ¿Por qué no me admiten si yo sé que ya estoy crecidito? Hay que hacer, entonces, más ajustes en nuestra vida, en medio de las indecisiones propias de los ciclos emotivos de la Luna.

Empezando la segunda década de años, estamos ya con la capacidad suficiente para comenzar a analizar nuestro modo de expresión, y comprendernos a nosotros mismos y a los demás de una nueva manera; así sólo sea con los compañeros del colegio. Precisamente, eso nos sirve para aprender a vivir con las decisiones tomadas, así como a asociar ideas y conceptos para aclarar las ideas de los demás. No está de más buscar ayuda externa para poder crecer, y comunicar algo significativo y válido a la comunidad con la cual vivimos para convertirnos, desde ahora, en un digno vehículo de su expresión.

**Décimo segundo año**     **Júpiter** continúa cerca a su posición natal, mientras **Urano** comienza su sextil de alejamiento con su posición natal.

El aprendizaje en el cual nos introduce Mercurio nos lleva a mantener la mente abierta y, vivo dentro de nosotros, al "niño divino" para liberarlo con la conjunción de **Júpiter**. Es curioso que haya sido a esta edad cuando Jesús se perdió en el templo, y que cuando sus Padres lo vinieron a buscar, Él les hubiera puesto un límite en el cual ellos no podían entrar. Sí, en este año comenzamos a ser cada vez más conscientes de que queremos aumentar nuestro prestigio; tener más poder en los asuntos personales; desenvolvernos mejor en un mundo de niños más grandes a quienes vamos viendo como héroes a imitar, o de quienes queremos saber lo que ellos saben.

Está cambiando la dirección de nuestras ambiciones y definitivamente necesitamos ampliar nuestra área de influencia; ya no nos podemos quedar pasivos esperando que las cosas sucedan, hace rato que tenemos uso de razón. El problema es que, siendo una muy buena época, las expansiones pueden llevarnos a excesos y, como tenemos las puertas abiertas a ese nuevo mundo, se nos olvida que aún somos… niños.

A Júpiter le encanta apoyar lo que podemos llegar a ser y a hacer con nuestra vida; desarrollar el potencial que nos ha sido asignado y llevarnos hacia la madurez y más allá de los límites actuales. Estamos, entonces, en una etapa de preparación y calentamiento de otras habilidades latentes en nosotros mismos, en donde siendo aún pequeños, nos sentimos arriesgados, jóvenes y vigorosos, pero a la vez inexpertos y delicados. En definitiva, estamos creciendo más y más, como le gusta a Júpiter.

Y si le gusta a él, **Urano** no se queda atrás. Su invitación es para ir liberándonos de toda clase de autoridad o, por lo menos, que vayamos intentando cómo hacerlo; porque la rebelión o la rebeldía a veces son inútiles. Aparecen otras ideas, nuevos conceptos y más crecimiento en todo sentido; tenemos ganas de indagar, de conocer otro tipo de personas, de creer en otras cosas, de actualizarnos con la gente de nuestra generación y de los mayorcitos que nosotros; pues los menores son tan bobos… Más independencia puede generar más indisciplina en nosotros y ganas de guiarnos más por lo que nos dicen y oímos en la calle, que por lo que oímos en casa. Debemos, entonces cuidarnos de algunos amigos uranianos, que definitivamente tienen ideas que no van muy acordes con las que hemos conocido en nuestro ambiente familiar.

Como seguramente nos acompañan las angustias, incertidumbres, represión y sacrificios propios de haber pasado a ser niños y niñas grandes, ahora estamos ante un complejo universo (interno) en nuestro desenvolvimiento espacio-temporal, tan típico de Júpiter y Urano. La nueva relación que estamos estableciendo con las demás personas, nos puede mantener bajo una constante ansiedad mental y tensión emocional, que nos debe servir para aprender muchas lecciones kármicas para educarnos en todos los planos de la existencia; a veces a costa de someternos a otras voluntades (amigos matones) Pero lo más seguro es que con el tiempo comprenderemos que, como todas las respuestas están en nuestro interior, el sacrificio y el sufrimiento quedarán atrás.

Urano, que nos está abriendo a nuevos descubrimientos e intuiciones, nos ayuda a instruir, despertar y percibir de una nueva manera; así como a reorganizar la conciencia para producir un nuevo crecimiento. Comenzamos, entonces, a identificarnos con ideas, modos de ser, de vestir y de actuar de grupos específicos; es decir, empezamos a ser parte de un montón de algo, con tal de ser aceptados por el grupo. Como cada vez son más fuertes las ganas de ser aprobados por fuera de la casa paterna, las ansias de aceptación tribal son fuertes. En este momento, todas las circunstancias son muy favorables para nosotros y eso nos anima. Tenemos otro nivel de comprensión, nuevos potenciales, y una nueva oportunidad para aprender y conocer otros lugares y otras personas; también hay más confianza y alientos positivos para la elaboración de estrategias y habilidades concretas para alcanzar ese crecimiento continuo que nos hemos propuesto.

**Décimo tercer año**    **Júpiter** hace su segundo sextil de alejamiento con su posición natal, mientras la **Luna Progresada** está comenzando su primera oposición con su posición natal.

Como la versatilidad de Mercurio nos sirve para considerar las sugestiones provechosas que nos ofrece la vida, las puertas abiertas que nos ofrece **Júpiter** nos siguen invitando a creer en esas nuevas sensaciones que se están adueñando de nosotros. El optimismo y la confianza se instalan cada vez más en nuestro modo de actuar; tal vez ya tenemos pruebas acerca de cómo nuestros esfuerzos por ser aceptados han dado buenos resultados. Seguimos estudiando, pero también vamos aprendiendo cosas que no nos enseñan en la escuela ni en la casa; son cosas que vemos al ir y venir por el barrio o por las casas de nuestros amigos. Aquí ya debemos saber, entonces, cómo adaptarnos al nuevo mundo, siendo más dinámicos y exploradores.

Como aún no somos conscientes, o por lo menos no lo somos tanto, de cómo los extremos son perjudiciales, al interrelacionarnos con todo con más ímpetu y sabiduría, vamos comprendiendo que ahora hay que juntar medios y ayudas para continuar tras esa sensación de mayor libertad que ahora poseemos. El medio ambiente influye cada vez más en nosotros, pero también nosotros fluimos con el medio, y nos sentimos reanimados y a gusto liberando nuevos potenciales, talentos, dones y aptitudes que no sabíamos que podíamos contar con ellos; y ahora, para poder desarrollarlos, buscamos la atención de los demás.

Mientras tanto, el ciclo de la **Luna Progresada** nos muestra las tensiones que hay en el hogar; y es así porque si es una oposición de Luna natal y Luna progresada, la primera es la Luna-familia-hogar y la segunda es la Luna-familia-calle. Tenemos dos mundos emocionales muy bien formados: el de nuestro hogar y el de los demás, que está, precisamente, de las puertas de casa para afuera. Estamos sintiendo y comprendiendo dos puntos de vista que pueden ser completamente opuestos; una cosa es lo que nos dicen nuestros padres, pero seguramente otra cosa es lo que vemos y oímos afuera. Ese hecho nos puede hacer emocionalmente explosivos porque, de pronto, sabemos de afuera cosas que nuestros padres no saben y en lo cual, según nosotros, ellos están equivocados.

De alguna manera la Luna comienza a cuidar la parte emocional -otra parte emocional- de nuestra vida; poco a poco va definiendo el proceso mediante el cual nos separamos emocionalmente de unas personas y vamos "sintiendo" a otras. Paso a paso ella irá inspirando emociones de amor a las cosas fáciles, romanticismo, sentimentalismo y ternura. Es el momento, entonces, para desarrollar una posesividad emocional que no conocíamos; la Luna ha de empezar a jugar con nuestras emociones y sentimientos de una manera que jamás habíamos sentido.

Comenzamos a necesitar y a reaccionar de una manera diferente; a ver y a sentir a las personas del sexo opuesto -o del mismo- de otra manera, como nunca lo habíamos hecho. Hay energías que no podemos controlar porque no las conocíamos y, seguramente, esas sensaciones las vamos a compartir comentándolas con los amigos de la calle y la escuela, pero ni de riesgos con nuestros padres. Los problemas de conducta y las amistades que nos conducen por caminos no muy aconsejables, nos llevan a enfrentamientos serios con estos últimos. El mundo emocional se entrona cada vez más en nuestra vida y modifica nuestras actitudes familiares; algo está pasando en nosotros, la digestión física y emocional se nos está complicando. Poco a poco va aumentando la intensidad de nuestros automatismos, sensaciones y sentimientos, que dan rienda suelta a nuestros instintos. Desarrollamos el crecimiento de nuestra conciencia, así como la objetividad en cuanto a la forma de relacionarnos con el "otro", por medio de los conflictos interpersonales. Poco a poco Mercurio nos está soltando de la mano, y paso a paso nos la comienza a dar Venus…

**Décimo cuarto año** **Júpiter** hace su segunda cuadratura de alejamiento con su posición natal; mientras **Saturno** comienza a hacer su primera oposición con su posición natal. **Urano** continúa su primer sextil con su posición natal y **Neptuno** su único semisextil de alejamiento con su posición natal.

La regencia de Mercurio termina cuando inicia la de **Venus**, quien nos va a acompañar más o menos hasta los 24 años de edad, en una época en la cual conoceremos el tipo específico de emociones venusinas que exaltan nuestra adolescencia.

Mercurio se despide recomendándonos brillar con adaptabilidad y buscar algo fascinante en cualquier tema de la nueva vida diaria; así como centrar todos los niveles de pensamiento experimentados hasta ahora. No hay que olvidar que Mercurio representa la forma en que comunicamos esas cosas con las cuales se ocupa nuestra mente racional y objetiva en su totalidad. Durante muchos años él nos enseñó la obligación de obtener conocimiento; ahora, con las limitaciones de la edad, dicha inteligencia la podemos comenzar a impartir a personas más jóvenes que nosotros. Cómo es de importante en este momento aprender a enfocar todos nuestros poderes creativos; pues de alguna manera, y de despedida, Mercurio nos indica el miedo que, inconscientemente, nos impide ser nosotros mismos y decir la verdad; así como los mejores o peores momentos para aprender y comunicarnos con los demás.

Los cambios físicos son indudables: algo le pasa a nuestra voz, algo le sucede a nuestros senos. Si observamos la cantidad de aspectos involucrados a partir de esta edad, estos son unos años importantísimos en nuestra vida. Venus, con su mano amorosa, va a guiar a Júpiter, Saturno, Urano y Neptuno. Mercurio y Venus son la esencia cósmica de nuestro ser. El primero es un planeta humano mentalmente y el otro emocionalmente.

¿Quién es y que hace Venus de ahora en adelante en nuestra vida? Venus, el amor encarnado en nosotros, atrae otro tipo de personas a nuestra vida, o a las mismas pero por otros motivos. Como soltarnos de la mano de Mercurio y agarrarnos de la de Venus, implica adoptar un enfoque mental diferente para cultivar los deseos, vamos a aprender a advertir cuándo necesitamos cambiar nuestros hábitos externos para armonizar con lo que somos interiormente. Cada vez iremos agregando más amistad, amor y belleza a la vida, y apreciando la belleza física nuestra y de las demás personas. Y, con esos nuevos sentimientos, Venus nos ayuda a adquirir autoestima y confianza en nosotros mismos, mientras seguimos intercambiando energía con las demás personas, pero de una manera diferente.

La cuadratura de **Júpiter**, mezclada con la oposición de Saturno, indica que muy seguramente ya hemos desarrollado una buena comunicación con las demás personas; pero, igualmente también sabemos cuáles de ellas pueden sernos peligrosas o, por nuestras amistades, atraer peligros para nosotros mismos. Por tal motivo no es aconsejable que confiemos (Júpiter) mucho en los demás (Urano) y, mejor, aprender (Saturno) a escuchar la voz interna (Neptuno) que nos guiará en adelante.

Júpiter nos ayuda a lograr cierta madurez y serenidad, en un momento en el cual nuestras necesidades entran de nuevo en conflicto con las del medio en el cual vivimos. Igualmente nos sirve para definir el procedimiento para reforzar la confianza y la fe en sí mismos y en los demás; pues, además, como estamos alejándonos de modos de ser y de actuar pasados, dicha actuación crea conflictos con el medio externo en el cual vivimos; ahora necesitamos establecer nuevas bases y, una vez más, cortar cordones umbilicales que nos dieron seguridad.

A eso no ayuda la primera oposición de **Saturno** consigo mismo. Como hay una energía que se nos opone en nuestra relación con nosotros y con los demás, tenemos que llegar a acuerdos con lo demás y "lo demás" es todo. ¿Qué es lo que no vemos en nosotros mismos que los demás sí ven o viceversa? Como estamos dominados por acciones abruptas, agudas y enérgicas, la oposición nos llena de ambigüedades internas y externas; de escisiones en nuestra personalidad, de excesos, de resistencia y de tensiones. No somos niños, pero tampoco adultos; como le ocurrirá a la mujer en la próxima edad.

Saturno está empeñado en que dirijamos la atención afuera del yo; en que disciplinemos cada vez más la acción, la palabra y el pensamiento para experimentar la vida, y adoptemos la actitud correcta y la recta conducta hacia nosotros mismos y las demás personas. A medida que van pasando los años, Saturno nos irá infundiendo mayor capacidad para discernir, para ver la realidad tal como la entendemos y la facultad que más debemos disciplinar, en una edad en la cual la indisciplina es una norma. Es ahora cuando debemos saber que Saturno otorga la conciencia de que nuestra comprensión es el resultado directo del esfuerzo personal, y de una actitud que debe ser cada vez más responsable.

Este es uno de los momentos más importantes y difíciles de nuestra vida, pues algo en nosotros entra en conflicto; nuestro comportamiento le parece detestable a los demás, y hasta nosotros mismos no nos aguantamos. Es el momento de hacer un alto y, como mirándonos en un espejo, corregir errores, arreglar el comportamiento, observar qué limita nuestra libertad de elección y esperar llevárnosla bien con todo el mundo o, al menos, con quienes nos interesa. Es como si nuestro prestigio estuviera en juego y aparecieran obstáculos por culpa de nuestras propias actitudes. Como queremos que todos cambien, menos nosotros, la oposición es fuerte. Podemos sentirnos solos, inseguros, aburridos con nosotros mismos pues, definitivamente, nuestros gustos están cambiando; estamos haciéndonos muchas preguntas acerca de nuestra vida en familia y la que llevamos con los amigos; he ahí los dos polos opuestos de esta oposición de Saturno. Los cambios los sentimos en nuestro interior y los vemos en nuestro cuerpo físico. Es el momento de una renovación total, dejando que se comience a ir el muchachito en nosotros y viendo nacer a alguien más responsable. Debemos separarnos del que hemos sido hasta ahora; ya vienen los quince años si somos niñas y dentro de poco los diez y ocho si somos niños. ¿Aún lo somos?

**Urano** alejándose cada vez más de su posición natal, nos invita con este único sextil a liberarnos del enfrentamiento que nos exige Saturno. Es como si Saturno nos dijera: mírese de frente; y Urano agregara: y libérate del ser viejo. Urano nos invita a descubrir nuevas ideas, otras personas, ganas de aventurarnos y crecer con los de nuestra generación; generación a la cual, definitivamente, no pertenecen nuestros anticuados y saturninos padres. Tendemos a caer en los temas de moda y a ser grupales en una edad en la cual comenzamos a ver cómo nuestras ideas están mucho más acordes con las de los amigos, que con las de nuestros progenitores. Saturno es quien tiene la experiencia, pero Urano la desdeña a una edad en la cual somos más uranianos que saturninos.

Como a Urano le interesa acelerar y amplificar el ritmo de nuestra naturaleza, actúa como agente estimulante que empuja nuestra vida más allá de las barreras saturninas, y a que pensemos de una forma nueva y original. La edad y Urano comienzan a agitar todo para liberar energías atrapadas en nosotros mismos; pues, además sentimos la necesidad de ampliar el deseo de mejorar la calidad de nuestra vida, mediante una renovación constante; así como de salvaguardar y expresar la necesidad de libertad sin aislarnos de los demás. Y es así, porque desde ahora necesitamos, y cada vez más, aprender a equilibrar la necesidad de libertad con la aceptación y el cumplimiento de las obligaciones sociales. Pero Urano también quiere incitar el área de la vida en donde nos convertimos en alguien extraordinario, informal y rebelde; y sustituir lo viejo por algo nuevo y mejor.

En medio de la experiencia saturnina y la liberación uraniana, ahora aparece **Neptuno** en el escenario de nuestra vida, con ansias de mostrarnos una realidad diferente a través de su primer y único semisextil de alejamiento con su posición natal. Como muchos estamos próximos a probar el mundo de las adicciones, talvez tomando o fumando para parecer más grandes, con Neptuno hay que tener mucho cuidado; pues aun cuando el aspecto es positivo pero no muy fuerte, estamos predispuestos a dejarnos llevar por el vuelo de la imaginación compartida. Para eso hay que recordar que Saturno y Neptuno no son nada amigos; el primero es la realidad tal como es, mientras el segundo nos invita a construir o vivir la que queramos. Dicen que soñar (Neptuno) no cuesta nada; mentira, cuesta mucho (Saturno)

A Neptuno le encanta disolver constante y lentamente aquellas partes que no nos gustan y que nos hacen sentir incómodos; por ello el primer error que nos vende es el de hacernos creer que ya somos grandes, siendo que aún somos como el brote de una delicada planta. Neptuno y su aspecto, corresponden al mundo de las creaciones y emanaciones, en donde tenemos ideas y pensamientos aún sin concretar. Ya sabemos que el semisextil que se aleja nos informa en qué lugar podríamos desarrollar más esos potenciales que vemos crecer en nosotros; pero con Neptuno, que no conoce de límites, siempre hay que andar con cuidado. Saturno nos puede castigar.

**Décimo quinto año** **Júpiter** comienza su segundo trígono de alejamiento con su posición natal; mientras **Plutón** forma su único semisextil de alejamiento consigo mismo. La **Luna Progresada** está en su primer quincuncio de acercamiento con su posición natal.

Esta es una importante edad para las mujeres de cierto estrato social en la cultura occidental, europea y latinoamericana en general, pues es el momento de hacer y festejar su presentación en sociedad; como quien dice, sus padres la ofrecen como señorita (que debe ser) para quien pueda acceder a su corazón. Es una excelente época jupiterina para la niña que comienza a ser mujer en un momento en el cual Venus es tan importante. Sin embargo, cuántas de ellas se convierten en mamás con esa Luna Progresada haciendo su quincuncio de regreso con su posición natal; dirección que sabemos está muy relacionada con los temas sexuales de Plutón y la casa VIII.

Pero comencemos por el principio, porque yo también cumplí quince años y no me hicieron fiesta de presentación en ninguna parte. Definamos un poco más nuestra etapa venusina que apenas empieza, pues hemos comenzado a amar y a atraer a los demás de una manera diferente, así como a aportar placer al mundo y a nosotros mismos. Queremos, entonces, brillar con belleza y con refinamiento, buscar armonía, placer y una relación que nos permita vernos reflejados en ella. Sin conocer muy bien de qué se trata, necesitamos compartir la sensualidad naciente; pues Venus quiere contribuir a la armonización de las relaciones con otros seres humanos, con el atractivo, el calor y el encanto necesario para unirnos con otras personas en una atmósfera de participación abierta. Algo en nosotros quiere disfrutar del amor, de la naturaleza y de todas las cosas; establecer contactos, escenarios externos/internos y relaciones externas y con aquello que no somos nosotros mismos.

El segundo trígono de alejamiento de **Júpiter** -que a veces se demora hasta la edad siguiente- trae un cierto sabor de vida color de rosa en donde, mientras los primeros brotes del amor se siguen instalando en nosotros, creemos que nos van a durar toda la vida esos primeros amores, la buena suerte, las circunstancias favorables, las comodidades, la felicidad, el florecimiento y la prosperidad en general. Hasta nuestro cuerpo prospera de una manera increíble y los cambios hormonales se adueñan de nuestras emociones. Júpiter nos está ayudando a atribuir significado a los acontecimientos que nos están sucediendo y a los estímulos de la cotidianeidad. Seguramente ahora, más que antes, podemos darnos cuenta de todo aquello que puede sustituir nuestro pasado. Tal vez se resuelvan solos muchos de los asuntos relacionados con la entrada al mundo de los jóvenes, saliendo de aquel de los niños y las niñas que fuimos. Sí, pero debemos evitar los extremos porque si es cierto y no lo olviden, la acción de Júpiter es expansiva, ésta nos puede llevar a excesos. Esta edad nos informa acerca de cómo ser en la conciencia de una nueva persona; nosotros mismos.

Pero **Plutón** ha entrado en juego y el mito de Perséfone, Démeter y Plutón es vivido por alguna que otra familia; precisamente por haber presentado a su hija en una sociedad llena de plutoncitos hambrientos, alguien pretende llevarse a la criaturita de papá y mamá. Este es un interesante aspecto a esta edad, pues Plutón es el encargado de absorber la energía de las crisis emocionales hacia adentro, para iniciar nuestra transformación personal interna; ahora cuando, precisamente, empezamos a conocer el tipo de emociones sexuales que nos van a manejar la vida entera. Plutón nos muestra los aspectos de la personalidad que debemos eliminar antes de que el yo pueda crecer, mientras aprendemos a utilizar la energía para una autotransformación liberadora u otro emprendimiento.

Nos sentimos jóvenes y vigorosos -sexualmente hablando- pero a la vez muy impresionables y delicados para enfrentarnos a semejante empresa de manejar nuestras hormonas; por lo tanto tenemos que cuidarnos y prepararnos, sin olvidar lo que queremos lograr, interna o externamente, en el lejano futuro. Ahora nos ennoviamos para mucho después casarnos; y casarnos no es ir a una iglesia o a una notaría, sino… tener un hijo. Y a esta edad nada impide que lo tengamos; es más, todo nos favorece para meter… la pata.

El momento y el mundo nos informan en qué lugar externo o con quien, podríamos comenzar a desarrollar más esos potenciales sexuales que sentimos crecer en nosotros con tanto ímpetu; es decir, los sentimientos internos y las personas a nuestro lado, nos motivan a crecer sexualmente y a prepararnos para vivir en el mundo plutoniano de los celos y las pasiones. Estamos enamoraditos de alguien y nos volvemos secretivos con nuestros padres -al estilo Perséfone con Deméter- mientras cambiamos de personas a quien confiar dichos secretos. Algún Plutón ronda por el vecindario.

Y como si fuera poco con las pasiones plutonianas, la **Luna Progresada** se empareja con Plutón en un quincuncio de regreso a su posición natal. Pareciera ser, entonces, que esta edad es más importante para la muchacha que para el tímido joven. Estamos en una etapa de adaptaciones sexuales que pueden agotar nuestras fuerzas; vivimos haciendo ajustes de cualquier tipo con tal de no perder el equilibrio alterado. Como algo está sucediendo en nuestro interior, podemos vivir un ambiente tenso y de angustia, mientras sentimos atracción-rechazo o atracción-repulsión con las personas del sexo opuesto; obviamente esto es una contradicción en medio de una energía compulsiva o molesta e interferida entre sí, mientras el erotismo plutoniano se refleja en el espejo ante el cual vemos nuestros cambios físicos.

A su vez, seguimos afianzando nuestra visión dentro del mundo y comunicándola a otras personas, al compartir y vivir nuestros conocimientos y el valor de dicho significado. Conocerse a sí mismo a través de la acción, es algo que nos irá interesando cada vez más para poder convencer a los demás acerca de lo acertado de nuestros puntos de vista. Ojala hayamos desarrollado algunos dones artísticos, facilidad de verbo y magnetismo personal; así como darnos cuenta que hay que controlar nuestra fuerte personalidad y temperamento dramático.

Tanto la Luna como Plutón nos hacen conscientes de ciertas insatisfacciones ocultas, y del crecimiento de una molesta pero deliciosa irritación emocional. Es aquí cuando el acné marca una edad sexual que trae molestias internas de cualquier tipo. Ahora hay nuevos puntos de vista que nos llevan a hacer reajustes en medio de los roces emocionales, la tensión en las relaciones y los tire y afloje con nosotros mismos y con las demás personas. Definitivamente cada vez más somos menos niños. La inocencia de Perséfone va quedando atrás.

**Décimo sexto año**  Mientras seguimos de la mano de Venus, muchos de nosotros terminamos la etapa del colegio, en medio de un logro educativo que Júpiter certifica como positivo. Debe comenzar, entonces, una época venusinamente feliz y jupiterinamente expansiva.

Pero detengámonos en analizar qué más hace **Venus** en esta etapa de nuestra vida, cuando la primavera está comenzando a florecer. Venus está cada vez más interesado en adornarnos, civilizarnos y transformar algo instintivo en nosotros en algo simbólico y psíquico. De la mano de Venus aprendemos a atraer las cosas que amamos, a los demás y aquello que valoramos. Pero como el amor cuesta y las invitaciones comienzan a ser más frecuentes, Venus intenta brindarnos información acerca de los valores materiales involucrados con el hecho de agradar a alguien. Seguramente queremos contribuir a la armonización de las relaciones con otros seres humanos, con el atractivo, el calor y el encanto necesarios para unirnos a otros seres en una atmósfera de participación abierta. Pero todo ello cuesta dinero ¿A quién pedírselo si aún estamos lejos de comenzar a trabajar? Como ya debemos tener un grupo de amigos selectos, Venus nos ayuda a cooperar y a compartir las cosas con los demás; a crear relaciones y a dar amor hacia el afecto, la armonía, la benevolencia de buena ley, las ganas de ser sociable, el placer y una vida fácil. A Venus le gusta dar (para recibir) de las propias emociones y forma da identidad a lo que valoramos; así como dar inspiraciones amorosas, artísticas y de convivencia social. Con Venus empezamos a demostrar el talento natural que tenemos para experimentar y expresar el placer compartido con los demás con interacción armoniosa; a denotar la llave para adquirir un sentido de autoestima y para establecer valor ante los demás y en toda clase de situaciones sociales; así como a desarrollar la compenetración intuitivo-sentimental de lo captado y su sentido de la belleza a través de la disciplina de las respuestas emocionales. En pocas palabras, cada vez más conocemos lo que es estar enamorados.

Pero, entonces, ahora tenemos una crisis emocional que se adueña cada vez más de nosotros; puesto que por un lado el trígono que viene de Júpiter nos sigue invitando a la universidad pero ¿y qué hacemos con las emociones que el primer amor había despertado en nosotros? ¿Será lo que luego conoceremos como amores de verano; es decir, amores pasajeros, o contraemos matrimonio ya por fuerza de la….preñez?

Júpiter le ayuda a Venus a agregar optimismo, conexión espiritual y la base económica a cualquier relación. También nos colabora con describir los aspectos en los cuales nos sentimos más confiados, y en los que puede sernos más fácil encontrar algún significado a lo que estamos sintiendo y viendo nacer en nosotros; nos está invitando a conocer el mundo ahora que a esta edad o en la siguiente, hemos terminado por norma general nuestra primera etapa importante de estudiantes. Ahora deseamos hacer grandes cosas y dar un mayor significado a las relaciones de la vida.

Júpiter estimula la creación de ideas, pero ¿cómo integrar toda esta información? Pareciera ser que se adueñan de nosotros energías que están desconectadas entre sí y que si no se canalizan o enfocan, como la lava del volcán pueden generar problemas mayores de difícil diagnostico y de tipo psicológico. ¿Qué es lo que por lo general nos preocupa en esta época? Saber qué vamos a estudiar y si al alejarnos de ellos, el novio o la novia nos seguirán queriendo. Y, los amigos del colegio ¿qué pasara con ellos? Como diría Júpiter, cada cual coge su camino y a muchos de ellos no los veremos nunca más.

En esta época somos humanos muy selectivos entre lo bueno y lo malo; pero ya sabemos cuán relativos son el bien y el mal. Si aprovechamos este año, podemos a su vez tener muy buenas oportunidades para transformar y lograr transmutaciones conscientes en nuestra inteligencia. Una de las mejores actitudes para hacerlo es estar alerta de lo que nos rodea para que el miedo y la paranoia no nos visiten, mientras en un platillito de la balanza ponemos al amor y en la otra los estudios superiores. En una edad en la cual nos rondan frecuentemente los accidentes, las derrotas y las fatalidades en general, ahora debemos tener mucho más cuidado de lo normal con nuestras elecciones.

**Décimo séptimo año**    **Júpiter** se acerca su segunda oposición con su posición natal; mientras la **Luna Progresada** está acercándose a su primer trígono de acercamiento con respecto a su posición natal.

Como seguimos bajo la tutela de **Venus**, la vida nos sigue sonriendo; a no ser que nuestros padres no hubieran tenido el dinero suficiente para costear nuestra universidad y, entonces, nos corresponde ponernos a trabajar sin estudiar o trabajar para estudiar. Pero hagamos de cuenta que, de la mano de Venus, el bienestar nos sonríe, y nos sigue embelleciendo, realzando y aumentando la identidad personal con alguien que nos resulta peligrosamente atractivo y deseable.

He aquí la segunda oposición de **Júpiter**. Recuerden que en la primera oposición teníamos de 5 a 6 años y estábamos entrando a la primaria; ahora hemos salido del bachillerato y estamos entrando a la universidad. Como toda oposición es un enfrentamiento, es terminar una etapa (de algo que se inició en la conjunción jupiteriana unos 6 años atrás), esto genera en nosotros una perspectiva mediante la conciencia del otro que queremos y debemos ser, cuando nos veamos -lejanamente- graduados de la universidad. Casi estamos atrapados sin salida, mientras no sepamos qué estudiar; y recuerden que Júpiter rige naturalmente la casa IX, la de los estudios superiores y el extranjero. Contamos con un maravilloso potencial de claridad y objetividad por haber terminado los estudios, y ahora debemos mirarnos al espejo para saber qué debemos corregir en nosotros y qué carrera "elegir". Mientras nos cuidamos de nuestra rebeldía, no debemos volvernos paranoicos.

Tal vez por el hecho de estar saliendo del bachillerato o, al menos, rondando terminar con esa etapa y abrir otra, Júpiter influye en la manera en que nosotros buscamos ahora el prestigio, la riqueza, el sentido del honor, la justicia y la rectitud; si hemos de entrar a los estudios superiores, igualmente Júpiter nos ayuda para buscar el favor de personas de gran autoridad académica. Sea como fuere lo que queramos estudiar o hacer de aquí en adelante, este es un aspecto de acción que produce en nosotros un hiperestimulante aumento de conciencia; además, recuérdenlo, están en juego nuestras relaciones personales, ya que este aspecto nos pone en contacto con otro tipo de personas y de mundo exterior. Se van los compañeros de colegio, llegan los de la universidad.

Como estamos buscando un nuevo significado, unos valores éticos y una verdad, ahora hay que hacer otra clase de ajustes necesarios para poder continuar; estamos nerviosos e intranquilos, mientras todo se altera de nuevo al ir poniendo nuestras esperanzas en el futuro, de acuerdo a los recursos físicos o económicos con los cuales contamos. Como también queremos conectar el yo con algo más grande que nosotros, y los lugares con formas de pensamiento más elevadas, debemos ser muy precavidos mientras sabemos cual camino seguir: ¿estudiamos, viajamos, nos vamos para el ejército, trabajamos, nos dejamos conquistar por el enamorado-a?

Es hora de mirar hacia el futuro y hacia los objetivos lejanos; de ver nuestra dirección en la vida y más allá de los hechos inmediatos y de las situaciones corrientes. Precisamente, Júpiter nos ayuda a definir en qué campo nos desarrollaremos mejor, hallaremos mayores beneficios y mejores oportunidades; él nos quiere llevar más allá, pero es la **Luna Progresada** quien tiene las respuestas a estas inquietudes.

De cierta manera ya debemos ser personas más armónicas y espirituales motivadas por el amor y alguna clase de elevación, que nos puede ayudar a anular los fracasos emocionales de cualquier tipo. La dirección de la Luna Progresada nos alienta sensiblemente sintiendo que las cosas se resolverán solas; sí, pero debemos evitar los extremos, porque si es cierto que el trígono se parece a la acción de Júpiter, sus expansiones pueden llevar a excesos, y llegar a pensar que es seguro que sí pasamos el examen en la universidad. Ahora vamos a comenzar una etapa de logros personales -salimos del colegio-, pero también más sociales -entramos a la universidad-. Logros que tendremos que compartir con los demás, porque con ellos vamos a construirlos y vivirlos profesionalmente hablando.

En medio de las dudas que surgen de salir de una etapa escolar para entrar a la universitaria, la Luna nos va aclarando el camino con su luz emocional, haciéndonos sentir nuevas sensaciones y hasta nuevos temores y amores con los cuales no contábamos. Al amorcito del colegio lo vimos crecer; pero el de la universidad llega crecidito por sí mismo. Una vez más, entonces, estamos alejándonos y saliendo de la seguridad doméstica de nuestro hogar paterno; y el ciclo lunar también nos está indicando el área de nuestras necesidades (emocionales y personales) mayores. Esta Luna nos ayuda a salir de los condicionamientos pasados sintiendo, entonces, una gran empatía con el nuevo medio que nos puede permitir comprensión, elevación, esperanzas, fe en nosotros mismos y en el prójimo. Como hemos entrado en la etapa de los idealismos superiores y del entendimiento acerca de las necesidades sociales ajenas y propias, ahora es muy importante la forma cotidiana de amoldarnos a los demás; a las emociones que se esperan de nosotros y a llevar a cabo el propósito solar de nuestra existencia. Además, como estamos en el paso trascendental de salir del colegio para ingresar a la universidad, la Luna Progresada propicia las iniciativas relacionadas con los cambios de residencia, intercomunicación entre grupos, viajes y la vida de la familia.

**Décimo octavo año**   Ahora está la **Luna Negra** en su intermitente segunda conjunción por tránsito consigo misma; mientras **Júpiter** está haciendo su segunda oposición con su posición natal. Están los **Nódulos Lunares** regresando por vez primera en tránsito a su posición natal, y **Urano** comienza a afectarnos poco a poco al ir haciendo su primera y única cuadratura de alejamiento con su posición natal.

Ahora el **Sol** se pone al lado de Venus en su regencia y lo acompaña en el resto de años que le corresponden a Venus terminar su regencia. Lo que para la mujer -Venus- representan sus quince años, lo son para el hombre -Sol- los diez y ocho años. Ahora es mayor de edad y miren qué cantidad de aspectos los que ocurren en el cosmos personal de nuestra carta astral. Vamos por partes y comencemos por explicar cómo el Sol y Venus nos hacen creer y ver como únicos y bellos. El Sol y Venus representan el amor y el deseo respectivamente, asuntos que son fundamentales en esta etapa de nuestra vida.

Desde los diez y ocho hasta los cuarenta y dos años, el Sol va a regir nuestra vida con el fin de animar, dirigir y vitalizarnos para que avancemos hacia grandes alturas. Obviamente en un principio -ahora- nos va a ayudar a tener más seguridad en nosotros mismos y a contrarrestar la nueva presión proveniente del entorno. El Sol da lugar a ideas y formas nuevas; describe aquello en lo que deseamos o debemos convertirnos; cómo somos realmente; el futuro hacia donde nos dirigimos; nuestro punto de vista básico; el sentimiento de ser especiales; nuestra creatividad, vitalidad y voluntad; qué cosas valoramos; qué es lo que queremos expresar en la vida; nuestros objetivos y propósitos, y el afán por reconocerlos y vivirlos conscientemente. Todo esto suena a que tenemos diez y ocho años de edad...

Como seguramente el Sol comienza a despertar un fuerte sentido de auto responsabilidad y vehemente afán de superación integral, debemos encontrar unas características únicas y talentos singulares en nosotros mismos para desarrollarlos hasta su máximo potencial. Ahora el astro padre nos ha de enseñar cómo hemos de concentrar nuestra energía y las lecciones que se deben dominar; así como esclarecer, establecer y perpetuar una entidad separada, mientras estimula la fuerza positiva en nuestra naturaleza. Somos poseídos por un ansia de expresar creativa (Sol) y amorosamente (Venus) el yo, y de maneras constantemente nuevas y más versátiles, las necesidades internas de nuestro sí mismo. A esta edad el Sol nos inspira ideas de estabilidad, firmeza y voluntad para perseverar. En cierta forma, el Sol en nosotros quiere manifestar la determinación y expresión dinámica de la voluntad; mostrar cómo somos, cómo percibimos ahora la vida y su objetivo, la relación con todas las figuras de autoridad y qué es real para nosotros. El acompañamiento solar va a promover nuestra autoconciencia y autoexpresión a través de la creatividad; así como la seguridad en uno mismo; pues es él quien refleja nuestros deseos, las futuras intenciones, las inclinaciones, los objetivos y nuestra voluntad.

Seamos hombres o mujeres, el Sol y **Venus** nos acompañaran juntos hasta la edad de veinticuatro años, con el fin de encontrar un sentimiento de placer y compañía en la vida. Venus en particular nos lleva hacia nuevas relaciones y vida social; hacia el principio sexual de recibir (en lugar de iniciar) y el grado de imagen pública y popularidad que podemos alcanzar; así como interesarnos cada vez más en observar la interacción social de las otras personas y relacionarnos con el medio a través de la compatibilidad con ellos.

Ahora bien, como es en el segundo retorno de la **Luna Negra** en donde prima la afirmación sexual, ésta se hace de una manera segura y permanente. Para dicha afirmación que hacemos sobre el otro (tipo león mordiendo la nuca de la hembra en el coito) contamos cada vez más con recursos propios pues, además de la confianza que nos tenemos (Sol), podemos contar con recursos propios para... ¿mejorar el vestuario? (Venus) Claro, la Luna Negra se camufla en el porte, el sex-appeal, y en las fantasías sexuales que nunca pudimos realizar antes y que, como tal, jamás salieron a la superficie permaneciendo como erizantes inhibiciones angustiantes. ¿Pero ahora? Ahora somos mayores de edad y no tenemos que pedir permiso a nadie para hacer lo que queremos. ¡Ayayay! Sin saberlo, hasta aquí funcionaron sobre nosotros las palabras aquellas que dicen "perdónalos porque no saben lo que hacen". De aquí en adelante no hay perdón de Dios ni de nadie; y menos aún si nos exigen que le demos nuestro apellido...

Cada vez nos alejamos más y más de las normas familiares y sociales del comportamiento establecido por gente mucho mayor que nosotros; seguramente, nuestra conducta es intransigente y rígida con las tradiciones. Ya veremos la cuadratura de Urano que se realiza en este mismo año; y no olvidemos la segunda oposición de **Júpiter** consigo mismo que nos lleva a ser más exagerados de lo normal, sobre todo a la hora de creernos llenos de capacidades físicas, intelectuales y emocionales suficientes. Entrando a esta edad, el planeta está interesado en incentivar la perspectiva que nos liberará para poder actuar, y que automáticamente esto nos lleve a la felicidad al utilizar la oportunidad social para nuestra expansión personal. Júpiter nos enseña a tener metas a las cuales apuntar y, si llegar a la mayoría de edad ha sido difícil, entonces el quincuncio de acercamiento nos puede traer preocupaciones mentales y somáticas; así como una alta carga de erotismo, falta de ritmo, insatisfacciones ocultas, irregularidad, irritación emocional, molestias internas y neurosis de cualquier tipo.

Son frecuentes los nuevos puntos de vista que nos hacen ver como si fuéramos para los demás, y en especial para la familia, la piedra en el zapato. Si nos interesan los reajustes, será con respecto a la vida que llevamos en la calle; porque el refinamiento no lo conocemos. Por eso los roces con los de casa son más frecuentes mientras estamos en el plan de suprimir lo no efectivo; dicha actitud personal aumenta la tensión en las relaciones, mientras nos aconsejan terapias que nos encarrilen de nuevo en los cánones tradicionales. Pero si la Luna Negra no conoce de tradiciones normales, Urano... sí que menos.

El primer regreso de los **Nódulos Lunares** a su posición natal se da cuando tenemos unos 18 y medio años, y es uno de los momentos más importantes de nuestra vida. El Nódulo Norte es una invitación a abrir puertas nuevas, y el Sur a cortar cordones umbilicales y dejar atrás paisajes conocidos. Siempre me he imaginado en esta etapa, parado en el marco de la puerta de entrada al hogar paterno, mirando hacia la calle como una fuerza generadora de impulsos que nos ofrece nuevos comienzos y tentaciones de todo tipo. Tendemos a proyectar la energía sobre el mundo externo (Nódulo Norte), pero a algunos de nosotros nos cuesta trabajo salir del pasado (Nódulo Sur) y, más aún, si somos introvertidos. Algo en nosotros nos dice que es del mundo externo de donde ahora obtendremos información para interiorizarla en nosotros, en la nueva individualidad que estamos construyendo... peligrosa y arriesgadamente.

El Nódulo Norte nos brinda experiencias que nos satisfacen; nos conecta con otras personas; nos guía hacia experiencias de conexión y unión con nosotros mismos y con los demás; nos indica la responsabilidad que asumimos para el desenvolvimiento futuro; nos muestra las cualidades que debemos cultivar y a qué metas estamos comprometidos. Y qué mejor momento que esta edad para que, además, nos señale aquella facultad que más necesitamos desarrollar, así como el propósito de nuestra vida. Definitivamente hay que brincar... a la calle.

Siendo la vida una excursión, esta edad equivale a la etapa en la cual revisamos nuestros potenciales y, como el cangrejo, a veces avanzamos con el Nódulo Norte y a veces retrocedemos con el Sur. Es tan difícil irse de casa... ¿Quién nos va a cocinar? ¿Con quién y en dónde voy a vivir? ¿Quién va a pagar mis estudios? Es ahora cuando nos enteramos acerca de cómo va a ser el camino que nos espera, siempre desconocido; e igualmente sabremos qué se espera de nosotros tanto en el hogar como en la vida universitaria o de trabajo y, por lo tanto, establecemos otra clase de cordones umbilicales con la vida. No es propiamente una etapa para descansar, sino para reflexionar acerca de cómo vamos a responder ante el desconocido camino que ahora debemos recorrer. En este momento es sumamente importante ser conscientes de nuestra evolución interna y externa, pues de ella depende poder cortar cordones umbilicales y a la vez atar cabos sueltos.

Por su lado, el Nódulo Sur nos indica cómo expresar experiencias o lecciones que nos enfrentan con nosotros mismos; nos muestra impedimentos o privaciones que debemos trabajar y cómo utilizar las cualidades y habilidades personales. Y para eso **Urano,** comenzando lentamente su cuadratura de alejamiento por largos años, nos ofrece un reto no muy agradable. Como estamos volteando una esquina y no sabemos que habrá al otro lado de ella, esta es una etapa inesperada pero muy importante de la vida. Se cumplen cambios para nuestra propia libertad e independencia, ojalá también interior y no sólo exterior. Tensión y nerviosismo pueden descontrolarnos si no canalizamos nuestro sentimiento de rebeldía; debemos aprender a manifestar nuestro individualismo de una forma ordenada. Pero es ahora, cuando lo que menos nos interesa es el orden, cuando somos más amigos del desorden uraniano y del espacio en las relaciones - seguramente familiares-, pues si va a haber poca empatía emocional, puede ser con la familia. Saturno ni siquiera anda haciendo algún aspecto importante para poner orden al caos.

A esta edad nos maneja la desintegración, la destrucción, la disociación, la fragmentación, la inflexibilidad, lo abrupto, lo brusco, lo repentino en general, la excitación, el extremismo, lo especial, original y único. Urano nos invita a explorar y experimentar pero sin entregarnos o comprometernos con detenimiento; nos abre los ojos -y a la sociedad- hacia nuevas posibilidades; nos invita a acabar con el miedo, la rigidez y las adicciones a normas sociales. A esta edad, Urano nos anuncia las ideas más recientes y la más rápida forma de transmisión de ideas; queremos atacar y hacer estallar las estructuras, y atraemos a otras personas y nuevas relaciones por las ideas revolucionarias que tengamos. Como ahora queremos que nada nos sea impuesto, pueden ser necesarios ciertos ajustes en nuestro brusco comportamiento; y debemos saberlos hacer para crecer mental y espiritualmente con el fin de que los desafíos no nos derroten. Nos atropella lo nervioso, la inquietud, el impulso y lo compulsivo; lo espasmódico, lo que no podemos consolidar, y nos hace percibir el mundo como incierto y caótico; estamos en manos de la anarquía, la autonomía, la intolerancia, el autoritarismo, la evolución grupal y personal, lo errático, el cambio súbito (salir de la rutina), los impulsos repentinos, las situaciones incómodas, lo no experimentado (aún en asuntos de adicciones); lo sorpresivo e impredecible, lo radical, la discontinuidad, la liberación de la creatividad y de la inspiración. En pocas palabras, somos la locura desordenada y toda una revolución en dos patas.

Qué tan difícil es ahora escuchar a los mayores, con sus innumerables razones para que seamos de la manera en que ellos quieren que seamos y no como nosotros queremos serlo. Nos interesa muy poco aquello de que la experiencia está en casa... En la medida de lo posible, debemos "decidir" cual camino tomar: si seguir siendo como queremos ser o tomar lo mejor de la experiencia paterna tradicional y seguir adelante. ¿Cómo utilizar el tiempo para la libertad que supuestamente tenemos ahora para ser? Si pudiéramos enriquecer nuestra vida interna, conocer más nuestra conciencia, sabernos adaptar a las nuevas circunstancias para no sentirnos perdidos ¡Quién pudiera volver a tener diez y ocho años, para haber dado otros pasos¡ Pero no, en esta etapa es Urano quien manda...

A mí nadie me manda; yo soy la libertad, el reto ineludible de la humanidad. Queremos barrer la antigua postura de los destinos sociales fijos y las ilusiones; queremos cambiar personalmente, excitar y expresarnos sin restricciones; dejar atrás modelos de antaño y nosotros primero para luego cambiar al mundo. Es ahora cuando comenzamos a comprender, observar y tolerar desde un punto de vista más amplio y libre de prejuicios, que en el mundo hay cabida para todos los comportamientos, ideas e incoherencias; menos las del pasado. Concebimos ideas que si no funcionan deben ser renovadas y, para ello, algunos de nosotros contraatacamos con fuerza destructora, corriendo el riesgo de desmoronarnos o desmoronar los esquemas de pensamiento calcificados, en nombre del progreso y la evolución. ¡Huelga en la universidad!

Muchos cortamos con los lazos familiares y sociales que nos vinculan al pasado; creamos y engendramos cambios modernos, radicales y súbitos; así como estados anímicos de crisis internas; y mejores condiciones de vida a través del proceso de la civilización social, personal no convencional y revolucionario. Buscamos un estado de equilibrio interior de forma tal que nuestra mente pueda elevarse sobre el dualismo conflictivo. Algo en nosotros deberá, entonces, dar alguna forma de expresión al cambio, a los impulsos del genio interno, y una nueva vida a todos los pensamientos, sentimientos y deseos escondidos que han sido forzados a vivir en la oscuridad por la presión de nuestros padres y la sociedad en general. Por tal motivo, queremos demoler estructuras viejas para dejar lugar a lo nuevo, y descartar lo irreal y tradicional; así como despertar bruscamente el apoyo mutuo y solidario en la fraternidad humana, y los aspectos interiores de nuestra naturaleza. Es el momento para salir de la insatisfacción con respecto a lo superficial, habitual y mecánico. Queremos liberarnos de aquello que nos constriñe y limita; de compromisos y responsabilidades; de la calma de nuestra mundana existencia; de las antiguas limitaciones; de las interpretaciones de la vida y los valores más aplicables y más universalistas; de las pautas que se han vuelto demasiado rígidas; de los confines de una estructura rígidamente controlada (tipo Saturno); del pasado y de una vida sofocante, aportando una nueva abundancia, placer y vitalidad de las experiencias del presente.

A esta edad comenzamos a impartir una actividad espontánea e innata; a impulsar hacia los cambios radicales y sorpresivos, hacia la diferenciación, la independencia de la tradición y la originalidad; a identificarnos con la conciencia de las masas y a inaugurar un nuevo orden en el mundo. Con Urano siempre queremos elegir un camino distinto, y encontrar formas materiales más adecuadas a nuestros deseos y necesidades; así como enfrentarnos a la autoridad y a la edad adulta de los demás. Urano genera un fuerte impulso a la conmoción, la independencia y la rebelión; a hacer que no dependamos tanto de los demás, que seamos conscientes de todo lo que nos sucede en la vida; que nos veamos tal y como somos; que nos encontremos con mundos totalmente extraños y hagamos trizas la concentración.

Jamás debemos olvidar que Urano indica cómo actuamos sobre la sociedad (para bien o para mal); el área en la que contamos con el potencial para expresar ideas innovadoras para alterar situaciones caducas que no satisfacen a nadie; en donde se experimentan cambios repentinos en el rumbo de nuestro destino; nuestra fuerza fecundante; y las áreas en donde los asuntos están propensos a ser caprichosos e incalculables. Ahora Urano quiere individualizar y personalizar en nosotros, conceptos e ideas a través nuestro; e inspirar con acierto inventivo, espíritu de contradicción e ideas excéntricas; integrar los aspectos dispares de nuestra naturaleza en una unidad que funcione; e igualmente integrar para inventar cosas nuevas, así como interrumpir lo viejo.

Otros queremos luchar en nombre de la comunidad, e ir con la sociedad más allá del mundo familiar conocido. Y, en ese sentido, hay que actuar con cuidado pues podemos materializar sucesos que sacudan momentáneamente la solidez, la seguridad de los valores sociales y los pensamientos apoyados en la tradición. Ahora sentimos una fuerte necesidad de mejorar las condiciones que nos rodean y que, de no saber hacerlo, podemos ocasionar acontecimientos fatales pero imprevistos e imprevisibles y, más aún, si perseguimos metas de forma agresiva, egocéntrica, impulsiva e inescrupulosa.

Al presidir Urano los cambios de una manera tan brusca, esta larga etapa de nuestra vida comienza a estar llena de peligros. Claro, Urano también promueve el gusto por el amor al progreso, el crecimiento intelectual, lo nuevo y por toda clase de investigaciones técnicas; así como las reformas sin precedente y los cambios necesarios para acoger nuevos modelos mediante la agitación revolucionaria en cualquier área de la vida; pero, repito, hay que saber hacerlo. Con Urano y a esta edad, queremos proponer grandes reformas que ofrezcan la libertad para todo el mundo; y reestructurar nuestra personalidad y a la sociedad en general; así como reforzar la sensación de propósito e individualidad. Queremos romper cualquier cosa que nos comprometa: el tiempo, las barreras internas que limitan la conciencia, las defensas, las leyes, las limitaciones, las pautas de estabilidad y de pensamiento establecidas, las relaciones de dependencia, las tradiciones, lo cristalizado y todos los lazos que nos atan al pasado.

Seguramente ahora, algunos de nosotros, no somos nada cautos ante los desafíos que nos presente la vida; pero otros podemos recorrer alguna clase de camino espiritual y transformar todo el odio en amor y la incriminación en perdón. De hacer así, a través de las mayores pruebas del alma, muchos lograremos el esclarecimiento y alguna clase de iluminación, mientras queremos unirnos a las ideas que consideramos más reales, con mayor contenido y más verdaderas que las convencionales tradiciones religiosas que nos inculcaron; pues ahora sólo vemos deficiencias en la sociedad y el valor de todo lo que ocurre en el presente.

Aún más, otros queremos ser concientes de la completa espontaneidad que existe en el momento presente; y precursores o pioneros de nuevas ideas y voceros del colectivo. En resumen, al revolucionar nuestro modo de ser, creyéndonos ya mayores de edad -en una época tan irresponsable- somos demasiado discutidores y rebeldes; pero, si sabemos manejar nuestra parte terrenal, podemos llegar a ser alguien que ayuda a los demás, venciendo así ese materialismo que intenta destruir nuestro lado espiritual. Viviremos una larga época en medio de descargas eléctricas, disturbios, engaños, peleas dentro del círculo familiar, revoluciones y traiciones en general; que si las sabemos aprovechar, nos pueden traer gran fortuna. Ahora queremos vivir para disfrutar de una libertad lejos de los temores y las leyes familiares que nos limitaron en el pasado. Ahora tenemos diez y ocho años y algo, en cada quién, quiere que esa edad se instale en nosotros para siempre...

**Décimo noveno año**     **Júpiter** hace su segundo trígono de acercamiento con su posición natal, mientras **Urano** continúa con su cuadratura de alejamiento

El **Sol** y **Venus** nos siguen acompañando en una edad en la cual la anterior sigue siendo mucho más importante para el arranque de las que vienen. El Sol nos inclina a ser el individuo que queremos ser, y Venus nos va involucrando cada vez más con una serie de personas y situaciones deliciosas que nos permiten refugiarnos en ellas en medio del constante cambio uraniano.

El Sol va permitiendo que cada vez busquemos más espacio para una expresión más amplia de nuestro ser, la liberación y la trascendencia; además de desear ser especiales y de impulsarnos a crear y a ser, e infundirnos plenitud y vitalidad. Mientras que Venus nos va alisando la corriente de experiencias, la expresión de nuestras ideas y ejercita nuestro poder de cooperación de la mano de Urano. Claro que si alguno de nosotros no ha vencido aún su timidez, entonces Venus le muestra el área en la cual reprime sus facultades por miedo al rechazo o a las reacciones negativas ajenas; así como el proceso por el cual, inconscientemente, la persona se niega la autoestima al no participar en el entorno social tan propio de esta época de tanta libertad.

Otros estamos haciendo énfasis en la seguridad económica; en que una amistad en especial sea más profunda, y en integrarnos en relaciones más íntimas. Venus nos muestra cómo dar de nosotros mismos; cómo expresamos afecto; cómo nos sentimos apreciados y lo que apreciamos; cómo deseamos y aquello que nos parece bello; así como la capacidad para la relación conscientemente con otras personas y alguna en particular. Ha quedado atrás aquella época en la cual nos negábamos a sentir placer por vivir de acuerdo con los valores ajenos; ahora estamos en la plena transformación de nuestros valores emocionales y la modalidad de entender y expresar la necesidad de intimidad, así como usar inteligentemente los encantos y las energías en formas que hagan la vida más bella e inspiradora.

Por su lado, **Júpiter** nos está tratando bien y más aún si ya estamos estudiando en la universidad. Si nos mantenemos bien enganchados en la carrera que queríamos, es un gran momento para ansiar a lo lejos el final de la meta que vemos, y el éxito que queremos gracias a nuestros esfuerzos individuales y compartidos como lo aconseja Urano; debemos sentirnos optimistas, tranquilos y equilibrados, mientras somos conscientes de las nuevas perspectivas que se abren ante nosotros; continuamos el camino con entusiasmo saliendo del conformismo que pueda hacernos dormir.

Entonces, no es raro que seamos alguien con buena fortuna, éxito, felicidad y satisfacción en general; siempre con ideas uranianas brillantes y nuevas, y mucha inspiración que nos lleva a la victoria alejándonos de las desilusiones. Ahí estamos, como Sol al amanecer, pero ahí también está Venus con el amor que desde hace rato está que nos lleva a ser padres-madres. En esta etapa dos cosas se nos atraviesan como vara a la rueda de la carreta para impedir el éxito profesional: el hecho de querer tener plata y el de tocarnos ser padres o madres por descuido. Y si somos soñadores peor aún. Obviamente esto no tiene que suceder exactamente a los diez y nueve, pero ronda la posibilidad desde hace rato y ya vamos a tener veinte años de vida.

Obviamente seguimos -y seguiremos estando- bajo la influencia de los pasos uranianos que hayamos comenzado a dar en la importante etapa de los alrededores de los diez y ocho años de edad; pero algo en nosotros cambia cuando hacemos conciencia de que en los próximos años nuestras edades comienzan con el número dos y hemos dejado atrás el uno, mientras del cero ya ni nos acordamos.

**Vigésimo año** **Júpiter** hace su segunda cuadratura de acercamiento con su posición natal; mientras Urano sigue en su cuadratura, y **Saturno** comienza su primer trígono de acercamiento con su posición natal. La **Luna Progresada** hace su primera cuadratura de acercamiento con su posición original.

A los veinte años aún nos regentan el Sol y Venus, mientras Saturno anda entre dos personajes no muy amigos suyos: Júpiter y la Luna Progresada en un par de cuadraturas de acercamiento. En gavilla hasta el diablo pierde.

El Sol sigue formándonos e interesado en mostrarnos aquello que debemos alcanzar en nuestro ser y el grado de individualidad uraniana que podemos conseguir, así como la interacción entre el cuerpo sano y la mente. Cada vez más nos va proporcionando el deseo, la energía, la integridad y el poder para crear en el aquí, en el ahora y en cuanto a ser lo que debemos ser.

Venus, mientras tanto, nos ayuda a seguir cumpliendo con las necesidades físicas propias de la edad; así como a definir el don para hacer que los demás se sientan a gusto en situaciones sociales; y lo que valoramos en el carácter de otras personas. Nos estimula, como Urano, a amar en general; la capacidad de amar a otros, a nosotros mismos y a recibir amor, así como la armonía necesaria para saber vivir con la gente. Venus insiste en que hay que fundirse de una manera comprensiva, sensible y simpática con lo contemplado; mientras nos garantiza que la chispa inicial del amor seguirá prevaleciendo cada vez más.

Pero cuidado, con Venus no todo es belleza; rondando esta edad, a muchos nos produce autoindulgencia, ganas de gastar dinero y pereza para seguir estudiando. Venus propicia la iniciativa acerca de deleites, diversiones, placeres de los sentidos y relaciones maritales que a esta edad serían funestas; pues tener un hijo por lo general nos demoraría o truncaría la carrera universitaria. Venus también revela la manera en que nos sentimos inadaptados o satisfechos y valederos socialmente; nos muestra los valores personales que nos brindan placer y eso nos puede alejar de metas más importantes.

A pesar de la cuadratura de **Júpiter**, seguimos siendo constantes y entusiastas, pero no con mucha fuerza para llevar a cabo los planes; y el principal de ellos: despertar cada vez más de la mano de Urano. Tenemos ideales, nuevas ambiciones, planes y propósitos; y más aún si aprendemos a superar todos los obstáculos con fe en nosotros mismos y con mucha paciencia. Los sueños premonitorios de esos ideales son muy importantes, pero más que ellos es importante volver realidad los mejores sueños. Por esta edad también podemos encontrar mucho más éxito espiritual que material, a través de lecturas o seminarios y charlas a las cuales hayamos asistido. Tal vez, por el sólo hecho de sentirnos con veinte años -subir a otro piso-, Júpiter nos ayude a condicionar nuestra fe en la vida y nuestra visión del futuro; a expandirnos hacia nuevos ámbitos de experiencia a la conciencia, y nuestra esfera de acción y de experiencia individual. Este ciclo nos orienta cada vez más hacia nuestros grupos sociales naturales pues, además, él representa la fuerza expansiva que se está adueñando de nosotros. ¡Pero ojo¡ como el aspecto es una cuadratura, no todo el mundo nos ha de convenir para relacionarnos con ellos. Tal vez esa parte espiritual nos ayude para alejarnos del rebelde que fuimos a los diez y ocho años, y empezar a ser más realistas a la hora de controlar y salir de excesos, amigos inconvenientes, exageraciones, imprudencias, autoindulgencias, hipocresías y extravagancias tan típicas de Júpiter.

¿Será, entonces, que **Saturno** nos llama al orden? Sí, Saturno está haciendo su primer trígono de acercamiento con su posición natal y, de alguna manera, y por sentirnos en el número 20, comenzamos a entrar en otra área de la razón. Como el tiempo tiene para nosotros otro sentido y ya no podemos desperdiciarlo, lenta pero muy seguramente ahí vamos trepando intelectual, física, espiritual y emocionalmente; ojalá no esperando los logros inmediatos que promete Júpiter, sino a la larga y de un valor más permanente, tal como le gusta a Saturno. Poco a poco vamos buscando una estabilidad profesional y económica -y más aún si Venus nos hizo padres- bajo la mano de Saturno, con la cruz a cuestas. Debemos incrementar la paciencia, la habilidad y un sentimiento de responsabilidad con nosotros mismos y la vida en general, con el fin de obtener más logros. Es el momento de pensar en aquello que más ambicionamos en la vida; basarnos en ser honestos con nosotros mismos; en que no tenemos toda la experiencia que creíamos tener dos años atrás; y que ahora tenemos que cumplir con nuestras obligaciones si queremos que nos respeten nuestros derechos.

Comprendido esto, debemos continuar tras nuestra meta con tenacidad, mientras vamos cancelando toda clase de deudas y compromisos con la vida. Hay que dejar atrás el Yo que hemos venido arrastrando, y desistir de defender lo que habíamos estado defendiendo y que sabemos que eran causas uranianas sin sentido. Tenemos que estabilizar nuestra vida y establecer bases más sólidas, pues este aspecto de Saturno no se presentará sino hasta unas tres décadas por delante. Es un excelente momento para acercarnos a otra etapa del destino; pues la vida nos trae situaciones, personas y asuntos que ayudarán a solidificar esas bases personales, profesionales y del destino en general; pero no hay que excederse al aceptar todo lo que ahora nos ofrezcan pensando que la suerte durará toda la vida. ¡Atención!, dentro de poco tiempo la situación es completamente diferente a la actual y allí Saturno nos cobrará los excesos jupiterinos. Es cierto que el presente está ahora a nuestro lado para ayudarnos, pero con la única condición de que nosotros también hagamos presencia muy realista en nosotros mismos.

Cada vez más debemos admitir que tenemos que hacernos responsables de ese "nosotros mismos"; que estamos aislando y construyendo una personalidad diferenciada por medio de una experiencia concreta. Saturno nos aporta el orden y la estructura que necesitamos; nos obliga a aplicar las pruebas y la tenaz persistencia; a aprender a esperar; a fundamentar la estabilidad interior; a que no hay agente externo en forma de obstáculos; a sentir y a trabajar con el lado superior de nuestra energía y a superar nuestras propias limitaciones. Sencillamente, Saturno nos está arrojando a la experiencia propia que necesitamos, mientras aumenta y concentra el sentido de nuestra identidad diferenciada.

Estamos muy jóvenes, pero ya Saturno quiere consolidar, estructurar y organizar el fruto de la experiencia, la firmeza interior y nuestra realidad a través de experiencias vitales. En nosotros, él quiere convertir el deseo en voluntad, las dificultades en ventajas y las ideas en realidad. No hay que olvidar que Saturno da buenas lecciones para recordarlas toda la vida y cohesión a las cosas, así como fragmentarlas para entenderlas mejor. Desde ahora, esta edad nos puede ir mostrando el escenario en el cual hemos de cumplir nuestro destino y misión; dando fortaleza ante los problemas que se presenten; el sentido del deber desagradable y de la virtud molesta, al igual que reglas para enfocarnos. Nos da una visión mental de gran alcance y la noción de nuestro ser rudimentario personal.

Es hora de ir tomando conciencia de las responsabilidades, de los deberes y de lo que hay en nosotros débil, inadecuado e incompleto. Cada vez más, Saturno nos brinda las más adecuadas experiencias que nos pongan a prueba; porque metas claras y definidas es lo que él exige de nosotros en este momento tan oportuno; debido a esto, debemos comenzar a apoyarnos en lo que para nosotros es práctico y seguro. Y como paciencia y persistencia son muy necesarias a la hora de salir de las demoras y frustraciones que podamos estar viviendo, el mejor consejo que podemos darnos a esta edad es no malgastar el tiempo ni la energía, porque vamos a necesitar de ambas dentro de no mucho tiempo... Ya viene la peor de todas las cuadraturas.

Pero antes de ella, debemos analizar la cuadratura de acercamiento que hace consigo misma la **Luna Progresada**. Dos cuadraturas acompañan al trígono de Saturno; y sin embargo los tres aspectos importantes de la edad son en la dirección de acercamiento. La Luna esta opuesta contra, o sobre el proyecto o la idea que tenemos en la mente; puesto que nos puede aguar la fiesta al ser padres (o perder los propios) a una edad muy temprana. La Luna nos invita a que nos convirtamos en un héroe o en un santo, si salimos adelante luego de liberar la energía de una forma concreta al saber qué debemos enfrentar; y cómo encarar los desafíos de una cuadratura en donde nuestra energía emocional puede estar limitada.

Al fin y al cabo es un choque entre dos fuerzas opuestas: una activa que es lo que queremos lograr y una pasiva que es lo que en realidad podemos tener; en la vida privada-Luna o en la vida pública-Júpiter-Saturno. Y como la Luna Progresada se mete con nuestra realidad material y familiar, estamos muy claros al poder identificar cuales son las energías que se resisten entre sí, y producen esa especie de corto circuito momentáneo que también nos motiva, cual patada en el trasero que nos despierta.

Aquí desarrollamos mucho más nuestro potencial de logro; evoluciona nuestra conciencia; subsanamos confusiones de identidad o escisiones internas de la personalidad; hacemos más conciencia de nosotros mismos entrando a la adultez temprana; es decir, hacemos lo que sea con tal de aprovechar este momento tan conflictivo de nuestra vida. Cada parte en nosotros tira para su lado y por lo tanto hay una tendencia a disgregarse entre Saturno, Júpiter y la Luna, en medio de la congestión de estas potencialidades. No sabemos qué camino tomar y con todo ya tan armado. ¿Será que hay falta de confianza propia? ¿Que las inhibiciones a través del temor (o del odio) nos pueden? ¿Qué tenemos obligaciones de un tipo que no deberían ser tenidas ahora?

Entonces es el momento de experimentar y expresar de nuevo la energía y, como dice el dicho: "al mal tiempo buena cara". Las facetas en conflicto en nosotros mismos hay que emparejarlas, porque son como un muro u obstáculo que debemos sortear y que no podemos verlo como algo negativo, sino como una situación que nos sirve para ejercitar la paciencia, el aguante, la diplomacia y el optimismo. Nuevas fuerzas nos pueden ayudar a solucionar dicha tensión o momento pasajero. Sea lo que sea, este es un tiempo oportuno para mirar otras posibilidades, cruzar la esquina, voltear la cuadra, etcétera. Definitivamente no podemos seguir siendo como veníamos siendo antes y, por lo tanto, nos es necesaria una regeneración más consciente para continuar nuestra evolución, o la de aquello que tenemos en nuestra libre mente uraniana. Es como si hubiera una guerra entre lo consciente y lo inconsciente, y nosotros fuéramos el campo de batalla de fuerzas irresistibles enfrentadas entre sí a veces por acciones ajenas a nuestra voluntad, pero que de todos modos nos afectan.

En muchas situaciones de la vida estamos aprendiendo a aceptar y a rendirnos (Saturno); a comenzar a apartarnos (Urano) de los antiguos y limitadores sistemas de creencias, así como antiguos modelos de comportamiento, pero continuando y preservando alguna estructura útil para nosotros mismos y los demás; a quienes también instamos a cuestionarse sus anteriores creencias y valores. Estamos codificando una nueva vida para derribar esas anticuadas estructuras, aquellas antiguas y limitadoras creencias y lo construido que haya cumplido con su objetivo. Estamos empañados en desarrollar una técnica o habilidad que sirva al entorno. Recuerden que aún está activa la cuadratura de Urano.

Como nos gusta proyectarnos, pero nos frustramos con cualquier comentario porque somos sensibles a ellos, esta actitud nos frena. Todo lo contrario, debemos aceptar lo que nos dicen porque por algo será; y, a pesar de tal vez no tener muchos amigos, por lo menos los que tengamos son importantes y nos invitan a ascender. Por un lado nos sentimos limitados al estilo cualquier cuadratura, pero con una gran confianza en nosotros mismos, y capacidad de aguante a lo que se venga; y por otro lado no sólo de aguante, sino de hacer lo que sea necesario por lograr lo que nos proponemos como ante un desafío peligroso. Saturno dice que nos corresponde ser muy realistas y más auto disciplinados para enfrentar, o saber dejar pasar, el efecto que produce este tipo de cuadraturas traídas por Júpiter, Urano y la Luna Progresada.

**Vigésimo primer año** **Júpiter** hace el segundo sextil de acercamiento con su posición natal; mientras **Saturno** hace su primera cuadratura de acercamiento con su posición original, Urano sigue con su cuadratura de alejamiento, y **Neptuno** y **Plutón** con su única semicuadratura de alejamiento cada uno con su posición natal.

La edad de los veintiún años es otra de las etapas que marcan la mayoría de edad. En algunos países es a los diez y ocho, pero en otros continúa siendo a los veintiuno. Y observen cómo, de nuevo, los aspectos planetarios que se forman son fundamentales. Seguimos de la mano del Sol y Venus, pero ahora Júpiter, Saturno, Neptuno y Plutón se suman a la orquesta. Vamos a verlos a todos comenzando por cómo vamos de la mano del Sol.

El Sol siempre quiere crear en nosotros una persona afectuosa y con confianza en sí misma; mientras, por su parte, Venus, junto con Urano, nos siguen impulsando a volcarnos hacia lo social. Pero Venus nos indica, también, el proceso por medio del cual podemos perder la autoestima y la confianza en situaciones sociales; en donde encontrar esas cosas que son agradables a la naturaleza; en donde los demás nos otorgan favores; en donde se ubica alguna cosa de valor y los valores complementarios; la facilidad con la cual captamos el amor y la simpatía de los demás; las ganas de agradar, los momentos gratos, nuestra capacidad de descubrir la belleza y nuestras simpatías; así como ver puntos de compenetración e intereses comunes con otras personas.

También estamos de nuevo ante el sextil de acercamiento que hace **Júpiter** consigo mismo, como lo hizo cuando teníamos alrededor de los nueve años. Ahora debemos trabajar relacionándonos mucho más con los demás, pero con más sabiduría; porque de pronto nos hemos dormido un poco esperando quien sabe qué, y en este momento hay que juntar medios y ayudas para continuar tras esa sensación de mayor libertad uraniana que de repente poseemos, pero que pueden estancar los aspectos de los otros planetas en cuestión. Como nos son muy importantes la adaptabilidad, las aptitudes, la cooperación, la curiosidad, el estímulo, la participación y la valoración intelectual, fluimos de nuevo con el medio ambiente; nos sentimos reanimados y a gusto; hemos hecho lo que había que hacer para que no fracasáramos, por lo menos al estudiar; lo congestionado se rompe y podemos continuar con nuestras ideas uranianas liberando nuevos potenciales, talentos, dones y aptitudes que exigen toda nuestra atención.

Júpiter, cuya misión es, entre otras, ampliar o crear oportunidades en la vida, está aumentando, incrementando y mejorando el brillo, la fuerza, la resistencia a las enfermedades, la vitalidad y lo que es expansivo en nosotros. Obviamente, en alianza con Venus, Júpiter nos ayuda a continuar exteriorizando la expresión del amor y a procurar creer y experimentar confianza en la vida, mientras vamos transformando nuestras aspiraciones, las creencias y los planes a largo plazo.

Seguramente el mundo influye cada vez más en nuestras reformas personales, y nos llega desde afuera un progreso positivo; pero, a la vez, **Saturno** se encargará de frenar y poner trabas a nuestro modo de andar por la vida, y tanto así, que ésta se nos puede volver una carrera de obstáculos divinos. Como es mucho más fuerte el aspecto que forma Saturno sobre el que hace Júpiter, Saturno dice que ahora están a prueba nuestros pasados 7, 14 ½ o 21 años de vida; y, por lo tanto, es el momento para querernos más, para no desesperarnos ni mucho menos echarnos a la perdición. Doblamos otra primera esquina importante de la vida adquiriendo la mayoría de edad -sin ser aún muy responsables- y la posibilidad de dejar la familia para pensar en echarnos la cruz a cuestas formando la nuestra propia.

Se puede decir que si la cuadratura es el "peor" de los aspectos, la cuadratura de acercamiento es la peor de las cuadraturas; siendo así, la de Saturno es la peor de las cuadraturas de acercamiento y por lo tanto el peor aspecto de todos los peores (tal vez equiparada sólo por la de Plutón a Saturno) Como estamos muy intensos desesperando a los demás, debemos poner mucho cuidado porque el destino nos llevará de nuevo, pero a la fuerza, de una forma ruda y sin contemplación alguna, por el camino del cual nos podemos salir. Nos atropellan cada vez más las preocupaciones emocionales, financieras, legales, de salud, las crisis, las frustraciones y los obstáculos que ahora traen la vida y las demás personas. Tenemos la idea de que hay que reforzar los lados débiles e inseguros, contraer y saldar deudas materiales y morales que nos pueden llevar a la cárcel, al hospital o al cementerio, si es el caso.

Como los demás nos están criticando y juzgando, debemos ser honestos con nosotros mismos y, si sabemos que eso lo hemos atraído por nuestro propio proceder, empezamos a aceptar las consecuencias de nuestros actos pasados; pues entre más queramos evadir la ley saturnina peor nos irá. Y no hablo solo de la ley humana: la ley divina también puede llegar en forma de muertes a nuestro alrededor, asuntos inevitables de salud física, emocional o psicológica. Por eso, en esta edad debemos revisar muy bien las bases sobre las cuales hemos estado parados en los últimos años; pues llega el momento de amistades, sociedades y matrimonios que empiezan (o finalizan si tuvimos hijos muy rápido); así como de fracasos profesionales y metas que no se alcanzan.

Con esta cuadratura debiéramos abogar por la autodisciplina, la conservación del tiempo y de la energía aplicada; así como aceptar lo que venga, acentuar y enfrentar lo que sea, mientras actuamos hasta estar completamente seguros de estar preparados para vivir esta etapa de nuestra vida. Es ahora cuando Saturno va a castigar y a purificar el alma a través de algún dolor y sufrimiento necesario, cuando no seguimos las reglas, precisamente, para que nos mantengamos en el lado correcto de la vida.

Es con este aspecto cuando debemos comenzar a desarrollar autocontrol, autodisciplina y un concepto muy valedero del ahora; la afirmación del sí; nuestra fuerza (interior) mediante el aislamiento y la actualización individual e íntegra del ser, al margen de todo lo que se nos oponga; una fuerte autosuficiencia; una verdadera sabiduría; la voluntad para afrontar cualquier obstáculo posible y para operar en el mundo. Saturno nos invita a despertar la superante ambición, el esfuerzo adquisitivo intenso y la persistente, incansable y laboriosa productividad. Queremos graduarnos rápido para empezar a producir exitosamente. Esta es una edad en la cual debemos liberarnos de formas de pensar antiguas, de las cadenas de los instintos y de la prisión de las pasiones que nos pueden desviar del camino profesional en el cual está más interesado Saturno, así como perseguir el cenit (camino recto) de lo más elevado.

Pero si Saturno se acerca en una cuadratura, **Neptuno** se aleja en una semicuadratura. La realidad saturnina y la irrealidad neptuniana, ambas en una aparente alianza contra nosotros. A los veintiún años debemos mantenernos muy alerta (percepción consciente) a las posibles plagas y tormentas que se ven a lo lejos con respecto a lo que es la realidad saturnina y cómo queremos neptunianamente que ésta sea. Es ahora cuando tenemos que adaptarnos y ceder por vez primera ante los sucesos y exigencias sociales del verdadero mundo de los adultos. Repito que Saturno y Neptuno nos pueden llevar a la cárcel, al hospital o al cementerio, si no hemos hecho caso a las leyes del primero y nos hemos dejado deslumbrar por los paraísos artificiales del segundo. De ser así, nos podemos despertar en una realidad que no era la que esperábamos.

Con esta edad y este aspecto de Neptuno, vamos a aprender a dominar la confusión, la hipersensibilidad y la inseguridad; a orientarnos en la vida por la luz de unos ideales; a renunciar, a sentirnos fuera de sitio y a tener acceso a nuestro potencial creativo innato, manifestándolo exteriormente de alguna forma. Podemos atisbar estados diferentes o superiores de conciencia, si nos introducimos -y podemos haberlo hecho ya antes- por el uso de plantas mágicas o de productos químicos. Es como entregarnos al cosmos sin saber qué recibiremos a cambio. Tal vez, lo mejor que podemos hacer con este aspecto de Neptuno, es usar la imaginación de manera positiva y constructiva para re-crear la personalidad y nuestra vida de acuerdo con un diseño más armonioso y satisfactorio. Precisamente, Neptuno quiere erosionar las definiciones y restricciones impuestas por Saturno en este momento; y minar las defensas de éste y los puntos de vista particulares, mientras preferimos expandir la conciencia, nuestras percepciones y en especial el aprecio que siente Venus por la belleza y el amor. Entonces debemos ser muy realistas, pues Neptuno indica el ámbito de vida y el campo de experiencia del cual tendemos a escapar; algo en nosotros se resiste a tomar responsabilidades.

Pero no podemos dejar de lado ni ignorar, la fuerza oculta de **Plutón** encerrada en nosotros, lista para estallar en el momento menos esperado. Esto produce el mantenimiento de la tensión activa que nos puede debilitar en el obrar y hacernos menos conscientes de lo esperado; todo ello genera conflictos que, si los sabemos aprovechar, nos permiten aumentar nuestra fuerza activa en el siguiente aspecto. Con Plutón sigue algo de la tendencia aquella de querer derramar sobre los demás toda nuestra insatisfacción, y esperar que ellos se amolden a nosotros; es, precisamente dicha actitud, quien atrae los resultados negativos hacia nosotros por parte de los demás. Hay una hostilidad sorda, una inadaptación muy real que nos motiva para descubrir otra clase de valores y a hacer los ajustes necesarios, interna y externamente, para salir así del percance que nos ata a la situación de tener la mayoría de edad. Es ahora cuando necesitamos de toda nuestra fuerza de voluntad y dominio sobre nosotros mismos, para no parecer como unos desadaptados sociales al estilo Urano. Uno cree que tiene la razón en medio de su irresponsabilidad y si estamos más interesados en ganar plata que en estudiar, no demoran en preñarnos…

Como Plutón desenmaraña temas complicados o laberínticos y aumenta la sensación de sensualidad y vitalidad corporal, así como permite obsesionarnos a través de algún deseo, debemos cuidarnos de la atracción sexual peligrosa, por medio del despertar espiritual y de la purificación. Plutón saca a la superficie todas las sensaciones escondidas; todo aquello que hemos mantenido oculto en lo profundo de nuestro ser y todos los pensamientos que deben ser eliminados para dejar sitio a otros nuevos; motivo por el cual está interesado, junto con Neptuno, en aniquilar totalmente la forma saturnina y todo lo viejo en nosotros. Plutón estalla, Neptuno diluye.

Esta es la edad del individuo que logra gran parte de sus primeras ambiciones, la independencia y la libertad; pero también indica un cierto exceso de confianza e impaciencia que nos puede hacer fracasar de una forma neptuniana. A estos años ya debe haber algo de elevación, de éxito, de honores, de progreso, de recompensas (kármicas) y victoria en general luego de largas pruebas físicas espirituales o materiales por parte del Universo mientras íbamos creciendo. Ahora somos dueños de alguna madurez y perfección saturnina; así como de cierta sabiduría divina que por alguna parte nos la ha aportado Neptuno.

**Vigésimo segundo año**        La **Luna Progresada** comienza su primer sextil de acercamiento con su posición natal. Es una edad crítica para las personas Piscis.

Realmente éste no es un año importante en cuanto a los aspectos; pero pasar sobre los veintiún años es dejar atrás un grupo de tres cuadrantes de años y cada cuadrante equivale a siete años. Aún el **Sol** y **Venus** nos prometen las delicias de los primeros años del amor carnal. Pero, mientras el Sol nos lleva a ser lo que tenemos que ser, necesitamos seguir transformando la identidad y la modalidad de expresión de nuestra energía creadora. Por su parte, Venus ayuda en ello instándonos a armonizar discordias externa y con nosotros mismos; a la vez que continúa poniendo nuestra esencia en compañía satisfactoria a través de las relaciones personales y sociales. Como Venus sabe qué es lo que nos hace felices, Júpiter y la Luna, ambos haciendo aspectos favorables, nos ayudan alejándonos de la conflictiva edad de los veintiún años.

Júpiter sigue acompañado el despertar uraniano de una nueva conciencia y la buena suerte, mientras salimos de los juicios y sueños falsos que nos mostró Neptuno en la edad anterior; obviamente aún nos rondan los desastres, engaños, errores de criterio, exceso de confianza e ilusiones falsas, pero poco a poco vamos dejando un paquete de edades que se cierra al cumplir los veintidós años; es decir, tres cuadrantes de nuestra vida. No sobra la cautela y la vigilancia, mientras nos apoyamos en la agresividad de espíritu que nos permite cambiar las cosas. Año tras año Júpiter va potenciando de forma activa e independiente la confianza en nosotros mismos, la fe en la vida, el valor y la evolución personal en cualquier situación. Tenemos más dominio físico sobre nosotros mismos y, en especial, en lo emocional; ya podemos reconocer en nosotros a alguien con algún arte o maestría; somos una persona cultivada con diversas responsabilidades y con una sabiduría incipiente pero práctica.

Como Júpiter amplifica todo lo que toca para bien o para mal, y en este caso para bien, cada vez absorbemos de nuestro mundo interno más información o tenemos inquietudes espirituales o filosóficas que nos hacen bucear en nuestra psiquis y aún en temas como regresiones, otras vidas, estados alterados de conciencia, etcétera. Dichos temas nos hacen sentir cómo crecer para fundirnos con la humanidad y el cosmos entero, de una manera no tan rebelde o caótica como nos lo indicaba Urano. Ahora las cosas pertenecientes al estado de ser humano se resuelvan por sí mismas, y por la fuerza de gravedad del término de ese gran ciclo de la edad anterior.

Mientras Júpiter nos abre puertas en la conciencia, la **Luna Progresada** continúa acompañando a Venus en nuestro crecer y desarrollo emocional. Es decir, tenemos otro nivel de comprensión, mayor objetividad, nuevos potenciales y una nueva oportunidad de abordar los sentimientos; sentimos ansias por aprender y conocer, más confianza y una sintonía natural y automática para reorganizarnos bajo la comprensión, la elaboración de estrategias y habilidades concretas para alcanzar ese crecimiento continuo que nos hemos propuesto. Una vez más estamos aptos para que el mundo influya en nuestras reformas personales, llegándonos desde afuera un progreso emocional positivo que influye en el logro de nuestras metas profesionales. Como después de los veintiún años viene algo de calma y tranquilidad -aún con la familia- entonces reconsideramos los temas hogareños y tratamos de estrechar lazos emocionales con todo el mundo; asunto que continuará con los mismos actores, pero bajo otros aspectos en la siguiente edad.

**Vigésimo tercer año** **Júpiter** comienza a regresar por segunda vez a su posición natal; mientras la **Luna Progresada** comienza su primera semicuadratura de acercamiento con su posición natal.

El Sol y Venus siguen siendo compañía para Júpiter y la Luna; el primero con el Sol y la segunda con Venus. El Sol continúa indicando nuestro estado de crecimiento, qué expectativas tenemos y cómo vemos la vida. A su vez, Venus sigue expresando afectos, armonía y belleza; favoreciendo la igualdad, el sentido de la justicia en el amor; y fomentando la autoestima y nuestro disfrute a largo plazo como amantes. El Sol y Venus nos están vitalizando a partir de experiencias ligadas al placer y el goce.

Esta edad es muy importante pues **Júpiter**, al igual que lo hizo por primera vez cuando teníamos de once a doce años, comienza ahora a cerrar su segundo ciclo de vida, que abarca hasta la siguiente edad. Con su segundo retorno, Júpiter aportar compasión, esperanza, espiritualidad, fama en algo y honradez; así como el descubrimiento de las satisfacciones sustanciales. Ahora, avanzando en los estudios universitarios, podemos ver una esfera de la vida en la cual podamos ser útiles; así como comprender un estilo de vida superior. Júpiter denota el terreno en el cual, de ahora en adelante y de forma natural, tenemos buena fortuna por lo que estamos aprendido; además fomenta la investigación de diversas culturas y los viajes largos.

En este momento hay un desenvolvimiento afortunado y muchas cosas que podemos terminar: la universidad, una etapa de trabajo, salir del hogar, casarnos, ser padres; sea lo que fuere, Júpiter nos invita a ampliar nuestra área de influencia, a no ser pasivos ni a esperar que las cosas sucedan. Es una muy buena época para viajar conociendo otros mundos o para estar ubicados en el extranjero trabajando o estudiando algo de nuestro interés. Queremos actuar y proyectarnos buscando un cambio personal; pero como aún hay una cierta falta de objetividad que nubla la percepción que tenemos acerca de nosotros mismos y las demás personas, no debemos dejarnos vislumbrar por las exageraciones de Júpiter.

Ocuparse de la prosperidad y de la forma de ganar dinero a través de la suerte y de pensar en grande, significa que podemos recibir ayuda por parte de los demás; así como tener éxito y protección en todo sentido y, en especial, por parte de personas que tengan autoridad sobre nosotros o estén en mejor posición social. Júpiter nos proporciona amplitud de miras, confianza, entusiasmo, fe, fuerza, iluminación espiritual, justicia, lealtad, optimismo, sabiduría y seguridad para actuar. Y, gracias a ello, ésta -y la siguiente- es una edad para generar impulsos, emprender nuevos comienzos y comprender que es del mundo externo de donde obtenemos la información necesaria para interiorizarla en nosotros. Pero, como ahora hay un ansia de trabajar por el bien de toda la comunidad y, a la vez, una tendencia a comportarnos como si fuéramos Júpiter, es necesario que conozcamos lo bueno y lo malo de él mismo; pues Júpiter siempre trae abundancia de lo uno o de lo otro.

La **Luna Progresada** nos puede aguar la fiesta jupiterino-venusina, puesto que emocionalmente aparecen dificultades para conseguir lo que nos proponemos y esto nos pone irritantes y nerviosos. Como la Luna genera fricción y afecta el honor y los estados morales, debemos mantenemos alerta y meditar en la importancia de lo que queremos lograr con nuestra acción emocional; hay la posibilidad, además, de que no reconozcamos el mal que producimos en los demás.

Por tal motivo, pueden nacer en nosotros deseos de querer ayudar a otros seres y participar en sus problemas de acuerdo a nuestro nivel de ser y punto de vista pero, por el aspecto, podemos errar al hacerlo. No hay que olvidar que la Luna representa los sentimientos arraigados en nosotros y por ello, acaso, nos asalte un estado de impotencia emocional al ver cómo los demás no nos aceptan con nuestras "brillantes" ideas. Pero como la fuerza de cohesión con ellos es superior a nuestras fuerzas, comenzamos a recapacitar en cual es el mejor modo para que los otros nos acepten.

La Luna sigue impulsando nuestra tendencia gregaria e indicando las contingencias emocionales del destino que estamos viviendo; y, como nos señala en qué podemos sentir más inseguridad, tenemos que ocultar o por lo menos manejar nuestras ansias de dominar a los demás y emitir juicios prematuros. Es decir, no debemos ser tan jupiterianos.

**Vigésimo cuarto año**　　Continúa viva la segunda conjunción de **Júpiter** sobre su posición natal.

A pesar de la advertencia anterior de no ser tan jupiterianos, esta edad continúa con Júpiter de la mano del Sol mientras comienza a despedirse Venus. Ya sabemos cuales son nuestros gustos sexuales-emocionales y lo sabemos desde hace rato. Y si no, pregúntenle a la Luna Negra cuando andábamos cerca de los diez y ocho años... Como ya no necesitamos más a Venus, porque ya sabemos quién es ella; hasta aquí nos lo dijo y el resto de la vida es para hacer la tarea que nos puso ¿Cuál? Pues de las del tipo que pone Venus: las del amor y la atracción.

El Sol nos informa cada vez con más fuerza acerca de las pruebas que tiene que pasar nuestro héroe interno; y propicia la iniciativa sobre ascensos, asuntos de dignidad y gobierno, honras y mejoras en general, a una edad en la cual debemos estar terminando estudios universitarios o trabajando en alguna empresa o lugar en el cual buscamos brillar. Ya él nos debe haber revelado en donde está arraigada la conciencia, y de qué campo de actividad y ser se deriva nuestro poder, vicios y virtudes personales.

Mientras tanto, Venus sigue anunciando amores felices, ayudas, éxito material, recompensas kármicas y triunfos en general, mediante el arte y todos los temas profesionales femeninos. Como ya debemos poseer algún carisma, hay que cuidarnos de los abusos de cualquier tipo, de la arrogancia jupiteriana, de la autoindulgencia, del egoísmo, de la promiscuidad venusina y de las tentaciones en general.

El aspecto de **Júpiter** es una continuidad de la edad anterior y, por lo tanto, saber abrirse hacia la gracia es parte de una cierta influencia espiritual favorable. Comprender mucho de la vida filosófica o continuar el camino de búsqueda en algún grupo de crecimiento personal, nos ayuda para aliviar la carga kármica y compensar antagonismos en nosotros mismos y con las personas a nuestro lado. Debemos emplear el tiempo y la energía en complementar eficaz y utilitariamente los más dispares afectos, ideales e intereses personales. Se continúa expandiendo nuestra personalidad a una edad en la cual nos interesa hacer las cosas a lo grande, y que reinen el orden y la prosperidad en nuestras vidas.

Júpiter nos indica cómo entregarnos a los amigos, familiares y seres queridos; así como el desarrollo de la sensibilidad síquica inferior y superior. Como algo en nosotros quiere liberarse de las restricciones de la materia y del pasado, y también de las rígidas definiciones del tiempo y del espacio, Júpiter nos ofrece las mejores oportunidades para mejorar nuestras circunstancias de vida y para que empecemos a soltar asuntos ya cristalizados o alcanzados; como por ejemplo, los estudios universitarios.

**Vigésimo quinto año**     **Júpiter** comienza su tercer sextil de alejamiento con su posición natal; mientras **Saturno** hace su primer sextil de acercamiento a su posición original y **Urano** inicia su trígono de alejamiento consigo mismo. La **Luna Progresada** hace su primer semisextil de acercamiento con su posición natal.

El Sol se ha quedado solito como regente de las edades hasta los veintisiete años. Ahora, en un año de nuestra vida en donde todos los aspectos son positivos, y cuando empezamos a brillar con luz propia en alguna área social (Júpiter-Urano) y familiar (Luna) de nuestra vida. Queremos comenzar a administrar el poder en términos de equidad y honor, porque nos estamos valorando más debido a que ya debemos saber alguna profesión, arte u oficio determinado. Cada vez más queremos crear y ser; comenzar a estabilizarnos en una posición prestigiosa y ser reconocidos. Claro, el Sol hace que alcancemos dominio sobre nosotros mismos; que seamos vistos como alguien que emana autoridad, fuerza y poder, aun cuando sea de manera incipiente. Podemos empezar a provocar algún tipo de impacto social según nuestra identidad; al menos en la sociedad cercana en la cual nos desempeñamos.

El aspecto de **Júpiter** le gusta al Sol y nos permite vivir esta época como una edad de otra clase de aprendizaje. Seguramente hemos encontrado el buen juicio y algunos éxitos mundanos (no necesariamente financieros) que nos favorecen gracias a nuestra experiencia, sabiduría espiritual y superación de las desilusiones emocionales tan frecuentes en esta edad. De pronto estamos aún muy jóvenes para conseguir lo inalcanzable, pero ahí vamos creciendo. Sin embargo, como Júpiter nos informa acerca de nuestras ilusiones, los sucesos y la suerte en general, estamos dando los pasos correctos hacia ella; tan sólo hay que estar pendientes de la tendencia a extralimitarse. Afortunadamente Júpiter inspira ideas de expansión, generosidad, justicia y, también, de moderación.

Desde ahora va surgiendo en nosotros un ansia de poder administrativo, civilista, financiero, gubernativo y legislativo, porque Saturno está involucrándose con Júpiter, propiciando juntos lo relacionado con asuntos monetarios, créditos, cuestiones judiciales y religiosas y nuestro propio bienestar. Pero hay que saber -y aprovechar- reinar con prudencia sobre el conjunto de nuestra personalidad, pues Júpiter sirve de mecanismo compensador de la presión saturnina y de vehículo a la expansión solar.

Como **Saturno** dice que es el momento para que otras personas nos busquen para proponernos asuntos materiales muy convenientes, hay que escuchar las propuestas que nos hagan en asuntos como bienes raíces, construcción, temas legales, etc. Sea lo que fuere estamos dejando que otras personas nos incluyan en sus planes, pues así se concreta todo aquello que significa de positivo Saturno; además, como comienza a haber más estabilidad, seguridad y confianza, hay un cierto descanso que trae buenas noticias de parte de las personas que nos están buscando debido a la experiencia y sabiduría que, aun cuando apenas está empezando a aparecer en nosotros, ya poseemos en algún asunto en particular. El tiempo está de nuestro lado, pero debemos ser pacientes porque los resultados demoran un poco en verse y la edad aún habla de inexperiencia.

Saturno comienza a abrirnos la puerta de la oportunidad y del sendero de algún tipo de iniciación. Es como si él fuera ahora el gobernante de la función solar interesado en que administremos y ajustemos mejor el tiempo y lo que somos; asunto que puede darnos un sentimiento de identidad más sólido. Tenemos que adquirir y buscar una profunda comprensión de todo aquello que concentra nuestra atención. Tampoco hay que olvidar que como a Saturno le interesa capacitarnos para salir de la oscuridad a la luz, debemos construir con eficacia la estructura de la propia vida, aquí y ahora.

Hemos comenzado a definir nuestros objetivos y lo que está parcialmente formado en nosotros; mientras Saturno denota nuestra área de colaboración y compromiso social personal, la cual debe ser apoyada y respetada por el resto del mundo. Como estamos aprendiendo que hay un tiempo para cada cosa y a entrar en comunicación con todo aquello en lo que queremos convertirnos, también nos vamos a esclavizar ante las necesidades. Cada vez evolucionamos más de lo personal a lo impersonal, y de lo concreto y práctico a lo abstracto y teórico; mientras Saturno nos va pidiendo hacer algo que asegure resultados sólidos y confiables. Y con él no podemos tener afanes, porque le gusta hacer las cosas sólo cuando estamos preparados para ello, y en experiencias muy sólidas y reales; también le encanta hacer que la mente se refrene y que la personalidad sea menos fluida, más concreta y sólida.

Mientras Saturno nos indica nuestro destino, nos vamos a impulsar hacia adelante y a tomar una mirada realista y responsable de las cosas; él sabe cómo obtendremos la excelencia o maestría en el trabajo; en donde hay que trabajar; el miedo que impide satisfacer nuestras ambiciones; en donde nos afligen sentimientos de inferioridad, presión y timidez; la esfera en donde tenemos que solucionar viejos problemas y superar inhibiciones y temores que provienen del pasado; la fase entre el animal y Dios en nosotros; la mayor exigencia de esfuerzo y sacrificio; las áreas de la vida en donde las cosas no llegan fácilmente; en las que vamos a experimentar grandes lecciones; y aquellas que necesitan disciplina, estructura y forma. Es decir, comenzamos a vivir de la poca experiencia que tengamos.

Es como si de ahora en adelante nuestro objetivo fuera lograr el cumplimiento y obtener la completa autonomía, autoridad, dominio sobre nosotros mismos y que a la vez mantengamos dicha conquista. Debemos lograr la excelencia y llevar a cabo el plan punto por punto hasta el autoconocimiento y la integración personal; así como todos los oficios desagradables desde el punto de vista de la protección. Porque no todo nos ha de gustar, pero es nuestra obligación hacerlo, pues de algo tenemos que vivir; hacerlo nos puede llevar a una nueva y plena apreciación de nosotros mismos desde el fondo del alma. Al fin y al cabo lo que le interesa a Saturno es madurar nuestra conciencia para nuestro progreso evolutivo gracias a lo aprendido hasta ahora.

Una vez más Saturno nos empieza a mostrar cómo son realmente las cosas desde un punto de vista objetivo y práctico; nos deja ver el costo de nuestras acciones y deseos; el valor de aquello que nos pertenece y del trabajo, así cómo la importancia que tenemos en el mundo que nos necesita; la influencia de la necesidad de nuestras vidas; la naturaleza verdadera del plano material y las limitaciones; la realidad del mundo material y una resistencia que se debe superar para poder ocupar nuestro lugar en ese mundo. Y como ya Venus nos ha abandonado, aprendemos a separar la mente de los sentimientos personales y las emociones de las sensaciones.

A Júpiter y a Saturno los escolta un importantísimo trígono de **Urano** que nos acompañará por lo menos dos años más y por única vez en la vida. Como Urano rige los movimientos revolucionarios o subversivos el estímulo y la excitación, comienzan a afectarnos los cambios políticos, lo dictatorial y la frialdad en las relaciones. Saturno nos quiere concretar, mientras Urano nos quiere liberar o, al menos, que liberemos la energía contenida en nosotros por Saturno. Pero hay que tener cuidado, pues si nos alejamos de la prudencia de Saturno, Urano nos trae separaciones y sorpresas desagradables; como llegar a ser papás o mamás sin desearlo. Y como Urano quiere desbaratar el ordenado mundo de Saturno y empujarnos más allá de las barreras saturninas, debemos ir hacia un desarrollo más allá de los límites físicos, de los modelos tradicionales de pensamiento y hacia un nuevo modelo de realidad. Urano está poniendo en duda todo lo relacionado con Saturno y, por lo tanto, quiere quebrar la estructura normal de la realidad, así como realzar nuestra capacidad de sintetizar información.

Precisamente, como estamos alrededor de graduarnos de la universidad -si es que ya no lo hicimos- es el momento para comenzar a agrandar nuestra esfera de influencia, para obtener más progreso y nuestra realidad más concreta. Entonces, buscamos caminos poco conocidos por nosotros, mientras nos desprendemos cada vez más de lo que es la familia, lo familiar o lo que pueda estarse avejentando en nosotros. Estamos elaborando otros planes, las cosas nos sorprenden por lo inesperado, buscamos nuevas oportunidades, observamos las ventajas que nos trae la vida ahora que estamos terminando la universidad o trabajando juiciosamente. El mundo nos ha cambiado, estamos en un corre corre, en un acelere lleno de distracciones, sintiendo ansiedad y angustia por descifrar el destino y lograr metas. ¿Pero hacia donde vamos?

Urano quiere abrir la puerta a la mente inconsciente colectiva, y que agudicemos la percepción, mientras aporta un afán evidencial, verificador y vivencial de la realidad trascendente mundial. Hacia allá vamos y por eso estamos actualizándonos constantemente en medio de una búsqueda sin respuesta y en temas modernos, esotéricos, humanitarios; ahora somos más libres internamente y, como tal, nos sentimos como queremos para iniciar tareas, irnos de casa, hacer familia, mudar en todo sentido. Estamos revolucionando nuestra forma de pensar siendo mucho más atrevidos y originales, pero sin estabilidad segura en lo emocional.

Como con Urano estamos cambiando constantemente el rumbo, debemos aprender a confiar en el futuro, y establecer nuestra verdadera solidaridad humana en la convivencia social. Ahora hay que empezar a mezclar la información recopilada para formar un todo nuevo y sólido. Urano, que nos quiere movilizar para que nos superemos, nos va a mostrar el área para aplicar nuestra capacidad de innovación y el ingenio; así como una realidad superior.

Pero la **Luna Progresada**, con su primer semisextil de acercamiento, puede echarnos encima responsabilidades emocionales y familiares que van en contravía con los deseos de Urano. El uno nos invita a abrirnos, la otra a encerrarnos. La Luna va a influir en nuestro mundo interno con inquietudes emocionales que nos hacen bucear en nuestra psiquis y aún en temas como estados alterados de conciencia. Ya advertí que Urano puede traer sorpresas desagradables; y si la Luna progresada nos inclina hacia la fecundidad, la maternidad, la nutrición, el romanticismo y la sensibilidad, es probable que nos ronde un hijo. Debemos, entonces, responder ante la vida con cautela.

Nuestra juventud nos hace aceptar algún tipo de sacrificio o martirio que sea necesario con tal de dejar implantada la semilla de algún ideal. Para ello tenemos que aceptarnos humildemente tal como somos. Como algo en nosotros anda entre el pasado y el futuro, a ciencia cierta no sabemos qué nos sucede. ¿Cómo atar los cabos sueltos? ¿Será que hay que cambiar nuestra consciencia y comprometernos con el futuro social que aporta transformación? Como ahora hay que concluir una gran cantidad de situaciones emocionales en nuestra vida, la Luna nos hace sentir cómo crecer para fundirnos con la familia que hacemos o con la humanidad y el cosmos entero al cual pertenecemos; porque ahora las cosas pertenecientes al estado del ser humano nos importan cada vez más, por la fuerza de gravedad del término de un gran ciclo: dentro de no mucho tiempo Saturno regresará a su sitio natal.

**Vigésimo sexto año** Está la **Luna Negra** comenzando su tercera conjunción por tránsito consigo misma; mientras **Júpiter** su tercera cuadratura de alejamiento consigo mismo.

Continúa el Sol invitándonos a buscar y basarnos cada vez más en nuestra propia luz; y más ahora, cuando está interesado en realizarnos -más al hombre- como maridos y padres. Pero, como complemento de ello, la **Luna Negra**, que hace tomar conciencia a la mujer de su potencial viril y al hombre de su feminidad profunda, no quiere vernos felices como lo hizo a los diez y ocho años (y más aún si somos una mujer-madre) El conocimiento profundo de aquellas energías que dominan nuestro cuerpo nos llenan de desconfianza; algo nos dice que sigamos con las responsabilidades del estudio, la profesión y el trabajo, pero otra fuerza que nos lleva a llenarnos de obligaciones emocionales, de descontrol, de desdoblamiento y despersonalización de la personalidad, y que ha de hacer todo lo opuesto al yo consciente, nos puede llenar de indecisiones emocionales. Como debido a lo discutidores que podemos ser en esta edad, esto nos permite generar impulsos y nuevos comienzos apasionados sobre el mundo externo, la Luna Negra está interesada en expresarse negativa y emocionalmente a través nuestro; y no olviden que nos comportamos en secreto según lo que ella signifique en nuestra carta astral natal.

Por su parte, la cuadratura de **Júpiter** tampoco ayuda mucho para encontrar y definir el camino. Tal vez ya nos graduamos pero nadie nos contrata; o, mientras lo hacen, nos correspondió trabajar en lo que fuera porque hay que sostenerse y... ¿uno o dos hijos? Todo depende de las exageraciones, extravagancias y autoindulgencias en que hayamos incurrido con anterioridad. Queremos controlar nuestro propio universo, cuando aún no tenemos la edad ni la experiencia para hacerlo; es más, por esta época tenemos que enfrentar la verdad o, al menos, algún tipo de verdad personal.

Hay personas que a esta edad desarrollamos cierta clase de compasión e inegoísmo o algún tipo de poder, gracias a nuestro afán de querer ayudar al prójimo; sin embargo, es un momento que contiene desilusiones, fracasos y peligros atraídos por nuestras incongruencias o por no sabernos asociar con otras personas; tal vez nos fuera mejor por la vida si trabajáramos de forma independiente. Como aquí pagamos esos errores emocional o económicamente, hay que tener mucho cuidado con las falsas expectativas y no ser como la rana que se infla hasta reventar. Si lo personal privado y lo legal, se han venido en contra nuestra, es el momento para aprender a adaptarnos, antes de que nos lleguen los veintiocho años de edad.

**Vigésimo séptimo año**      **Júpiter** comienza su tercer trígono de alejamiento con su posición natal; mientras la **Luna Progresada** comienza su primera conjunción con su posición original para iniciar su segundo ciclo.

Tiendo a pensar que de los 27 a los 30 años hay una especie de "paquete de años". Seguimos bajo la regencia solitaria del poderoso ojo del Sol, quien quiere aguzar la conciencia de los límites a los cuales nos estamos acercando.

Cuando **Júpiter** hace un excelente aspecto de alejamiento consigo mismo, si logramos sortear las dificultades anteriores, entonces a partir de ahora cosechamos lo que queríamos o lo que se pudo; y eso genera ayudas, creatividad, facilidades y oportunidades gracias a los esfuerzos acumulados. Pero cuidado con dormirnos sobre nuestros laureles; pues aun cuando el año entrante se cumple una de las épocas más importantes de nuestra vida, sus efectos comienzan a sentirse desde ahora. En este momento nos sirven nuestros patrones de conciencia y la comprensión espiritual, para saber cómo ser estando motivados para ello. Júpiter nos está ayudando a concebir y a lograr un nuevo orden, antes de que sea demasiado tarde el año entrante; hoy nos concede un atisbo del significado y la totalidad que hemos de empezar a experimentar próximamente; quiere insuflarnos facultades estimulantes, intelectivas y plasmantes.

A esta edad hay que sumarle los efectos del primer retorno de la **Luna Progresada** a su lugar natal; y eso tiene que ser algo importantísimo, porque sólo ha de suceder unas tres veces en la vida y ésta edad es el inicio de la primera de ellas. El control emocional se sale de madre pues con cuánta frecuencia es por esta época cuando normalmente somos padres o madres. Ahora sentimos las emociones crecer con más fuerza porque ya debemos estar ganando algún sueldito; y, a pesar de que nunca ha dejado de serlo, la familia vuelve a ser muy importante para nosotros. Los consejos de mamá, la experiencia de papá… Talvez ellos sí tenían razón, y eso lo comprendemos ahora que seguramente somos o estamos cerca de ser padres o madres.

No hay que olvidar que la Luna nos informa acerca de nuestra capacidad reproductiva y de cómo nos llevamos con las demás personas. Continuamos así desarrollando nuestra autoridad emocional; a sentirnos con más coraje en el corazón; a caer bajo los encantos de tener el propio hogar y a estar seguros de nuestras facultades creativas; tal vez pensamos que hemos empezado a dar los primeros pasos para construir nuestra fortuna, con ideas propias, con imaginación, con un intelecto enfocado en planes originales que nos permiten ansiar alguna clase de poder y recompensa kármica en general, basados en desarrollar la sensibilidad de la videncia imaginativa.

Este aspecto nos permite adquirir un sentido de, y tomar conciencia de nuestra propia identidad y de nuestras aspiraciones. La Luna está interesada en afilar, perfeccionar y pulir nuestros conocimientos instintivos, para que aprendamos a vivir en un nuevo cuerpo físico, social y familiar. Como los cambios son fundamentales en todo sentido, debemos dejarnos guiar por nuestros instintos. Todo eso es cierto y fundamental, porque, además, se nos viene encima una tremenda edad saturnina, la edad que cumplimos en el próximo año.

**Vigésimo octavo año** **Júpiter** comienza a regresar por tercera vez a su oposición con su posición natal; cuando los **Nódulos Lunares** están en su segunda oposición transitada consigo mismos, y **Saturno** regresa por vez primera a su posición natal. **Neptuno** y **Plutón** están en su único sextil de alejamiento con su posición original.

A los veintiocho años, cuando comienza el primer paquete de aspectos planetarios más importante de nuestra vida, entra un nuevo personaje en el escenario de nuestra vida: Marte. El valeroso guerrero ha de acompañar en su regencia al Sol durante varios años por delante (hasta los cuarenta y dos) Pareciera, entonces, una larga etapa de brillo y virilidad o de reinado y logros de cualquier tipo. A partir de ahora y con más fuerza que antes, comenzamos a buscar el otro ego consciente, el "yo" personal reflejo del nuestro; y ojalá el Sol nos confiera la paz que viene de la fe y de la visión espiritual, para tal vez así contrarrestar el tenaz aspecto de Saturno que dura, al menos, dos años por delante.

Necesitamos estar muy informados acerca de la capacidad recuperativa y regenerativa de nuestro organismo e irradiar el espíritu; pues es el Sol quien permite que cada uno de nosotros deje una huella en el mundo; mientras que, junto con Saturno, van a poner orden a partir del caos mediante la imposición de la voluntad. Precisamos reconocer urgentemente que somos individuos separados y únicos; y expresarnos con más belleza, claridad y verdad en una convivencia jerárquica superior. No olviden que el Sol rige la actitud moral, el corazón y la voluntad; que representa cómo es nuestra fuerza creadora, la individualidad, el mundo interior, el poder dador de vida y el propósito consciente de ella.

Pero he advertido que a partir de esta fecha, y por los próximos catorce años, Marte le dará apoyo y le hará compañía al Sol, para contrarrestar los efectos de Saturno. Marte comienza abogando por el derecho que tenemos de ser, invitándonos a adelantarnos a todo tipo de rivales que podamos tener; a que afrontemos y nos sobrepongamos al enemigo en nosotros mismos, y a que encaremos valientemente los retos internos y externos. Marte anuncia la desdicha de los hombres pacíficos y una etapa importante de nuestro proceso evolutivo. Entrando en escena y desde ahora mismo, Marte quiere aportar capacidad de comando, conducción, ejecución, energía, fervor, movimiento, pasión, vehemencia y virilidad a todo lo que toque; así como ruido a la vida que nos rodea.

Como está avivando la subida de la savia en la juventud, nos brinda la libertad para utilizar nuestras energías instintivas de sobrevivencia y reproducción, como más lo creamos apropiado. Insiste en que ha llegado el momento de convertirnos en el actor de nuestra propia vida y poner las ideas en acción; que tenemos que definir el poder de compromiso específico capaz de inspirar la autoasertividad productiva y el Yo, proporcionándole una forma concreta. Pero hay que saber hacerlo con cuidado, y sin olvidar el aspecto que hace Saturno; porque Marte, que nada sabe de frenos, determina los anhelos amorosos, la combatividad, los deseos violentos, la energía, los impulsos dinámicos, los odios, la rebeldía, las rivalidades y la tensión de la cual disponemos. Por eso hay que aprender a dirigir conscientemente nuestra agresividad y la fuerza de voluntad, hacia un objetivo legítimo o válido; y la energía solar del Ego hacia afuera.

Marte nos enseña a enfrentar la vida y a engrandecer el gusto por la personalidad y el espíritu, como nunca antes lo habíamos hecho. De aquí en adelante y por los años ya dichos, estimulará constantemente nuestro egocentrismo, nuestro presente y la agitación permanente para vencer a Saturno. Obviamente va a excitarnos física y sexualmente; ha de exigir el reconocimiento abierto del poder individual, y a exteriorizar las necesidades de realización del yo y edl valor interior. Marte hará frente a los conflictos psicológicos internos y que las acciones sean bruscas e intensas, mientras comienza a indicarnos cómo, qué y en donde utilizaremos nuestra fuerza; el área de la vida en donde se inician los nuevos negocios; el escenario en el cual actuaremos para conseguir nuestros objetivos, y el método específico para manifestar esa autoasertividad aceptada por los demás. Marte va a medir nuestra habilidad para disfrutar de la vida, y nuestro valor en logros externos; él sabe lo que queremos en la vida y cómo ir tras ello.

El Sol y Marte representan nuestro grado de voluntad, nuestros sentimientos y pasiones respectivamente; ambos no sólo son los principios masculinos del animus, sino que exigen el reconocimiento abierto del poder individual de cada quien, así como nuestra búsqueda del éxito. En pocas palabras, Marte nos ha de ayudar a vencer las dificultades y cuantas cristalizaciones de afectos, ideas o intereses dificulten el libre fluir de nuestro progreso solar.

Pero la importantísima edad de los veintiocho, también se inicia con la oposición de **Júpiter** a su lugar natal; tal como la tuvimos por última vez a los diez y siete, o diez y ocho años; tan sólo que ahora nos insertamos mejor en la sociedad y en el ambiente que estamos comenzando a crearnos. Está culminando un proceso (el Karma) que se inició en la conjunción, entre los veintitrés y los veinticuatro años. Ahora revisamos nuestra vida para sembrar y continuar con los ajustes; o damos por terminada la cuestión y definimos qué es un obstáculo (Saturno) que tenemos que afrontar (percepción consciente) Hay que conciliar en nosotros mismos la oposición de Júpiter y la conjunción de Saturno; es decir, lo que en nosotros está separado en dos.

Esta edad es un momento de toma de decisiones fundamentales, desequilibrios, dolencias emocionales y reacciones a iniciativas que nos llegan por parte de otras personas; y, por tal motivo, no es el mejor tiempo para crear el sueño que queremos realizar. Lo máximo que podemos hacer es aprender a desarrollar juicios verdaderos, a equilibrar diferencias y a mantener la fuerza expansiva de Júpiter, controlada por Saturno; porque ambos nos están instruyendo acerca de la existencia y naturaleza de la Ley de Causa y Efecto. Estamos comenzando a participar en la creación de algunas de las leyes que utilizan ambos planetas para regir nuestro universo personal. Ni muy allá, ni muy acá y, en ese sentido, debemos

EDADES ZODIACALES DEL SER HUMANO

tomar la defensa de las leyes y más de aquello que podemos absorber. Y, como si fuera poco, los **Nódulos Lunares** han vuelto a oponerse mutuamente tal como sucedió en nuestros lejanísimos nueve años de edad. Es una época para atraer personas y oportunidades que nos benefician y activar aptitudes dormidas, mientras algunas personas van influyendo en nuestra evolución y crecimiento, para quedarse con nosotros por un buen tiempo, si es que no de por vida. El Nódulo Norte nos ha de ayudar a ejercitar el heroico principio solar y la voluntad; así como a enfocar la futura evolución, las habilidades y las técnicas que debemos desarrollar. Para lograrlo, el Nódulo Sur nos ayuda a eliminar los desechos de los contenidos de la vida luego de haber asimilado lo necesario. Ahora es muy importante hacer conciencia de las cosas por las cuales nos sentimos aprisionados, incomprendidos o rechazados, y lo que se debe superar.

Estamos comenzando de nuevo y, tal vez como nunca en la vida, el ascenso hacia una meta lejana; pero entonces, si vamos adquirir nuevas riquezas de cualquier tipo, tiene que ser pagando un precio. Pero ese tema lo dejo para la primera conjunción de **Saturno** consigo mismo.

Como Saturno es el planeta que produce los aspectos más difíciles, este es uno de los momentos más importantes de nuestra existencia. Espejito, espejito ¿quién he de ser ahora? Obviamente cada retorno saturnino tiene sus reflexiones y responsabilidades, en donde lo único en común son las cristalizaciones, cruces a cuestas que nos echamos encima, el mirar atrás las etapas de la vida que se mueren, para que otras nazcan, y así podamos valorarnos y seguir creciendo de una forma saturnal llena de correcciones, iniciaciones, esfuerzo continuado y madurez; atándonos a problemas de orden muy práctico. Cuando Saturno transita sobre su propio emplazamiento natal, es cuando podemos ejercer el mayor "libre albedrío" posible.

Sin olvidar que los tránsitos más destructivos, llenos de penurias y vejaciones, son los de Saturno (llamados la Noche Saturnal), esta edad nos insta a repasar y a revisar lo que ha sido toda nuestra vida; a ajustar y a evaluar lo que queremos hacer con ella de ahora en adelante; y a constelar en nuestra propia psique lo que Saturno representa natalmente, con el fin de que emerja a la conciencia. Entonces, es época de toma de importantes decisiones, de cambios fundamentales en la vida profesional, emocional, física, espiritual, etcétera. Como hay más responsabilidad y seguridad, debemos pararnos muy firmemente con los pies sobre bases muy sólidas; pues así lograremos mayor estabilidad en toda nuestra vida. Saturno quiere liberarnos de aquello que nos estorba; pero el problema estriba en que tal vez es a eso, a lo que estamos más firmemente agarrados o identificados.

Ahora bien, si hay más ataduras a problemas prácticos, o si uno se ha desviado del camino, cuando Saturno transita por conjunción sobre su posición natal -todo un período de reevaluación- eso significa que tenemos que hacer más esfuerzos morales con aplicación y ahínco, para afrontar el caos, la desorientación, el dolor y nuestra propia sombra; porque, de todos modos, alguna clase de desgarramiento habrá de mostrarnos cual es nuestra implacable realidad saturnina, mientras conquistamos un nuevo estado de ser. Como los ciclos más importantes de Saturno consigo mismo, marcarán los tiempos para la depresión y la pérdida de la autoestima, hay que aprovechar la edad para transmutar la conciencia y reconocer los verdaderos valores que hay ante y dentro de nosotros mismos; es como cuando el feto deja de consumir líquido amniótico y el gusano de comer hojas, porque el primero va a mamar y el segundo a volar…

Una última recomendación: en esta edad nunca debemos pelear contra Saturno mientras éste… nos mata. Él no castiga siempre y cuando uno no se salga del camino… Pero, en definitiva, a esta época, en el primer ciclo (madurez) el niño-a que éramos llego a su fin y, por lo tanto, es el momento para que se fragmente la personalidad y así podamos ser autosuficientes, cambiar de corteza, confiar sólo en nosotros mismos mientras cortamos los cordones umbilicales (aún consigo mismos) y nos reevaluamos (sólo lo importante continuará) Es la edad para desintegrarse, derrumbarse, liberarse de un sí mismo con sus karmas y de nuestra familia o lugar natal, para que podamos hacer la nuestra propia con hijos incluidos, si es que ya no hemos metido la pata. El creado comienza a crear…

Es ahora cuando caemos en la cuenta de que todas las imágenes que hemos tenido acerca de nuestros padres, son exactamente eso: imágenes… internas. Pareciera como si de repente, mirando hacia atrás, sabiendo lo que tenemos que hacer, cortáramos con nuestro pasado de una forma contundente, realista y sobria. De pronto nos sentimos muy poco adaptados con respecto a las circunstancias que nos amamantaron y vieron crecer en la infancia, y ahora nos correspondiera ser todo un adulto. Como hay un afán por concretar triunfos y comprender fracasos llenando los vacíos con un buen enfoque de vida, también hay más prudencia cuando Saturno transita por conjunción su posición natal. Entonces, de ser así, debemos adquirir una perspectiva más seria acerca de la vida y no creer que ya lo sabemos todo; así como tomar mucha más conciencia acerca de nuestras propias responsabilidades. La depresión ya mencionada y el derrumbe, nos pueden asaltar llevándonos a la melancolía saturnina mientras nos evaluamos, porque del niño-a que éramos ni la sombra (Saturno) va a quedar. Nos queda un recurso: aprovechar el momento para saber que somos miembros de una familia mucho más grande: la familia humana o universal.

A pesar de la inadaptación y de que pareciera que va a haber más libertad de acción, también es cierto que si no nos hemos casado, es el momento para hacerlo o para comenzar a tener hijos; pero si nos volvimos padres a una edad muy temprana, también es el momento para las crisis y las luchas y, por lo tanto, para separarse del padre o la madre de nuestro o de nuestros hijos (si los hubo); pues, de pronto, no los tuvimos cuando lo esperábamos ni lo queríamos, sino que llegaron porque nos descuidamos y ahora nos pesa la carga; precisamente ahora, cuando sentimos que apenas toca a nuestra puerta el llamado del crecimiento. Entonces es el momento de sentir el peso de esa o cualquier carga, de los deberes y de la cruda realidad; y, como viene una nueva etapa de crecimiento, vamos a sentir que nos liberamos de un pasado con todas nuestras frustraciones. Es época para empezar a sostenernos por sí mismos, saliendo de patrones de comportamiento gastados; llegó la hora de salir a viajar por el mundo o estudiar más y conocer acerca de otras culturas. Por lo tanto, queremos liberarnos del ayer, y de todo aquello que nos mantiene encadenados a un pasado tedioso.

Pero el destino es Saturno y Saturno es el destino; ambos nos requieren en donde se necesite de nuestra presencia sin evadir nuestras responsabilidades; pues sólo haciendo bien la tarea que ahora nos pone la vida, es como podemos liberarnos de ella. Hay una mayor toma de conciencia cuando Saturno transita por conjunción su posición natal; porque se termina una, pero a la vez esta comenzando otra etapa de nuestra vida; y tal vez ésta se nos revuelva en todo sentido (cuidado con la autodestrucción y las depresiones), hasta en el de sentirnos a nosotros mismos, que es lo más importante. Por tal motivo, como aquí somos más conscientes de nuestras limitaciones, buscamos las garrochas para ir más allá de ellas; pues de nosotros depende salir de aquello que no nos gusta en nosotros mismos; sin olvidar que llegan nuevas responsabilidades a nuestra vida y que ya no tenemos ni la libertad ni el tiempo que teníamos antes para sí mismos. Ahora comprendemos que hay más previsión cuando Saturno transita por conjunción con su posición natal.

Más que nunca antes, ahora somos hijo-a de nuestro pasado y padre-madre de nuestro futuro; y lo construimos sabiendo, más que en otras oportunidades, lo que tenemos que hacer. Miramos lejos y nos dirigimos hacia esos nuevos horizontes como el pollito que acaba de romper el cascarón, la mariposa su crisálida y el globo que dejó los lastres atrás. Y como ya tenemos cierta experiencia, es el momento para llevarla a la práctica a través de las presiones socioeconómicas necesarias; pues ahora hay nuevas lecciones, opciones y valores; los mismos que tuvimos cuando de feto pasamos a ser crío para respirar aires desconocidos; por tal motivo es que mucho de nuestra vida llega ahora a un final irremediable.

Indudablemente, y porque estamos pasando a una madurez más concreta, durante todo este período y por las razones expuestas hasta aquí, nos sentiremos deprimidos, frustrados, restringidos (¿en la cárcel?) Debemos imaginarnos este ciclo cual si fuéramos gusano saliendo de la crisálida, pero a la mariposa aún no se le han endurecido las alas; aquellas con las cuales ha de crecer y volar hacia una nueva etapa en su desarrollo evolutivo buscando el néctar de las flores. Ella sabía lo que era ser gusano y ahora no tiene ni idea de lo que es ser mariposa. Así mismo estamos nosotros.

Cuando la influencia de Saturno transita favorablemente su posición natal, es más estática que dinámica; y como Saturno rige el oficio que nos corresponde realizar, a esta edad también tendremos nuevas oportunidades para    crecer, realizarnos y consolidarnos profesionalmente como le gusta a Saturno: con responsabilidad y eficiencia, pero estáticamente.

Ante lo escrito aquí, los aspectos de Neptuno y Plutón parecen superfluos, pero no lo son porque éstos son únicos en la vida. Con Saturno acabamos de ver la realidad, pero **Neptuno** nos invita a no creer en las durezas de la vida llevándonos a crear una nueva realidad, lejos del mundanal ruido y de las obligaciones saturninas. Si se pudieron controlar los embates del tiempo y las plagas saturninas, las ansias neptunianas de cosechar (producción) son fuertes, y circunstancias favorables nos animan. Sabemos que la vida es saturninamente dura, pero Neptuno nos la suaviza mientras nos motiva a participar de lo externo sin detenernos en nada en particular. "Más allá, más allá"… dice él.

Estamos abonando nuestras facultades intuitivas e imaginativas, para que las percepciones subconscientes puedan resistir los embates de Saturno. Tenemos sueños y queremos realizarlos a pesar de la cruz a cuestas. Seguramente hemos descubierto alguna filosofía de vida o una escuela esotérica, y eso nos ayuda a visualizar una realidad mejor que la actual, teniendo una actitud muy realista ante lo que somos y podemos lograr.

Neptuno nos incita a ablandar el ego para recibir -y comprender mejor-los golpes de Saturno. Es hora de abrirnos a algo que está más allá de ese Ego, y aflojar el control que tenemos sobre impulsos y complejos inconscientes. Es muy importante comenzar a ahondar la fe acerca de que cada uno de nosotros es parte del plan divino. Ante Saturno, Neptuno aporta la energía necesaria para transformar la vida y superar el lastre de la inercia; y una inmensa armonía y paz consigo mismo y con los demás.

De alguna manera, Neptuno nos está capacitando para abarcar territorios que trascienden las fronteras ordinarias del yo y universalizarlo efectivamente. Y, como ambos son enemigos aparentes, puede confundirnos con cosas que percibimos como falsas realidades. Neptuno le va a demostrar a Saturno que la realidad tiene otra cara; y para eso se vale de disolver las barreras entre nosotros y la sociedad, y liberarnos de relaciones viejas y atrofiadas para dejar espacio a otras nuevas. También estamos reemplazando nuestros antiguos valores por criterios nuevos y más amplios; renunciando a lo que ya no es necesario y abrazar lo requerido ahora. Y, si estamos muy desesperados entre Saturno y Neptuno, vamos a ver el significado de la no estructura y a aprender que nada es todo y que todo es nada.

Siendo así, **Plutón** entiende que, entre Saturno y Neptuno, él debe hacer aflorar la fuerza oculta de la naturaleza encerrada en nosotros, para que el gusano saturnino pueda romper el cascarón y la mariposa pueda encontrar la tierra prometida por Neptuno. Nos sentimos asfixiados, con ganas de abrir las ventanas y respirar aires nuevos, sintiéndonos renacer e introduciendo nuevos intereses en la vida; valorándonos de otra forma, buscando otros horizontes, teniendo otras ambiciones, no mirando atrás y dejando caer las hojas muertas representadas por actitudes, personas, cosas, sucesos o sitios ya sin importancia. Así nos vamos introduciendo en nosotros mismos por nuevos caminos de una manera drástica pero a favor, como reorganizando la totalidad de nuestros asuntos mundanos.

Como el ciclo de Plutón quiere acelerar nuestra evolución cortando apegos a lo viejo, para ello anula todo cuanto intente vincularnos al pasado; arrancar todo aquello que ya no nos es útil; cristalizar todo lo que ya no se necesita o hemos dejado atrás. También quiere que actuemos como catalizadores de la transformación de otras personas y sobre nuestras necesidades de transformación, trascendiendo todas las doctrinas, intereses creados, limitaciones y normas éticas. En definitiva, Plutón quiere demoler todo lo viejo para construir o reestructurar los cimientos de algo nuevo; y desaparecer y disolver fulminantemente nuestras cristalizadas formas y estructuras antiguas, creando unas necesarias y nuevas para la adecuada expresión que nos corresponde ahora. Plutón detesta a Saturno.

En este continuo deshacerse de lo que no se necesite para centrar mejor la energía, también debemos dirigir la energía de Marte hacia adentro para el crecimiento espiritual y la iluminación; y participar en el proceso de renovación del mundo. Para ello, Plutón va a valerse de todos los recursos para que descubramos la forma en que debemos evolucionar, y ver las crisis como parte de un proceso renovador más amplio. Tenemos que vivir ya, ahora y aquí, la libertad creadora total en unión con la acción, el conocimiento y el pensamiento universales.

En fin, esta importantísima edad, que hace un paquete de sucesos desde los 27 hasta los 30 años, indica contradicciones, éxito y genialidad pero, muchas veces, al final, demandas, frustraciones y pérdidas debidas a competidores y enemigos que hemos sabido granjearnos. ¿Qué tan cautos, planificadores y prudentes seremos? Asociados con la iniciación del mundo invisible neptuniano y simbolizando la superación de las ideas recibidas a través del acto de la creación libre plutoniana, las musas de la inspiración se baten en los rayos de nuestra imaginación. Y, por cierto, muchos de nosotros tenemos la opción de morirnos alrededor de esta época.

**Vigésimo noveno año**    La **Luna Progresada** está en su segundo semisextil de alejamiento con su posición natal; mientras comienzan el **Sol** y el **Medio Cielo Progresados** su único semisextil de alejamiento consigo mismos.

Tres semisextiles de alejamiento y, como si fuera poco con lo dicho anteriormente, aún de la mano de Marte y del Sol como regentes, ahora entran en escena las progresiones solares y del medio cielo, acompañando a las lunares; pero sin abandonar los aspectos que se iniciaron en la edad anterior. Por eso digo que esta etapa es un paquete de años, en donde los veintinueve son el último impulso para comenzar la tercera década de vida.

El Sol, que imparte la vida e indica nuestra la inquietud creativa, continúa mostrándonos el propósito de nuestra existencia; mientras Marte nos ayuda a conseguir lo que queremos y nos demuestra la clave para llegar al liderazgo y manifestar la asertividad efectiva y exitosa; así como dinamizar y trastornar nuestra naturaleza impulsándola hacia la acción. Como creemos que ha llegado el momento oportuno para disfrutar de un buen desafío de nuestros competidores en cualquier área de la existencia, entonces nos empuja al reto y a que nos atrevamos con todo y con todos. No hay que olvidar que a Marte le gusta forzar las situaciones sexuales, motivo por el cual queremos impresionar a los demás con nuestro atractivo o con nuestro poder. Obviamente, esa actitud puede inspirar antagonismos, cólera, ideas arriesgadas e impulsos precipitados; en tal caso, debemos ir directo al objetivo y más de prisa que aquellos competidores; porque a Marte le gusta andar donde nadie ha andado y tras lo que queremos en la vida.

Lo que sí es cierto es que debemos mostrarnos positivos y purificar nuestros instintos, antes que precipitarnos en la persecución del placer. Hace rato que podemos habernos reproducido, pero también podemos hacerlo a través de alguna clase de acción creadora. Y, en ese sentido, Marte quiere servir al Sol natal.

Bajo la **Luna Progresada** seguimos definiendo nuestra vida emocional, en una etapa de preparación y calentamiento de las nuevas habilidades latentes en nosotros mismos. Es una edad en la cual algo en nosotros se siente aún joven y vigoroso, pero a la vez muy impresionable y delicado para enfrentarnos a semejante empresa, cualquiera que ella sea. Hacemos planes para cuidarnos y prepararnos, sin olvidar lo que queremos lograr, interna o externamente, en el lejano futuro; buscando un lugar en el cual podamos desarrollar más esos potenciales que sentimos crecer en nosotros a nivel emocional.

¿Será que ya somos padres o madres y entonces buscamos la protección en los demás? Y ¿damos y recibimos alimento, consuelo (conciencia de la presencia de Dios) o intimidad, para satisfacer las necesidades emocionales? Es ahora cuando la Luna determina cómo tratamos el concepto del amor y conducimos nuestra vida de hogar. Poco a poco y con la responsabilidad propia del ciclo de Saturno, la

Luna nos revela el área en donde se necesita que demos a los demás y lo que necesitamos emocionalmente para sentirnos seguros y con sentido de aceptación, cariño no verbal e intimidad.

El **Sol Progresado** nos indica cómo va nuestra propia madurez, todo aquello que debemos saber acerca de lo que nos interesa más que nada: nuestro propio proceso constante y natural de crecimiento fisiológico y psicológico. Estamos terminando de vivir esa larga pauta -más larga por los efectos sobre nosotros que por los años- que comenzamos a los veintisiete años. Ahora conocemos ritmos vitales en nuestra propia evolución interior, a través de los cuales podemos conocer nuestra naturaleza y destino en general. El Sol incentiva nuestras tendencias inherentes, las transmisiones hereditarias y nuestra vitalidad; y en un matrimonio simbólico o real, sirve de mediador entre el Padre-Espíritu y la Madre-Materia.

El primer aspecto del **Medio Cielo** (y del Bajo Cielo) es obvio porque ya nos hemos graduado de la universidad, seguramente tenemos un trabajo y empezamos a ver los resultados de todos los esfuerzos que hicimos en el pasado, viendo, ansiando y presintiendo nuestra proyección social. Ahora, con nuestras ansias de proyectarnos y queriendo ocupar un lugar en el mundo, crece nuestro deseo de prestigio y cambian nuestros intereses sociales; ahora pertenecemos a un grupo, a una organización, a algo que avala nuestro conocimiento. Como somos importantes para alguien social y familiarmente hablando, nos acercamos a nuestra identidad social, a la imagen pública y a la misión que aspiramos o que debemos desarrollar. Se inicia, entonces, nuestra contribución social, pero también las exigencias y presiones que la sociedad hacen sobre nosotros.

Ahora comenzaremos a saber cómo hemos de llegar al tope o culminación de una etapa completa de actividades muy personales, y la forma según la cual seremos juzgados y probados por la sociedad en la cual nos corresponde desenvolvernos. Las demás personas pueden darnos la fuerza y el poder político o mundano que buscamos (si es que lo estamos haciendo) para crecer o desempeñarnos ante el mundo, manifestando nuestro poder con propósitos elevados y así lograr nuestros objetivos sociales vitales por medio del esfuerzo. He aquí nuestras aspiraciones, metas y la divina actuación mundana que nos permitirán satisfacer no sólo nuestros deseos interactuando con lo externo, sino entendiendo qué sucesos incidirán en cada uno de nosotros.

Como en todo semisextil se cuida el brote de la delicada planta -la que somos-, ahora cuidamos el hecho de crecer socialmente. Sea como fuere lo que intentamos es actualizar nuestros ideales en el mundo, dejando huella a través de ellos. Vemos aquí, entonces, nuestro destino personal y el aporte que comenzamos a hacer a la sociedad, ya bien sea como una obligación mundana o como una vocación innata. Nos corresponde entrar al mundo de las creaciones y emanaciones, en donde hay ideas y pensamientos aún sin concretar; y es obvio que así sea, pues apenas estamos empezando a desenvolvernos en la oficina y el hogar. Esta edad es muy kármica porque nos vamos de los veintes, poniéndose a prueba nuestra fuerza espiritual a costa de sufrimientos y tribulaciones de todo tipo. Hace rato que nos hacen la guerra en la oficina o en la casa.

Puede ser, entonces, el inicio de una edad de dolores, engaños, incertidumbres, peligros y traiciones, en donde debemos usar toda la bondad, la energía y la fe puesta en nosotros mismos; así como el optimismo y la responsabilidad necesarias, para no creer que la vida está en nuestra contra y poder neutralizar las adversidades del destino aumentando el poder de nuestro Yo.

**Trigésimo año** **Júpiter** comienza su tercer trígono de acercamiento con su posición natal; mientras la **Luna Progresada** está en su segunda semicuadratura de alejamiento con su posición natal.

Aún de la mano del Sol y de Marte nos vamos abriendo paso cada vez más hacia la mente y el espíritu, haciéndonos respetar por la fuerza marciana o por nuestro eficiente desempeño personal solar. El Sol nos. informa acerca del lugar o estado de donde venimos y con qué reino de la experiencia estamos más armonizados. Ahora que hemos llegado a los treinta años, y Saturno se aleja de sí mismo, el Sol produce en nosotros la percepción entre el Yo superior y el inferior. Gracias a la iluminación que traen Saturno y el Sol, ahora comenzamos, tal vez, la liberación de los velos ilusorios de la materia; o, por lo menos, del primer encuentro crítico con ella a nivel psicológico, espiritual y emocional. Porque el encuentro físico fue treinta años atrás.

Si en esta época utilizamos bien la energía de Marte, podemos aniquilar a nuestro peor enemigo (lo que no somos) Pero, aún ahora, Marte también nos puede conducir a la contienda, al esfuerzo, a la evolución, al fanatismo destructor, a la guerra, al idealismo y a la lucha. Marte quiere que veamos el área en la cual nuestra autoasertividad conduce a una independencia dichosa y a la renovación de la energía psíquica; y la naturaleza de la aptitud particular para tomar la iniciativa. Obviamente Marte nos impulsa a actuar, a la autoafirmación, a la sexualidad y a obtener firmemente lo que deseamos. Ahora empezamos, entonces, a proteger a los seres amados, si es que no lo hemos comenzado ha hacer antes; cada vez más sabemos cómo reaccionar ante las invasiones, reflejando nuestro grado de voluntad. Como estamos luchando contra las presiones del mundo exterior, por la supervivencia y por un ideal, Marte quiere mantener despierta nuestra individualidad, y nuestra conciencia en un alto grade de vibración; así como firmes en medio de las presiones del mundo y ante la oposición que encontremos. Por tal motivo, y ahora que Saturno se ha ido de encima de sí mismo, Marte puede poner el acento en -y reafirmar- el Yo.

Testigo de todo ello es **Júpiter** con un magnífico aspecto en donde habiendo sorteado las dificultades y retos de las cercanas edades pasadas, ahora cosechamos lo que queríamos o lo que alcanzamos según nuestro actuar reciente; y eso genera viajes, ayudas, creatividad, facilidades y oportunidades gracias a los esfuerzos acumulados en el trabajo y en el ámbito familiar.

Pero puede ser que la oficina nos comience a demandar más tiempo en ella del que pensábamos y, por lo tanto, mermamos dedicación a la vida privada o de familia; y a la **Luna Progresada** no le va gustar para nada nuestra actitud hacia el hogar. Comenzamos a estar alerta (percepción consciente) a las posibles plagas emocionales y tormentas familiares que se ven a lo lejos; en donde tenemos que adaptarnos por vez primera y comenzar a ceder entre la vida pública y la vida privada. La Luna impulsa nuestro afán político democrático y popular; abre la vía de la razón y de la objetividad; da la fuerza de la esperanza y los sueños de querer ser alguien entre los demás. Ya tenemos edad y experiencia suficiente para conocer por repetición experimental y sensorial con base en fenómenos y particularidades. Estamos en plena deducción, llenos de recompensas, superioridad mental y talento en general por un lado pero, por el otro, en medio de la retrospección, puede aparecer la soledad y la taciturnidad. Y eso nos durará varios años por delante. La Luna nos permite realizar nuestros objetivos, relacionándonos con la densidad de nuestro entorno físico; pero, como hay que remontar ciertos obstáculos y repolarizar todos los antiguos esquemas que no apoyen lo nuevo, es necesario romper con las actitudes, las tradiciones culturales o familiares y con los valores caducos. Hay que seguir hacia adelante enfocando nuestra visión, superando la inercia del pasado y la inherente resistencia, y aprendiendo a utilizar los obstáculos para medir nuestra fuerza. Con la semicuadratura de alejamiento de la Luna Progresada, nos conviene alejarnos de los antiguos esquemas que nos mantienen anclados en el pasado. Y, mientras vamos almacenando toda clase de recursos, también vamos desarrollando habilidades, técnicas y una nueva y completa identidad económica y social con la cual avanzaremos en la próxima década.

**Trigésimo primer año**    Urano se está acercando cada vez más a su único quincuncio de alejamiento con su posición natal; mientras la **Luna Progresada** está en su segundo sextil de alejamiento con su posición natal.

Cada vez más, con la protección del Sol y Marte, la vida nos está confiriendo la voluntad de rápido impulso. Ambos, luminaria y planeta sumados, nos dan energía para expandirnos al límite del Karma; así como la impresión de más fuerte y más débil, y el valor necesario para soportar la dureza de la suerte que ahora comenzamos a construir. Algo desde el mundo externo viene a desafiar nuestra voluntad y, en ese sentido, hay que saber actuar con cautela; pues no hay que olvidar que Marte siempre quiere encender la pólvora que puede consumir o destruirlo todo. El hecho de empezar a tener rivales profesionales, indica que tenemos que aprender a enfrentar y destruir a los enemigos (internos) El Sol y Marte están haciendo que el Ego opere y coopere; que veamos qué es lo que realmente queremos lograr y ser en la vida. Es hora, entonces, de imponer una convivencia social fuerte, libre y soberana por nuestra capacidad de actuación.

Ambos ciclos nos están induciendo a la actividad, al coraje, al emprendimiento, al nervio y a la resistencia; a liberar rápidamente la energía y lograr lo que se deseamos. Marte nos está mostrando cómo cumplimos y expresamos nuestros deseos; cómo nos afirmamos en el medio, así como el rostro de la pasión y de la violencia; la forma en que aceptamos los desafíos y las pruebas vitales que requieren decisión y valor; lo que deseamos hacer con nuestra vida a cada momento, los instintos competitivos y la tendencia de la vida al expresarnos. Algo en nosotros quiere poner al día nuestra propia individualidad en el mundo, y en movimiento todas las actividades vitales.

Seguramente ahora somos alguien respetado en la comunidad y confiados de nuestro "libre" caminar por la vida; o por lo menos eso es lo que nos hace creer el único quincuncio de alejamiento que comienza a hacer **Urano**. Este aspecto tiene un sabor tan marcado a responsabilidades en el trabajo, que hasta podemos brillar con genio y originalidad. Pero ¿cómo nos ayuda el ciclo de Urano a buscar la rápida liberación de las tensiones que ya hemos venido acumulando? Es hora, entonces, de comprobar la importancia que tiene nuestro Yo personal, y de dejarnos conducir por una gran sensación de gratitud hacia la vida. Seguramente ya hemos conocido mentalmente niveles de conciencia superiores, y eso ayuda a nuestra evolución, y a contactar con el significado elevado de nuestra propia vida. Hasta podemos contribuir con la liberación de otras personas, porque también nos hemos dado cuenta de que hay muchos caminos hacia lo superior y de su propia presencia interna.

Urano nos ayuda a denotar el área en donde necesitamos sentir responsable y conscientemente, la excitación que produce la independencia y la libertad personal. También quiere destrozar o destruir la barrera mental de la ilusión de la separación; las pautas rutinarias de conducta inconsciente; nuestra rutina y status quo estático -y de la sociedad en que vivimos-, para crear las condiciones necesarias para que así se imponga un orden más elevado. Urano es el encargado de dotarnos de una mente original y sana, elevando nuestra energía desde las reacciones vitales basadas en los instintos y en las emociones, hacia las áreas del cerebro que necesitamos desarrollar a esta edad.

Poco a poco vamos esclareciendo nuestras metas personales al estimular la intuición, la mente y las relaciones no ortodoxas; pues un objetivo muy claro y necesario ahora, es extender la fraternidad a una esfera sin límites. Es una edad creativa y variable en donde aparecen los muchos desvelos por el exceso de trabajo y los ajustes que debemos continuar haciendo si queremos realizar una nueva siembra en la parcela familiar. Hace rato que podemos tener más hijos o tenerlos ahora con esa Luna progresada ¿Nos seguirán exigiendo mucho en casa, en el trabajo o en ambas partes? También pueden presentarse bloqueos, desequilibrios, dolencias, inconvenientes y molestias impulsivas que no nos dejan progresar.

La **Luna Progresada** tiene la respuesta a esa pregunta; pues, como su aspecto es positivo, seguramente el sueldo nos alcanza para mejorar nuestra vida de hogar; hace rato que sentimos ansias por aprender un poco más de lo que ya sabemos. Ahora tenemos otro nivel de comprensión emocional con mayor objetividad, nuevos potenciales y una nueva oportunidad; más confianza y hasta alientos positivos, con una sintonía natural y automática para reorganizar nuestra vida en familia o la realización de las ideas que tenemos bajo la comprensión, y la elaboración de estrategias con habilidades concretas para alcanzar ese crecimiento continuo que nos hemos propuesto en lo familiar y en lo social.

La Luna siempre dirige nuestra renovación periódica y ayuda a distribuir la luz del Sol que somos y, en ese sentido, nos sentimos con cierta autosuficiencia por nuestro genio; con independencia por nuestros logros laborales; con algo de paz porque podemos contribuir al mejoramiento de la familia y del hogar en donde nos espera la quietud, el retiro y la soledad. ¡¿Qué tal que ahora nos interesáramos por la política y mucho más por lo social?! A eso nos invitan Urano y la Luna Progresada: a explorar otras posibilidades sociales y emocionales.

      **Trigésimo segundo año**      **Júpiter** está en su tercera cuadratura de acercamiento con su posición natal.

La invitación que nos hace el Sol para creer más en nosotros mismos y la de Marte para seguir hacia delante, contrarresta el aspecto adverso que hace Júpiter a esta edad. Marte y el Sol quieren destruir las apariencias materiales para crear; nos enseñan el valor y la devoción a una causa como obligación consciente. Puede ser el momento de encontrar sexualmente algo excitante en otra persona, pues no hay que olvidar que Marte seguirá rigiendo durante toda la vida nuestra naturaleza animal, así como transformará la capacidad para afirmar nuestra voluntad personal

Con el aspecto que hace **Júpiter** puede que nuestras expectativas sociales o profesionales hayan sido exageradas en los últimos tiempos, y alrededor de esta edad se cierne una tragedia casi inevitable sobre nuestra vida. ¿Un huracán emocional? ¿Una tormenta en el trabajo? ¿Una sequía económica? ¿Un incendio social? Todo puede venirse al traste y la ruina ser total; sin embargo, lo que suceda debemos comenzar a tomarlo como un sacrificio, pues ya vienen los simbólicos treinta y tres años de edad. Algo se nos opone como una piedra en el zapato o en el camino, algo que, precisamente, nos da la posibilidad de cambiar el caminado. Son luchas o ambiciones conflictivas, asuntos incompatibles, rechazos a lo que queremos lograr y por lo tanto corresponde sabernos adaptar a las circunstancias de cualquier índole que se nos presenten en el sendero.

De todos modos, a pesar de la cuadratura, Júpiter no es tan malévolo y, por lo tanto, no todo está perdido; por alguna parte deben llegar ayudas recibidas de gente influyente o por nuestro propio carisma. Es el momento para involucrarnos con toda clase de medios comunicativos, con tal de lograr nuestros propósitos sociales. La única advertencia es que a esta edad hay una fuerte necesidad de creer más en nosotros mismos y en nuestras propias ideas, que en aquellas de los demás con sus brillantes ofertas y proposiciones. Seguramente Júpiter está empeñado en expandir nuestra alma y mente, con una nueva percepción y una conciencia superior que vaya más allá de lo físico o terrenal, pero el momento no es el adecuado para lograrlo; a cambio de ello es un instante maravilloso para localizar el sitio interno y externo del cual proviene la confianza personal.

**Trigésimo tercer año** **Júpiter** comienza su tercer sextil de acercamiento con su posición natal; mientras la **Luna Progresada** inicia su segunda cuadratura de alejamiento con su posición natal. El **Ascendente Progresado** hace su primer y único semisextil de alejamiento con el Ascendente natal. Es una edad crítica para las personas Piscis.

Aún con el Sol y Marte como regentes, llegamos a una edad en la cual nuestro retorno solar vuelve a ser idéntico a la carta natal. Tal vez por eso pusieron a morir a Cristo a esa edad cuando el Sol, y con él el ascendente, regresan a su posición original y, más aún, si cumplimos años en el mismo sitio de nacimiento. Luego de treinta y tres años el Sol se encuentra en el mismo día y en el mismo minuto de longitud; que no sólo fue la edad simbólica de la muerte de Cristo, sino también la de Krishna.

Como Marte siempre describe nuestro deseo y voluntad de supervivencia, la evolución hacia la perfección y la supervivencia del más apto, a esta edad nos continúa revelando el deseo que nos motiva a actuar, el impulso sexual, el proceso inconsciente de separarnos de los demás y rechazarlos, o la forma de acercarnos a alguien, o de buscar algo en particular.

Encantado con este suceso, **Júpiter** comienza a acercarse una vez más a su posición natal. Ahora podemos transformar lo negativo doloroso en positivo dichoso, mientras hacemos empatía con el medio ambiente; nos sentimos reanimados y a gusto. Lo que estaba congestionado en nosotros se libera gracias a una actitud espiritual muy especial; además, el mundo influye en nuestras reformas personales de búsqueda de otras realidades, mientras nos llega desde afuera un progreso positivo que de nuevo influye en el logro de nuestras metas. Una vez más queremos devolver al medio social aquello que él "ha hecho" por nosotros, y logramos hacerlo de manera providencial con el concurso de la vida misma a nuestro favor.

Júpiter nos da bienes, nos trata con bondad, nos invita a ser magnánimos, a desarrollarnos correctamente y a irradiar sabiduría; nos muestra el camino hacia la espiritualidad, la ética y la moral. Él siempre quiere organizar nuestra vida en una expresión perfecta del verdadero ser; pero también quiere socializarnos cívicamente, así como los medios de consumo y producción con los cuales estamos involucrados desde hace rato.

La **Luna Progresada** toma de nuevo la misma dirección que tuvo cuando teníamos alrededor de seis años de edad, haciendo que las tensiones emocionales nos hagan reevaluar la vida de hogar y destapar antiguos recuerdos. Al fin y al cabo, como la Luna regulariza las funciones psíquicas a través de la memoria y del olvido, ahora puede haber más tensión, mal humor, irritación y choques en general. Cualquier aspecto de la Luna puede generar unas ansias de querer cambiar de casa, pero con éste es para dejarlo todo y buscar otros rumbos. Ahora hay un choque entre dos fuerzas opuestas: en la vida privada una energía activa que es lo que queremos lograr y una pasiva en la vida pública que es lo que en realidad podemos tener. Y como se mete con nuestra realidad material, hemos de ser muy claros al poder identificar cuales son las energías que también nos pueden motivar para estar alerta.

Desarrollamos nuestro potencial de logro y evoluciona nuestra conciencia; subsanamos confusiones de identidad o escisiones internas de la personalidad producidas en la infancia, y hacemos más conciencia de nosotros mismos; es decir, hacemos lo que sea necesario con tal de aprovechar este aspecto emocional tan conflictivo. Como cada parte en nosotros tira para su lado, hay una tendencia a disgregarnos en medio de la congestión de potencialidades en la vida privada y pública. No sabemos qué camino tomar y con todo ya tan armado. ¿Será que hay falta de confianza propia? ¿Que las inhibiciones a través del temor (o del odio) nos vencen?

Hay que abandonar una vez más las antiguas estructuras, y activar nuestra personalidad; actuar y construir enérgica y organizadamente una nueva etapa de vida de acuerdo con nuestras decisiones. También hay que adoptar compromisos y determinaciones para desarrollar útiles y productivas formas de vida, así como adoptar una actitud firme para vencer el miedo que ahora nos embarga al tomar un camino nuevo y aprender a despejarlo. Mientras tanto, en esa tarea, la Luna nos alivia y ayuda a concentrar el poder emocional.

Pero aquí entra un nuevo actor en juego: el **Ascendente Progresado** comienza a aspectarse consigo mismo al ir alejándose del ascendente natal, tal cual lo hace el medio Cielo. Nuestra personalidad ha ido progresando y es hora de cambiar de disfraz. Estamos en una renovación total de la forma como acostumbramos interactuar con el entorno y la proyección hacia nosotros mismos; ahora hay un nuevo estilo de vida que debemos aprovechar para cambiar las perspectivas de nuestro yo-personalidad. Es una edad de preparación y calentamiento de las habilidades latentes en nosotros mismos; un momento en el cual, como nos sentimos impresionables y delicados, tenemos que cuidarnos y prepararnos, sin olvidar lo que queremos lograr, interna o externamente en el cercano futuro.

Puede ser que estemos más interesados en el control de las emociones, en expresar la creatividad, en lograr más el éxito material, la humildad, el idealismo con dominio emocional práctico y el mando; pero también la obediencia, la originalidad, la recompensa kármica, el sentido del humor y la suerte en abundancia de la cual no debemos abusar; como tampoco dejarnos llevar por la corriente, el exceso de confianza ni la superioridad que nos lleve a explotar como el sapo que ya sabemos lo que le sucedió al inflarse en demasía.

**Trigésimo cuarto año**      Esta haciendo **Saturno** su segundo sextil de alejamiento   con su posición natal.

Esta edad de transición es continuación de los aspectos que vienen desde los treinta y dos años y  que culminan en esta etapa, para comenzar los treinta y cinco. Seguimos bajo la tutela del Sol y de Marte, interesados en establecer relaciones entre los opuestos; mientras propicia nuestra iniciativa sobre asuntos marciales, los confrontamientos con esos oponentes que ya tenemos, y todo lo dependiente del azar y las especulaciones financieras en las cuales estamos metidos.

Vivimos rindiendo homenaje a aquello en lo cual creemos, y a quién más rendírselo que a nosotros mismos. Marte nos salva de las depresiones, la locura y los obstáculos; pero no hay que olvidar que él representa la guerra, la contienda y la lucha. Marte quiere suprimir o trasponer cuantas resistencias se opongan al plan propuesto, y más ahora que llega otro aspecto difícil de Saturno el año entrante.

Por ahora, el aspecto que hace Saturno es favorable  para todo aquello que tenga que ver con posicionarnos profesionalmente y, parados sólidamente, comenzar cada vez más a sostenernos por sí mismos, buscando la independencia y una fórmula para ser reconocidos como personas de prestancia, responsabilidad y efectividad social contundente. Como ya debemos tener alguna idea acerca de cual es nuestra vocación y qué nos corresponde por destino profesionalmente, es el momento para juntar ambos sectores de nuestra vida. Ojalá lo que nos da gusto también nos sirva económicamente, para no tener que cargar una cruz a cuestas en la próxima edad.

**Trigésimo quinto año**     Está la **Luna Negra** en su cuarta conjunción por tránsito consigo misma; mientras **Júpiter** comienza por tercera vez su regreso a la posición natal, y **Saturno** su segunda cuadratura de alejamiento con su posición natal.

A esta edad seguimos acompañados por la regencia de edades al lado del Sol y Marte; quienes de alguna manera están interesados ahora en nuestro nacimiento espiritual; pues, Marte, además, representa la voluntad de transformación que nos motiva. Pero ahora Júpiter adquiere importancia hasta cuando cumplamos la lejana edad de los sesenta y nueve años. El triple fuego del Sol, Marte y Júpiter nos confiere autoconfianza y voluntad. También es bueno revaluar lo que aprendimos acerca del egoísmo cuando éramos jóvenes, para no romper el ritmo normal de la Naturaleza y así superar los vicios que tengamos, a través de la luz, la fuerza y esa buena voluntad representada por ellos.

Pero la conjunción de la **Luna Negra** consigo misma se alía con Marte - más que con el Sol y Júpiter- para mantener bajo control las facultades y los estados de ánimo e impulsos repentinos de cualquier tipo. Puede haber una hipersensibilidad malsana ante las críticas que los demás nos hacen; actitud que atrae una influencia destructiva sobre nosotros mismos y los demás. No son raras las separaciones maritales o los encuentros con "viejos amores" que pueden dañar nuestra relación de familia. Además, el hecho de que **Júpiter** comience a regresar a su posición natal, es una invitación a cortar con el pasado gracias, además, a la alianza establecida con Marte.

Queremos una nueva acción proyectándonos e interactuando con otra clase de personas a nivel emocional y profesional. Esta clase de unión o fusión de dos fuerzas -la de la Luna Negra la de Júpiter- no complementarias entre ellas, genera una automotivación muy peligrosa para nuestra vida emocional, porque podemos meternos en unas aventuras pasionales que luego se vienen en contra nuestra. De todos modos Júpiter trae algún tipo de abundancia, cohesión, prominencia, incremento o solidaridad, en medio de una crisis en la cual deseamos un cambio personal, en medio de una falta de objetividad que nubla nuestra percepción acerca de las demás personas; por ello, la Luna Negra se identifica con la obstinación y la unilateralidad en nuestro comportamiento emocional-pasional

Como Júpiter gusta de mejorar la enseñanza de las agrupaciones humanas y elevar el nivel cultural y político social de la masa humana, cada vez nos involucramos más con este tema; es como si de repente sintiéramos un impulso para encontrar el propósito más elevado del hecho de estar vivos, y una tendencia inherente de fusionarnos con la sociedad y el universo. Júpiter recompensa nuestra amabilidad para con los demás, la fe en sí mismo y el trabajo duro; nos muestra cada vez mejor en donde radica nuestro éxito, la opulencia y la propia suerte. Creo que ya tenemos edad suficiente para empezar a ver el terreno en donde percibir una perspectiva global de las cosas.

Y como **Saturno** también ronda por esta época con la cuadratura, obviamente, se alía con la Luna Negra para desestabilizar nuestro destino y llenarnos de una serie de karmas que atraemos por fuerzas de gravedad emocionales. Este aspecto se presenta luego de haber hecho la conjunción consigo mismo alrededor de los 28-30 años; es muy fácil, entonces, que sigamos el ritmo de los acontecimientos saturninos desde cuando se efectuó la conjunción. Como este aspecto es peligroso debemos saber actuar muy acertadamente para no producir un karma adverso debido a nuestras ansias de expansiones jupiterinas. Además, años después, bajo la dirección de la cuadratura de acercamiento, el mundo nos devolverá todo el mal que hayamos hecho en esta temporada.

Como estamos doblando otra esquina, debemos ser muy cuidadosos en nuestra acción; podemos atraer animadversiones, ataques y hasta accidentes, si no hacemos presencia en nosotros mismos. No debemos extrañarnos, entonces, si encontramos muchas oposiciones a nuestros proyectos; pero tampoco debemos abandonarlos, pues Júpiter simplemente nos invita a seguir hacia adelante con la paciencia y la perseverancia saturnina, tan necesaria en medio de una época de restricciones. Algunas personas pueden perdernos la confianza y, si vemos que estamos rodeados de dificultades, debemos cambiar inmediatamente nuestro modo de actuar en la sociedad, para que las depresiones, las decepciones, los fracasos, las tristezas y las experiencias penosas no nos acorralen.

Como los temores, miedos absurdos y frustraciones pueden asaltarnos, no debemos lamentarnos, sino seguir trepando con cautela y desarrollando la jupiterina fe en nosotros mismos; que lo más seguro es que nuestra alma está madurando a través de todo lo adverso que nos suceda ahora. Madurando y sin anestesia. Por esta época estamos muy pendientes de las decisiones emocionales luninegrescas, de las jupiterinamente financieras y de las saturninamente profesionales y físicas que tomamos, pues vamos a querer romper con todo nuestro pasado y, si no lo sabemos hacer, la ley puede venirse en nuestra contra. La culpa es toda nuestra, no de los demás.

Yo creo que Saturno busca el fin supremo en todo lo que persigue, el honor por el honor mismo y el servicio por el servicio mismo; el mayor bien, la excelencia y la perfección nuestra; la información fáctica bien presentada; la mayor seguridad; la permanencia en las formas perfeccionadas; la verdad absoluta y un óptimo desarrollo del lado correspondiente a la forma física de nuestra vida. Y ya es hora de trabajar en todo ello. Pero, como el aspecto es adverso, son frecuentes las aflicciones, angustias, baja vitalidad, congojas, disgustos, espantos, esterilidad, hambre, melancolía, retraimiento, retrasos, trabajos, tristezas y la soledad. Sin embargo, es a través de todas estas vicisitudes, que podemos comprobar cuán concentrada es nuestra conciencia y cuán concentrado es realmente nuestro crecimiento espiritual.

No debemos malgastar la energía, antes bien, debemos reunirla y conservarla, mientras Saturno nos conduce a una mayor experiencia de comprensión y autodominio. Todas las penurias que vivamos ahora nos depuran a través de la aflicción y el dolor; y nos ayudan a construir una coraza alrededor del alma para desarrollar autoconfianza. Además, Saturno nos quiere demostrar el proceso mediante el cual satisfacemos nuestro sentido de obligación social en lo público para obtener reconocimiento.

Como Saturno desea nuestra perfección en el plano material, ahora destruye las condiciones existentes por la fuerza de su impacto de energía, y nos ayuda a diferenciar entre lo que queremos aceptar y lo que queremos evitar; entre nosotros y los demás. Insiste en que ejecutemos las cosas hasta su fin con autodisciplina, habilidad, resistencia y responsabilidad. Nos enfrenta con la consecuencia de nuestros actos; con los pavorosos problemas de lo absoluto, del infinito, de la inmensidad y con nosotros mismos; con el pasado en el presente para prepararnos al futuro; y, en fin, con un enfoque realista y responsable de la vida.

Es hora, entonces, de hacernos cargo de las pruebas que necesitamos vivir para crecer y desarrollarnos; pues en cualquier etapa de la vida Saturno nos brinda las más adecuadas experiencias que nos ponen a prueba; y nos instruye en la naturaleza de nuestra depresión y limitaciones; así como en mantener nuestros propósitos por más difíciles que nos parezcan; y vivir en la sequedad de una sabiduría que busca hacer iguales todas las cosas. Saturno nos ofrece, mediante las dificultades de la vida, las mejores oportunidades para aprender lo que hemos estado dejando para más tarde. Es hora de reflexionar y considerar algunos asuntos que revisten seriedad, y de trabajar (horas extras) en el mundo porque es un deber para alimentar el cuerpo y trabajar siempre en algo o sobre nosotros mismos.

**Trigésimo sexto año**  La **Luna Progresada** está en su segundo trígono de alejamiento con su posición natal.

El Sol y Marte ahora con la compañía de Júpiter, los tres factores de fuego, siguen regentando una época importante que abarca hasta los cuarenta y dos años. Los tres nos procuran victoria en lo que nos propongamos y aún, si estuviéramos enfermos, nos traen un ciclo de recuperación de la salud. Marte rinde homenaje a todo aquello en lo cual creemos y nos ayuda a sobrevivir más que los enemigos. Por su parte, Júpiter estabiliza nuestras asociaciones por medio de la regularización de las funciones sociales y prodiga armonía y dicha.

La **Luna Progresada** continúa modificando nuestro desarrollo emocional e interno; y, si la influencia anterior de la Luna Negra fue muy marcada, entonces este trígono nos trae nuevos ambientes, nueva gente, relaciones interpersonales en general, momentos cruciales, y decisiones familiares y emocionales internas por tomar. La última vez que había sucedido este aspecto en nuestra vida fue alrededor de los ocho años de edad y, obviamente, las inquietudes emocionales eran diferentes a las de ahora, pero con un común denominador: la familia.

Como la Luna nos marca las tendencias adquiridas en la vida, debemos gozar más con ella antes de pensar en hacer cambios drásticos; a no ser que éstos se hagan, precisamente, para mejorar la armonía en el hogar propio o con el materno. Hay que hacer con ellos lo que nunca hacemos: brindarles ayuda, compartir el bienestar, proteger a quien nos necesite y, si estamos involucrados con alguien lateral a nuestra pareja, hay que saber actuar, pues las evoluciones emocionales también son cíclicas y, si no somos solidarios, el cosmos tampoco nos ayudaría.

Esta es una edad muy importante para la mujer que no ha logrado encontrar pareja o no ha podido tener hijos; comienza a perder la fertilidad cada vez más notoriamente. Si no ha podido encontrar el "marido ideal" y quiere tener hijos, entonces ahora debe pensar más en el "padre ideal" de sus hijos, así no sea el marido que ella esperaba. Si no quiere ser mamá, no importa, siga por el camino que va en sus relaciones de pareja; pues al fin y al cabo el trígono de alejamiento la motiva a ser más expresiva con los demás, como si quisiera mostrar su buena suerte y además lograr todo muy fácilmente. Sí, debe seguir así, pues las demás personas también pueden ver lo mejor de ella misma.

**Trigésimo séptimo año**  **Júpiter** comienza por cuarta vez su sextil de alejamiento con su posición natal; mientras los **Nódulos Lunares** están regresando por segunda vez transitada a su posición natal.

El Sol, Marte y Júpiter, como regentes, deben sentirse a gusto en una edad en la cual Júpiter nos abre puertas y los Nódulos nos invitan a ir más allá. Marte continúa sembrando inconscientemente las semillas de nuestro apego personal, mientras Júpiter nos indica el oportuno empleo de la forma y el punto de expresión de nuestra verdadera personalidad.

Teníamos unos veinticinco años cuando **Júpiter** hizo este aspecto por última vez y deberíamos, entonces, estarnos graduando de la universidad y empezando a trabajar o teniendo hijos. Ahora debemos ser alguien conocido en nuestra esfera social y, una vez más, nos vemos motivados por esto a participar de lo externo, siempre con resultados positivos gracias a nuestros esfuerzos pasados. De nuevo observamos todo a nuestro alrededor, como adolescentes inquietos, sin detenernos en nada en particular; mientras Júpiter comienza a elaborar otro tipo de leyes para nosotros, para así poder mantener el ser que somos. No debemos olvidar que Júpiter rige la mente superior, nuestra felicidad y la suerte. Tal vez por ese motivo comienza a revelarnos aquella área de la vida en que profesamos la fe de existir en un orden universal tras el aparente caos. A esta edad debe haber un fuerte concepto acerca de traducir en el espacio la idea de una cuarta dimensión, es decir, de una superación personal.

Por su parte, los **Nódulos Lunares** nos ayudan muchísimo en esta época, pues juntamos una etapa en donde, a la pasada conjunción de Júpiter, ahora se le suma la de los Nódulos para lanzarnos a lo desconocido dejando atrás lo familiar o aquello en lo cual podemos estarnos recostando. Vamos, entonces, desarrollando una nueva inteligencia de adaptación en medio de una serie de buenas amistades y evaluaciones emocionales y sociales, que nos llevan a recibir satisfacciones del medio en el cual vivimos. En algún momento de este ciclo caemos en la cuenta de cómo nuestra experiencia nos es de suma importancia para no renegar, y para conocer y aceptar cada vez más la meta por alcanzar, así como lo que nos traiga la vida.

Como podemos desarrollar aún más alguna facultad artística, ser más magnéticos y estar más románticos y sensibles, debemos buscar la armonía, no ser muy inconvencionales en cuestiones sexuales, y trabajar más en compañía de los demás que independientemente. Como el Nódulo Norte pone en actividad nuestro destino una vez más, debemos tomar contacto con nuestra fuente interior de energía. A su vez, el Nódulo Sur nos está indicando el contenido de las aversiones y los temores; las áreas emocionales y mentales en donde tendemos a reaccionar o impresionarnos fuertemente. Estamos en el plan de mejorar nuestra vida y para ello nos sirve todo lo que traemos del pasado como conocimientos, habilidades y técnicas.

**Trigésimo octavo año** **Júpiter** comienza por cuarta vez su cuadratura de alejamiento con su posición natal, mientras la **Luna Progresada** hace su segundo quincuncio de alejamiento con su posición natal.

El Sol, Marte y Júpiter siguen aconsejándonos al ir abriendo puertas que nos acercan cada vez más a la cuarta década de edad. Marte quiere vitalizar la materia viviente que somos para que vivamos regenerados, y ser con pasión la fuerza con la cual lucha el organismo contra las enfermedades que puede traer el quincuncio de la Luna Progresada.

Ahora hay que estar atentos de los ofrecimientos que nos hace **Júpiter**, pues no todas las opciones que él nos presenta han de ser a nuestro favor; ya casi comienza la oposición de Urano y hay que estar atentos, entonces, a los caminos que nos muestra Júpiter bajo este adverso aspecto que se nos presentó por última vez alrededor de los veintiséis años, cuando iba a comenzar la importante edad de los veintisiete a los treinta años. Pues bien, ahora Júpiter vuelve a ser fundamental y hay que estar atentos a nuestras aspiraciones. Como este ciclo señala la fortuna y la fuerza expansiva, pero ahora un tanto frenada, es bueno no cometer extravagancias, exageraciones, imprudencias, autoindulgencias, hipocresías ni ninguna clase de excesos, pues la escasez económica ronda. Estamos tratando de ser muy realistas en medio de una gran cantidad de compromisos que nos ofrece y nos hace hacer la vida, de modo que no está de más adaptarnos una vez más a las circunstancias del camino.

El quincuncio de alejamiento de la **Luna Progresada** lo tuvimos por última vez alrededor de los once años de edad. Dependiendo de nuestra evolución emocional, podemos ser tan creativos y variables en ese sentido, que aparecen desvelos y ajustes porque definitivamente hay nueva relación emocional en cierne. Este es un aspecto que tiene que ver con nuestras funciones naturales en general y cómo funcionan éstas; por tal motivo pueden presentarse bloqueos, desequilibrios, dolencias, inconvenientes y molestias emocionales o físicas que no nos dejan progresar.

Tenemos que darnos cuenta de ser una entidad independiente con un determinado propósito por cumplir, para poder desarrollar las capacidades evolutivas con flexibilidad y perseverancia en este proceso de perfeccionamiento en el cual estamos. Vamos descubriendo la completa vida interna personal mientras eliminamos todo lo superficial o inútil que hay en nosotros y a nuestro alrededor. Como queremos encontrar mejores técnicas para facilitar nuestra evolución y hacer mejor las cosas, hemos de exigir a los demás que trabajen por nosotros con la misma dedicación que nosotros lo haríamos por ellos.

**Trigésimo noveno año** **Júpiter** comienza por cuarta vez su trígono de alejamiento con su posición natal; mientras **Urano** inicia su única oposición con su posición natal.

Aún sigue regentándonos la tríada de fuego representada por el Sol, Marte y Júpiter, quien está haciendo un excelente aspecto.

**Júpiter**, el planeta de los viajes, los lejanos horizontes y abrir puertas, nos da la oportunidad de alcanzar el éxito al cual estamos destinados en esta etapa de nuestra vida; asunto que logramos por esfuerzos propios y compartidos con otras personas. Tal vez por eso somos más optimistas y logramos cierta tranquilidad mientras observamos las ventajas y las nuevas perspectivas que nos trae la vida. Somos entusiastas en una época en que se termina nuestra tercera década de vida y en donde ya debemos ser reconocidos dentro de un grupo especializado de nuestra profesión. Si tenemos la vena de escritores o de oradores, ya sabemos comunicar a los demás nuestras brillantes ideas y comprender las de ellos.

En definitiva, a Júpiter le encanta expandir desde el centro hacia afuera todo lo que toca o el potencial de alguna cosa y, en ese sentido, la expansión la sentimos nosotros mismos. También refleja nuestra posición ante el cosmos, y la fe que vamos a necesitar para encarar el aspecto de Urano y nuestra entrada a la década de los cuarenta.

¡Atención¡ comienzan a sentirse los efectos de la primera y única oposición de **Urano** con su posición natal en nuestra via; aspecto que nos acompañara por lo menos dos años más en sus efectos. Nos miramos al espejo y ¡¿qué vemos!?: el paso de los años. Cuántos de nosotros comenzamos a sentirnos viejos al alejarnos del tercer piso e introducirnos en la cuarentena de nuestra vida. Pues bien, es ahora cuando debemos saber qué hay que corregir de nuestra vida; como somos muy realistas con la caspa que vemos sobre nuestros hombros o adentro de nosotros mismos, debemos quitárnosla de afuera y de adentro. Estamos desarrollando una nueva individualidad, más sana, sin agresiones, pero también sin dejarnos apagar nuestro deseo de independencia. Fortificamos aquello en lo cual nos sentimos inseguros, nos orientamos en lo que parece no saber qué posición adoptar, y continuamos preguntándonos con más fuerza en qué o con quien sí, y en qué o con quien no debemos cambiar a nivel familiar, emocional, mental o profesional. Pueda ser, entonces, que tengamos que separarnos de algunas de estas facetas de nuestra vida y tomar otro rumbo.

Urano nos está arrancando de algún tipo de sueño y nos ayuda a conocer lo que debemos ser ahora; y a ser conscientes de que el modelo del universo entero se halla en nuestro interior; así como a despejar y disipar las vagas brumas y nubes que nos alejan de nosotros mismos. Debemos, entonces, desprendernos de reacciones y situaciones emocionales que no nos permiten vernos a nosotros mismos con claridad; y destruir ilusiones incuestionables y la vida, por no estar a la altura del ideal de un futuro mejor. Reubicamos así nuestros asuntos diarios, mientras tratamos de controlar los nervios y la tensión; estamos muy atentos a todo aquello que nos digan las personas que más nos conocen y en especial si es acerca de nosotros mismos. Vamos buscando una vez más la compañía de personas que vean la vida de una forma diferente a la nuestra, pues algo en nosotros nos dice que podemos aprender mucho de ellos; y en vez de enfrentarnos a los demás, debemos trabajar sobre aquellas partes que sabemos que debemos corregir. Precisamente, para eso es la oposición-espejo: para renovarnos y así atraer a otros seres con ideas de vanguardia y progresistas, como le gusta a Urano. Estamos creciendo al ir eliminando los obstáculos interiores, mientras nos comprometemos con el futuro para construirlo de nuevo y sin dudar acerca de nosotros mismos; y como no podremos seguir siendo como éramos antes, entonces debemos cambiar 180° de acuerdo a como está transcurriendo la forma en que visualizamos el mundo que hemos estado viviendo. Para entrar a los cuarenta, estamos adoptando todas las técnicas que sabemos que significan un nuevo comienzo: llegar a la Tierra Prometida.

**Cuadragésimo año**       **Júpiter** hace su cuarta oposición con su posición natal, mientras que desde el año pasado **Saturno** está en su segundo trígono de alejamiento con su posición original. **Plutón** hace su única cuadratura de alejamiento son su posición natal y la **Luna Progresada** hace su segunda oposición con su posición original.

Esta es una importantísima edad a la cual la regencia del Sol, Marte y Júpiter se ve atareada por los múltiples aspectos que vienen de la edad anterior más los que ahora se forman. A la oposición que traemos de Urano debemos añadir la de **Júpiter**, la última de las cuales fue alrededor de nuestros veintiocho años, y la anterior hacia los diez y siete o diez y ocho años de edad; años, todos, que fueron tan importantes en nuestra vida. Bien, ahora regresa una nueva oposición en otra etapa fundamental, cuando llegamos a los cuarenta años y Júpiter nos muestra el propósito de haber encarnado en esta vida. ¿Conoceremos cual es la ley escrita para cada uno de nosotros? ¿Saldremos del desierto? ¿Encontraremos nuestra Tierra prometida? ¿Dejaremos atrás el diluvio personal? ¿Saldremos de la soledad? ¿Dejaremos la cuarentena?

Esta es una edad de acción que nos produce un nuevo aumento de conciencia, pero sin llegar a expandirnos jupiterinamente más allá de ciertos límites saturninos razonables porque, si tensionamos mucho la cuerda de la vida, hemos de rompernos por el lado más débil de la existencia; además, no olviden que están en juego nuestras relaciones personales, pues este aspecto nos pone en concordancia con personas cercanas a nuestro mundo exterior. Y Júpiter quiere transportarnos lejos de lo mundano.

Nuevamente miramos los toros tras la barrera pero, a menudo, con falta de objetividad al proyectar sobre los demás nuestra propia naturaleza. Nos corresponde ser más prácticos al aceptar aquello que logramos desde lo que ambicionábamos cuando se efectuó la conjunción a mitad de la década pasada o antepasada. He aquí una energía jupiterina que se nos opone a nuestras aspiraciones ya bien sea en la relación consigo mismos o con los demás, para hacernos enfrentar con aquello que proyectamos en las personas con las cuales tenemos que llegar a acuerdos ¿Qué es lo que no vemos en nosotros mismos que los demás sí ven?

Mientras Júpiter nos hace revisar nuestras metas, **Saturno** nos permite encontrar un camino más sólido y seguro. Saturno hizo el primer trígono de alejamiento cuando teníamos cerca de los diez años de edad y desde entonces ha pasado bastante agua bajo el puente. Es muy fácil que sigamos el ritmo de los acontecimientos saturninos desde cuando se efectuó la conjunción cuando teníamos veintiocho años de edad. Como ahora nos podemos sostener más firmemente por sí mismos, creemos en nosotros para realizar lo que siempre hemos querido hacer según los potenciales e intereses que nos motiven. Lenta pero muy seguramente nuestro destino puede avanzar, mientras vamos influyendo sobre los demás para obtener logros profesionales, políticos, sociales o emocionales. Como lo que buscamos ahora en nuestro medio ambiente nos procurará más estabilidad profesional y, en especial, en temas legales y de construcción (del destino), debemos estar pensando en qué es aquello que más ambicionamos en la vida, basándonos en nuestra honestidad y experiencia; y continuar tras su logro con tenacidad y organización, cumpliendo con nuestros deberes y obligaciones; pues los "puentes" que construyamos o establezcamos en esta nueva década de nuestra vida con nosotros mismos y con las demás personas, serán sumamente durables.

Es una edad para observar qué nos tiene aún aferrados al pasado y cortar por lo sano con personas, situaciones y estados que sabemos que no deben seguirnos encadenando o bloqueando la vía. Debemos pagar deudas y quedar en paz con ese pasado (legal, físico y emocional), mientras vamos soltando lo que arrastramos; pues es época de estabilizar nuestra vida en general. Saturno nos permite alcanzar la moderación en la expresión, las esencias suprasensibles y las metas; es más, Saturno hace que disfrutemos más de nuestras metas si las logramos más tarde en la vida.

Ahora debemos concentrar la actividad mental en un objetivo, y la conciencia, la experiencia y nuestra voluntad en una finalidad determinada; empezando por conciliar nuestra intransigencia y rigidez, con la dulzura y la morbidez. Saturno conduce nuestra mente a la contemplación de asuntos más altos y más ocultos, mientras buscamos y necesitamos la aprobación social, la estabilidad, el poder de concentración, de seguridad, de tradición, una memoria tenaz, una profunda penetración a fuerza de largos esfuerzos reflexivos y un espíritu conservador. Con base en esas herramientas debemos continuar con algo en especial hasta cuando lleguemos a una conclusión determinada.

Ya es hora de haber cosechado lo sembrado en experiencias anteriores; ahora es el momento de crear teorías de orden cada vez más general. Saturno siempre quiere cristalizarnos en nuestras supremas ambiciones, las experiencias, las formas, el pasado, la realidad y tanto el potencial perjudicial como el útil. A esta edad es bueno descubrir comportamientos que nos llevan a la repetición de errores, y los patrones de esas experiencias pasadas; pues Saturno encarna esa voz interior que nos administra, advierte, condena, desaprueba, detiene, guía, inhibe y sostiene en el camino. En definitiva, esta edad nos quiere encarrilar por el sendero (cuando nos hemos extraviado) sin importar el precio a pagar.

Saturno ha encendido en nosotros el deseo de conocer los misterios de la vida y de la naturaleza; de encontrar a una persona adecuada en el momento correcto, y la libertad mediante la comprensión de nosotros mismos. Es bueno, entonces, enfatizar el hecho de tener todo arreglado correctamente y la necesidad de sentirnos bien aislados de la agresividad externa. Comenzar esta década significa que hay que establecer e imponer límites necesarios y reglas a nuestro alrededor y sobre la voluntad, para preservar la integridad de nuestro ser. Hay que evaporar toda la materia pegajosa que haya en nosotros.

¡Qué tan importante es comprender que Saturno hace que pasemos de la acción práctica en el mundo externo y presente, a aquello que es nuestro mundo interior de pensamiento! Ya no es época de renegar y, en ese sentido, Saturno también hace que alcancemos una individualidad consciente y nos identifiquemos con las limitaciones impuestas ahora por él mismo. Como lo existente en el plano material ahora obtiene un nuevo significado para nosotros, Saturno nos impone cargas y disciplina para que comprendamos la importancia de nuestras propias necesidades y de la retribución. Al comenzar la cuarentena, Saturno nos informa cuales procesos no están en sintonía con la Ley, y sobre aquellos aspectos personales que debemos atender y cultivar en nosotros En resumen, Saturno está transformando nuestras ambiciones, estructura laboral y prioridades de vida.

Sin embargo, no hay que olvidar que **Plutón** comienza su primera y única cuadratura de alejamiento consigo mismo. Los efectos de este aspecto pueden haber comenzado a sentirse desde finales de la década pasada, pero es ahora cuando, doblando esta importantísima esquina de nuestra vida, dejamos atrás los paisajes conocidos y tomamos nuevos rumbos emocionales, profesionales, espirituales o, literalmente, viajamos a otras partes del mundo. Estamos enfrentando nuestro pasado y debemos hacerlo de forma tal que nuestro futuro no sea dramático; también estamos sacando de nuestra vida todo lo que no es útil: actitudes, cosas, sucesos, relaciones, lugares, personas, ciertos momentos terminan para el nuevo crecimiento de nuestra conciencia. Vamos buscando nuevos valores, aceptando los que nos llegan y teniendo otras actitudes ante los sucesos de la vida que ahora nos parecen negativos, pero que para aprovecharlos mejor, despertarnos, levantarnos y andar por la nueva década que apenas comienza.

Es el momento para tomar decisiones drásticas, pues Plutón nos acosa, agita y espolea como el vértigo de la destrucción. Pensamos en hacer cosas para nosotros mismos, mejorar nuestra economía personal y poner en orden nuestros asuntos personales mundanos, en medio de una época en la cual, como vienen sucesos inesperados, debemos saber con quienes nos asociamos emocional y profesionalmente hablando.

Estamos afrontando en soledad la experiencia de profundizar en el laberinto de la vida, para que nos encontremos con nosotros mismos, mientras Plutón nos está alentando a la formación de un desafío o de un problema difícil; él busca nuestra transformación y el cambio a través de la intensidad y la presión en las relaciones personales; le encanta cortar el hilo que ata dos vidas opuestas y, a la vez, crear conexiones hacia otros mundos y dimensiones inimaginables. Todo ello nos lleva a crecer a través del lado destructivo de las emociones y a cultivar el poder de la voluntad mediante la vida en soledad y el ascetismo.

Bajo esta cuadratura, Plutón quiere demostrarnos la manera en que más podemos deshacernos del área en la cual nos reprimimos y así experimentar un nuevo sentido de poder personal y de autodominio. Pero cuidado, a Plutón le encanta separar a las parejas. Como ahora hay que dejar en libertad una parte mayor de aquello que somos, a esta edad y con este aspecto, se comienza a desgarrar nuestra identidad fundada en el Ego, para descubrir nuestra verdadera esencia. Hay que destruir y eliminar completamente las formas, las fronteras y el pasado; todo aquello que impide la universal plenitud del espíritu y que ya ha caducado en nuestra vida; lo burdo o imperfecto que nos mantiene inmovilizados; renovar y volver a crear (un futuro) y viejas pautas de conducta, de pensamiento y psicológicas. Igualmente hay que eliminar el parásito estancamiento del crecimiento, y los aspectos superados del yo para que nuestra regeneración pueda suceder; debe os desechar toda clase de residuos psíquicos que impidan nuestro desarrollo.

Es necesario comenzar a liberarnos de todo lo antiguo; pero también a liberar el material más profundo interno; las fuerzas de destrucción; la energía vital que mora en el interior de las formas y lo perdurable de lo transitorio; así como los profundos recursos de poder vibratorio o en nuestro interior. Como Plutón hace que algo termine del todo para dar lugar a lo nuevo, y que hagamos un aporte significativo a la sociedad, nos indica cómo debemos y vamos a influir en los demás; el terreno en que debemos estar dispuestos a morir psicológicamente para renacer en una nueva experiencia; y aquello que hay que sacar a la luz y, posiblemente, descartarlo. Estamos integrando en nuestro yo consciente las experiencias misteriosas, y las potencialidades positivas que habíamos negado antes. Con más frecuencia Plutón nos ha de llevar al infierno, y traer a la superficie lo que está enterrado en nosotros: nuestro lado más oscuro y todos los apegos y deseos, para ser integrados a la psique, purificados y transmutados. Pero, para lograrlo, necesitamos poseer el coraje necesario para enfrentarnos a las compulsiones y los deseos más profundos, y transmutarlos mediante el esfuerzo y la intensidad de la experiencia.

A partir de los cuarenta, Plutón nos va a revelar el Ego viejo; el ámbito de la vida en el cual debe haber una regeneración completa; el terreno en el que la voluntad de cambiar tendrá el impacto más fuerte y aquel en que más nos resistimos al cambio; qué pautas del ser tenemos que dejar salir, eliminar o rechazar;

qué trabajos tenemos que hacer en niveles profundos de nuestro ser; y la visión más eterna o más profunda que subyace en nosotros. Plutón va a relacionar al Ego saturnino con un centro mayor del ser. El es ahora, el representante del área de la vida en la cual podemos obtener más gratificaciones provenientes del verdadero autodominio; y aquella en la cual nos veremos constantemente desafiados a utilizar nuestro poder para alterar de una manera drástica las situaciones estancadas. Estamos en mora de revisar los valores prevalentes que deben dar paso a una nueva visión.

Durante años por delante Plutón va a socavar nuestros marcos de referencia; va a sumergirnos en las regiones más profundas del inconsciente; va a traer a la luz lo que el yo interior aprendió, y a la superficie estados ocultos o subliminales; y con ello lo que debe eliminarse, los cambios profundos, las experiencias definitivas y lo reprimido. Va a transformar radicalmente el uso de la conciencia, de la mente, de nuestros poderes, de la oscuridad interior, de la personalidad, del poder de la voluntad y de los recursos interiores. Si, los cuarenta no son años fáciles.

Con su oposición, la **Luna Progresada** también nos ofrece retos cuando queremos verter encima de los demás todas nuestras insatisfacciones emocionales. Pero, a su vez, el medio social tratará de volcar sobre nosotros los reclamos que la gente tenga para hacernos. Tenemos la vista emocional nublada a la hora de relacionarnos con las demás personas y el mundo en general; podemos llenarnos de inquietudes y conflictos internos que nos exasperan y, en especial, al tratar de comunicarnos con los demás, lo hagamos o no. Como la Luna nos muestra lo que simbólicamente está muerto en nosotros, es hora de vernos a nosotros mismos a través del significado lunar de nuestra carta astral natal.

Además, siendo una importantísima edad de pruebas, de alguna manera la vida nos va a "castigar" y, en espera de ello, necesitamos estar preparados para algún tipo de aislamiento. Vamos a descubrir lo que significa una vida con un propósito y con una intención consciente; y la objetividad y la claridad en cuanto al propósito de nuestra vida a través de las relaciones. Hemos de encontrar todo dentro de nosotros mismos, para ver florecer y generar mayor espontaneidad; así como hacer que las formas tengan significado en las estructuras de nuestra vida.

Iluminar y realizar son dos actitudes necesarias para lograr infundir significado a nuestra vida en la estructura que hemos construido. Debemos integrar las polaridades existentes en nosotros y los demás, a través de nuestra realización, y pensar más antes de actuar. Habiendo procurado obtener un significado con el cual llenar de sentido la estructura de nuestra vida, progresamos hacia un estado mental más consciente y despierto.

**Cuadragésimo primer año**  Como en este año continúan afectándonos la mayoría de los aspectos que comenzaron desde los treinta y nueve años, esta edad es una prolongación de aquello que nos viene sucediendo desde años atrás. La regencia del Sol, Marte y Júpiter dice que tenemos que basarnos más en nuestra nobleza y tranquilidad dejando atrás lo que nos emborracha. Pensamos que como es la mejor edad para la madurez emocional y de más conciencia, ojalá hubiéramos tenido esta conciencia a los veinte años; ahora somos más claros en lo que queremos en la vida, estamos más ubicados en ella por medio de las crisis que estamos viviendo.

Entrados en los cuarenta, Júpiter, el encargado de portar los dones kármicos y de preservar la esencia de la semilla que somos, comienza poco a poco a promover la distensión y el logro inevitable de la síntesis final de algo en nosotros. También nos puede proporcionar el cumplimiento de algún tipo de deseo, además de protegernos y cuidarnos mientras nos vamos introduciendo en esta nueva década de vida. Como vamos a satisfacer la demanda de algo, debemos aprender a ser generosos y magnánimos. No hay que olvidar que, de alguna manera, somos representantes del orden social en el cual vivimos y es allí en donde debemos proyectar lo Divino desde nuestro interior.

**Cuadragésimo segundo año**     Algunas veces, estando **Júpiter** en oposición consigo mismo, pronto comienza por cuarta vez su trígono de acercamiento con su posición natal; **Saturno** está en su segundo quincuncio de alejamiento consigo mismo, mientras **Urano** sigue estando en su única oposición con su posición natal, y **Neptuno** en la única cuadratura de alejamiento con su posición radical (por generación Urano puede hacer un trígono de alejamiento con Neptuno) La **Luna Progresada** comienza su segundo quincuncio de acercamiento con su posición natal.

De la mano del Sol, Marte y Júpiter, ahora Saturno nos acompaña en la regencia por edades hasta cuando tengamos cuarenta y nueve años. El Sol, Marte y Saturno, que representan los atributos de nuestra identidad individual, son los llamados planetas "egoístas" que respectivamente significan autorrealización, autoafirmación y autopreservación.

De su mano estamos atravesando la crisis de la mitad de la vida; y tanto es así, que Urano ya no puede alejarse más de su posición natal y desde ahora comienza su regreso al origen... **Júpiter** nos invita a cosechar lo que hayamos sembrado en los años anteriores porque, si se lograron sortear las dificultades, entonces recogemos lo que queríamos o lo que se pudo; y eso genera ayudas, creatividad, expansión, facilidades, oportunidades y viajes gracias a los esfuerzos acumulados. Pero también es cierto que cada vez los logros son más sociales y sentimos una gran empatía, comprensión, elevación, esperanzas, fe en sí mismo y con el prójimo, con humanismo, idealismo, inspiración, tolerancia y entendimiento de las necesidades ajenas y propias.

Con el quincuncio de **Saturno** -que puede haberse iniciado en la edad anterior- es muy probable que la salud de uno de nuestros progenitores, especialmente el padre, entre en un período crítico; que de estar acompañado por otros aspectos adversos, puede llevar a alguno de ellos a la tumba. Saturno viene a minimizar nuestra vulnerabilidad, estableciendo límites apropiados y una autodisciplina que mejore nuestra rutina diaria en el mundo externo y en la salud personal. En ambas áreas corresponde hacer ajustes urgentes, en medio de las indecisiones que estemos viviendo.

Hay quienes vamos más allá y, entonces, "morimos" por el objeto de nuestros afectos; es decir, reciclamos toda nuestra existencia poniendo como excusa a alguien en particular. En ese sentido, Saturno nos mostrará aquellas áreas de la vida que necesitan atención especial para ser desarrolladas adecuadamente. Ahora poseemos una llave, algún tipo de conocimiento que no sabemos aún cómo utilizar perfectamente; sólo cuando lo llevemos a la práctica de la vida diaria, y cuando nos sincronicemos con el tiempo externo, encontraremos cuales son aquellos factores que nos ayudan a ganar el respeto ajeno a través de dicho conocimiento.

Saturno está abriéndonos paso a las fuerzas espirituales por la vía del desasimiento (abandono) y de algún tipo de soledad como un puro deber. No hay que olvidar que él actúa como agente divino de la suprema justicia, equilibrio y sabiduría; como eslabón o puente entre lo exterior-no ser y el mundo interior del ser; como puente entre lo personal mortal y la parte superior, espiritual e inmortal, y de acuerdo con nuestras actuales necesidades de seguridad y temor de ser superados, así como en conexión con nuestro karma individual. Él está interesado en condicionar nuestro grado de evolución, de fe y de visión acerca del pasado. Creo que ya debimos haber aprendido acerca de cómo confiar en cualquier cosa que dura largos períodos, en los propios recursos y en el trabajo en particular. Y, en ese sentido, cada vez más es muy importante conocer lo significativo que en realidad es todo lo que hacemos.

Por eso es bueno conservar, garantizar y preservar la energía, nuestra existencia y las tradiciones que valgan la pena; así como construir barreras, defensas sólidas y escudos para protegernos de ser atrapados por fuerzas externas más allá de nuestro control; capas protectoras y significativas de conciencia; estructuras fortificadas que aíslen nuestras fortalezas. Pero en esa dirección hay que saber hacerlo porque también podemos contraernos y hacernos insociables.

Saturno siempre nos sirve para crear una base firme de operaciones y para construir buenas pautas de conducta; al igual que crear y estructurar formas y un universo ordenado y pulcro. También hay que dar los pasos necesarios para comprender las amarguras que nos invadan y para desaparecer los muros construidos alrededor de nosotros mismos por nuestra propia mente. Ya debemos saber como dividir y separar lo basto de lo fino, lo impuro de lo puro, dentro y fuera de nosotros mismos. Por ello hay que enfrentar o trabajar y tolerar la naturaleza ambivalente de uno mismo, del mundo y de la soledad. Hay que equilibrar todas las emociones, las fuerzas del espíritu y de la materia; porque, de todos modos, Saturno nos está espiritualizando, purificando y refinando cada vez más.

Debemos ponernos a la tarea de excluir de la conciencia aquellas partes que no nos gustan y que nos hacen sentir incómodos, para que no se frustre nuestra acción; por tal motivo, a esta edad, debemos hallar situaciones que nos permitan el control y la conducción central de nuestra vida. Saturno nos indica lo que deberíamos ser; los puntos en donde nos sentimos débiles (aún en lo físico), incompletos o inseguros; qué tipo de trabajos tenemos que realizar; una contracción personal de nuestro ser interior en pos de una mayor confianza personal y fuerza interior; así como una importante tarea por desarrollar ahora.

Bajo este aspecto de Saturno vamos a levantar barreras y muros protectores contra la amenaza de las heridas quironianas, y para no perder nuestra forma y estructura. Al fin y al cabo él marca -y más con este quincuncio- el perímetro del Ego, nuestras debilidades más manifiestas, las restricciones, los límites de la generación a la que pertenecemos, nuestros puntos de mayor frialdad y vulnerabilidad, y todo lo que podamos ver desde la altura de la "montaña". Es ahí cuando él mide nuestra ambición, la aptitud, la capacidad, la competencia, el compromiso, el crecimiento, el cumplimiento, la estructura, la firmeza, el límite, la madurez, el orden, la responsabilidad, la seriedad y la solidez personal que hemos alcanzado.

Él nos ofrece la oportunidad de sufrir para, a través suyo, aprender a analizar y decidir correctamente los valores superiores. Pero hay que tener cuidado, pues ahora Saturno origina avaricia y pobreza (símbolo del despojo mental en la búsqueda ascética y de desprendimiento material por ascenso espiritual) Es bueno pagar las deudas adquiridas y permanecer firmes en la reunión de los objetivos; y neutrales y normales en el punto de un resultado cualquiera. Pero cuidado, porque también hay una tendencia a resistirnos tercamente (Saturno) a la necesidad de cambiar (Urano), así como separar lo real (Saturno) de lo irreal (Neptuno)

Por tal motivo, estamos viendo cómo establecernos y preservarnos profesionalmente a través del esfuerzo necesario que por destino nos corresponde hacer, mientras **Urano**, con su oposición desde los 39 años, quiere liberarnos del pasado de la forma drástica en que ha venido haciéndolo desde entonces. Urano nos ha de afinar con la verdad (como símbolo de pureza), en una etapa en la cual debemos bailar sin molestar a nadie; porque él es el encargado de coordinar y sincronizar nuestras diversas funciones orgánicas y sus ritmos correspondientes, entre sí y con el universo. Si Saturno es el Ego, Urano quiere destruirlo y elevar la mente para abrirla y activarla (hay que recordar que el cerebro tiene mayor número de conexiones posibles entre células nerviosas, que el número total de partículas atómicas que hay en el Universo regido, precisamente, por Urano) Él es especialista en formar nuevas pautas de comprensión y en investigar los espacios interiores del universo creativo oculto en nuestro interior.

Es el momento, entonces, para llevar la belleza del conocimiento y del intelecto a un nivel más creativo, inventivo y original, mientras Urano nos otorga una visión intelectual e intuitiva de una vida más vasta. En última instancia, ahora vamos a transformar el Ego consciente, el espíritu, el sentido de libertad, de finalidad individual, de nuestra singularidad personal y la vida, a través del entendimiento y la concepción mediante la claridad mental. Además, el aspecto que hace Neptuno, ayuda a Urano a trasladar toda la información más allá del nivel individual para incluir la conciencia colectiva.

La primera y única cuadratura de alejamiento de **Neptuno** consigo mismo, es como una patada en el rabo que, al corrernos una especie de velo que teníamos encima, nos deja despiertos en otra realidad muy diferente de la que pensábamos estar viviendo. Como tras la tierra prometida seguramente nos hemos perdido en un laberinto de posibilidades y aspiraciones sin cumplir, estamos viviendo un encierro interno literal o simbólico. Buscamos más estabilidad en medio de la soledad, pero para lograrla debemos escaparnos menos de nosotros mismos aceptándonos más realistamente; saber qué es lo que verdaderamente necesitamos y salir de aquello que no; analizarnos más honestamente venciendo los ideales suicidas escondidos y tomando las decisiones pertinentes para nuestra evolución personal y social, pues del ser que éramos ni la sombra está quedando.

Como estamos sintiendo muy bien qué cambios hacemos y cuales nos obligan a hacer, debemos ser más prácticos y responsables en nuestra vida privada-emocional y profesional-social, para que las tensiones cedan y lo destapado que salga a flote no nos perjudique. Debemos saber qué nos atrae y cortar sanamente con aquellas atracciones o adicciones -incluyendo las emocionales- que nos intoxican.

Hay que hacer realidad el hecho de actualizar el amor altruista y la belleza ideal entre los seres humanos; amar la vida misma y todo lo que la vida expresa, sin pedir nada a cambio. Es fundamental aumentar nuestra capacidad de empatía y el sentimiento de estar conectados con todo lo que existe; así como ayudar a otras personas a comprender más plenamente la necesidad de nutrición cósmica, y a trascender la realidad de todos los días. Para ello nos sirve conocer en qué forma se puede servir a la humanidad; que el alma humana emana de lo divino; que todas las cosas vivientes están interconectadas y que además formamos parte de una inmensa fuente de vida creativa.

Sí, este aspecto de Neptuno, con la participación de Saturno, nos ayuda a definir la misión divina de la generación a la cual pertenecemos, y la razón por la cual nuestra imagen personal debe ser sacrificada para que aparezca la realidad. Cada año que pase, Neptuno irá despertando a nuestras fuentes internas de inspiración, a nuestro yo interior, el deseo de buena voluntad entre todos, de lo completo, de la espiritualidad, de la paz, de la unión con lo Divino. Pero, como el aspecto es una cuadratura, hay que aprender a hacer frente a la propia oscuridad; que la luz sea accesible y que sintamos la vida de la forma más directa e intensa cuando todo parezca derrumbarse a nuestro alrededor. Y, como también nos estamos percatando de si nuestros recursos económicos nos alcanzan para llegar a donde deseamos, ahora que escalamos la cuarta década de vida, entonces debemos salir del atontamiento, de la confusión e incompetencia, observándonos sin criticarnos y dejando ir a quienes se tienen o quieren ir de nuestro lado; debemos ver la verdad de nuestra vida tal cual es y, sin espejismos, saber qué es fantasía y qué es realidad. De alguna manera nos conviene ser drásticos con nosotros mismos, quitarnos la venda de los ojos y reconocer que hoy nos estamos comiendo lo que cocinamos ayer…

Algunos de nosotros podemos vernos propensos a satisfacer las obligaciones de la sociedad como un deber espiritual y a vivir desde la perspectiva de un corazón más comprensivo y un ideal; para lo cual nos ayuda la Luna. Además del aspecto de Neptuno, el de la **Luna Progresada**, según nuestro actuar reciente, es un momento de soledad voluntaria o forzosa, que nos lleva a sentirnos cual mártir, sacrificado o penitente en algún área de la vida. Como podemos ir de dicha a tristeza, de armonía a rompimiento o viceversa, el quincuncio lunar progresado debemos aprovecharlo para reforzar nuestro realismo y dedicarnos a resolver problemas para salir de las crisis; es como necesitar a alguien, pero no resistir su presencia y por eso lo repelemos sin dejarlo ir por la misma necesidad de necesitarlo. Aquí la Luna indica una renuncia a la voluntad del poder personal para acomodarnos a fuerzas mayores provenientes de la familia (el padre), la sociedad, la religión, la política, físicas, etcétera; asunto reforzado por la cuadratura de Neptuno que merma nuestra fuerza de voluntad.

La vida tiene un fuerte sabor a muerte y, entonces, sentimos una gran necesidad de reorientar nuestras miras según la sociedad en la cual vivimos. Queremos regenerarnos, entender nuestros procesos de percepción interna enfrentando al guerrero que somos con la bestia emocional que nos domina. Este enfrentamiento nos matará, nos enfermará síquicamente o rejuvenecerá ante la fuerza vital. El objetivo de este aspecto a esta edad, es permitir superarnos e integrarnos con el yo de una forma más efectiva, por medio de zafarnos de aquello que no somos.

Exhibir el fruto de nuestras realizaciones debe ser uno de nuestros propósitos de vida; como también expresarnos a nosotros mismos mediante la utilización de nuestros conocimientos y de nuestra visión particular de la vida. Dicha actitud nos permite integrar nuestros valores en una útil y personal filosofía de vida; manifestar nuestros objetivos; participar en un grupo determinado aunando esfuerzos colectivos; penetrar más en nosotros mismos; personificarnos y vivir de acuerdo a nuestros propios valores, así como propagar el significado de lo que para nosotros es la vida.

La Luna, que siempre quiere revivir sueños, nos muestra nuestro instinto materno y el ansia de cuidar de los demás, proteger la vida y proveer un grado de cumplimiento para nuestras necesidades requeridas. ¿Qué necesitamos ahora? ¿Quién necesita de nosotros? Lo sabremos en la próxima edad

**Cuadragésimo tercer año**      Comienza el **Sol Progresado** su única semicuadratura de alejamiento con su posición natal.

A una edad en la cual el Sol ya no es más nuestro regente, Marte y Júpiter, junto con Saturno, nos siguen regentando. Estos planetas son llamados la tríada positiva-masculina (inician procesos de vida) en contraposición a la Luna, Mercurio y Venus. Nos enseñan respectivamente a ascender evolutivamente en el peregrinaje del alma desde la inocencia hacia la iluminación; por medio del deseo-acción-impulso en la formación del temperamento, el equilibrio organizador y expansivo del ego, y el autocontrol del mismo en su relación con el ambiente.

También nos instruyen en corregir errores, el primero; a utilizar todo nuestro potencial, el segundo; y nos informa qué dice la ley, el tercero. En su orden, como acabo de mencionar, son deseo, equilibrio y autocontrol. El uno activa, el otro preserva y el último construye. También se relacionan en su orden, con el deseo o anhelo del alma, con la materia viviente y con la naturaleza del alma a punto de nacer. El primero es lo ácido positivo masculino, el segundo la sal de la tierra y el tercero es lo alcalino negativo, femenino.

Marte (que es el deseo personal de vivir a través de encarnar) activa en nosotros lo que Saturno (que es la naturaleza del alma individual pronta a renacer) construye; y que luego Júpiter (que es el rayo espiritual, la materia viviente que formará el cuerpo) preserva. Es decir, Júpiter es el equilibrio entre las dos fuerzas opuestas que nos hacen evolucionar y que están representadas por Marte y Saturno.

Marte encarna la función de reproducir a través de la acción creadora, el Ego saturnino que Júpiter debe mantener. Saturno, que nos sigue aportando la idea de duración, continúa canalizando nuestro Yo. Estamos consolidando lo sólido en nosotros y depurando y perfeccionando los conocimientos existentes o adquiridos hasta el momento, mientras Saturno está tratando de devorar todas las nuevas posibilidades de nuestra personalidad; siempre nos va a elevar y a evolucionar a través de la experiencia; así como a empujar hacia adentro para razonar o racionalizar los sentidos. Entre más nos profundicemos en esta década, más vamos a enfocar lo esencial, lo relevante y la vida de una manera lógica.

Saturno dice que hay que estabilizar y madurar las facetas de nuestro ser; así como establecer, estructurar y preservar nuestra personalidad, el tema central de nuestra vida y el Yo a través del esfuerzo. Él exige que cultivemos la calma, el desapego, la ecuanimidad y la paz; esfuerzos para darnos lo que pedimos, y que se aplique la ley como debe ser. Saturno sólo habla de realidad y de verdad; es más, como le hace cara a la verdad, esta edad nos impulsa hacia la transmutación espiritual, a logros cada vez mayores y a no retener por mucho tiempo las cosas que están en mal estado. A cambio de ello, Saturno va a recoger y retener el fruto de todas nuestras experiencias y las impresiones formadas en nuestra conciencia a través de las experiencias de primera mano que hemos tenido en los últimos años. Es por tal motivo que es tan importante remover nuestra facultad contemplativa y todo aquello que no funciona o no es productivo; pero también hay que salvar cualquier parte que funcione bien antes de tirar el resto. Ahora es mejor tener todo clasificado, definido y ordenado como le gusta a Saturno, para vivir con la rectitud que no limita ni inhibe a nada ni a nadie.

Precisamente, la despedida del Sol, que nos acompañó desde los diez y ocho años de edad, se produce cuando el **Sol Progresado** comienza su única semicuadratura de alejamiento consigo mismo. Como esta parece la última etapa del paquete de edades que comenzó a los treinta y nueve años, debemos estar muy alerta con la percepción consciente puesta en las posibles plagas y tormentas que se ven a lo lejos o adentro de nosotros mismos, pues este grupo de años ha sido definitivo al completarse la simbólica mitad de nuestra vida. Tenemos que adaptarnos y ceder de nuevo en muchas cosas, en medio de las dificultades para conseguir lo que nos proponemos. A esta edad seguimos irritantes y nerviosos, llenos de fricciones sociales que afectan nuestro honor y los estados morales representados por el Sol. Por ello se recomienda meditar en la importancia de lo que queremos lograr con nuestras acciones, pues existe la posibilidad de que no reconozcamos el mal.

Ahora hay una serie de advertencias que nos pueden volver muy creativos para sortear ese mal, en medio de estímulos sin realización aparente. Estamos a la expectativa sin poder finalizar lo que queremos, y tratando de mantener vivo algún proyecto o abortarlo antes de que sea peor y los acontecimientos se precipiten como sea. Seguramente derramamos sobre el exterior toda nuestra insatisfacción, queremos que los demás se amolden a nosotros y es, precisamente, dicha actitud, quien atrae los resultados negativos hacia nosotros. Hay una hostilidad generalizada y una inadaptación muy real que, si la analizamos a fondo, nos puede mostrar cual es nuestra posición para hallar otra clase de valores mientras hacemos los ajustes necesarios, interna y externamente, para salir del percance que nos ata a determinada situación. Nos gustaría hacer negocios; tener definida de nuevo la pareja de la vida; una buena estabilidad económica; ver bien a la familia y a los hijos, etcétera. Es ahora, cuando pasando por la mitad de la vida, necesitamos de toda nuestra fuerza de voluntad y dominio sobre nosotros mismos, para no parecer como unos desadaptados sociales. Ya no es la edad para eso y, de actuar así, esto sería nefasto para nosotros, pues implica cataclismos, conflictos, desencanto, fracasos continuos, grandes esfuerzos no siempre favorables, guerras y tendencias revolucionarias.

**Cuadragésimo cuarto año**      Está la **Luna Negra** en su quinta conjunción por tránsito consigo misma; mientras **Júpiter** comienza por cuarta vez su cuadratura de acercamiento con su posición natal y **Saturno** su segunda oposición con su posición original. La **Luna Progresada** hace su segundo trígono de acercamiento con su posición natal, y el **Medio Cielo Progresado** su primera y única semicuadratura de alejamiento con su posición natal. Comienza una etapa crítica para el signo Sagitario, que terminará a los cincuenta y dos años. También es una edad especial para las personas Piscis.

Marte, Júpiter y Saturno son ahora los responsables de nuestro crecimiento en una edad llena de aspectos. Comencemos por analizar la **Luna Negra**, quien desde los treinta y cinco años no nos visitaba con insatisfacciones emocionales de todo tipo, que son el común denominador de una etapa en la cual la vida de hogar se nos daña y puede ser que no por vez primera. Nuestra inteligencia instintivo-emocional terrena nos invade y se apropia de nosotros para saber qué tanta conciencia hemos desarrollado a la hora de manejar nuestras insatisfacciones, castraciones e infelicidades pasionales. La intensa tensión inconsciente y la intolerancia que nos dominan, pueden ser culpables de nuestra vida de pareja; mientras que la libre vida sexual, como un virus, se adueña de nosotros a una edad en la cual no queremos perder terreno en esas artes marciales del amor. La mujer puede haber dejado años atrás su fertilidad, posibilidad o ganas de procrear.

Obviamente la cuadratura de **Júpiter** tampoco ayuda para nada a esta etapa de la vida. Se viene encima de nosotros o sobre nuestros planes de vida, algún tipo de tragedia casi inevitable. Si algo es la ruina total en nuestro destino, debemos tomarlo como un sacrificio (sacro-oficio), como lo que se nos opone, como una piedra más en el zapato o en el camino de nuestras aspiraciones que, precisamente, nos dan la posibilidad de cambiar. Ahora aparecen luchas o ambiciones conflictivas, asuntos incompatibles, rechazos a lo que queremos lograr y, por lo tanto, nos corresponde saber adaptarnos a las circunstancias de cualquier índole.

Y la importante oposición de **Saturno** agrega más sinsabores a esta época de la mitad de la vida. En la oposición anterior teníamos alrededor de los catorce años y estábamos entrando a la adolescencia; pero ahora entramos a la madurez. Es la época para cambiar de pareja (otra vez), comenzar de nuevo y sentir el descenso en la vitalidad; mientras los hijos comienzan a marcharse para hacer su propia vida. Ya tenemos la suficiente edad como para que Saturno nos muestre cómo son realmente las cosas desde un punto de vista objetivo y práctico. Engañar a los demás es un pecado relativamente vano, pero engañarse a sí mismo es un error imperdonable; pues el costo de nuestras acciones y deseos sería carísimo. Es el momento para dar y tomar, puesto que estamos en la etapa de la mitad de la vida; también es el tiempo para aplicar el dicho aquel que dice que la moneda tiene dos caras, y la arepa también… entonces, comenzamos a vernos bajo otra óptica y a hacer lo mismo con la vida: mirarla de otra manera.

Con este aspecto tenemos que trabajar alguna especie de caos, despojamiento, espera interminable, esterilidad, y hasta la negritud interna o externa. Ahora hay que aprender a cerrar las brechas que nos dejaron desconectados de la estructura de nuestra psique; tan importante como comprender la formación de todas las cosas y la naturaleza de nuestro dolor. Saturno nos concede recompensas tangibles cuando superamos un reto; y esta es una época de retos que nos puede condenar al despojo y a la renuncia.

Una vez más este ciclo nos conduce hacia un proceso de despertar que nos hace crecer y madurar, tal como sucedió a nuestros tempranos catorce años de edad. Tan solo que ahora hay que aprender a controlar el pensamiento, porque a Saturno le encanta intervenir en todos los procesos de nuestra estabilización personal. Esta oposición nos plantea exigencias; nos pone frente a nuestra avidez; a la frustración para llevar a liberarnos de ella; a prueba nuestra fortaleza y la utilidad de las estructuras, así como deja intactas las que aún son eficaces. Saturno pone a ensayo nuestras habilidades, ideas y valores; así como en movimiento toda manifestación de vida para que seamos un ente independiente y separado del océano de la vida. Debemos poner las cosas en su lugar y mantenerlas así eternamente; y nuestra atención en la vida de cada día.

Ahora debemos responder ante la vida con cautela, y restringir el crecimiento a través de la dura realidad y las energías liberadoras -y las transpersonales- que destruyen todas las limitaciones de la mente y del cuerpo. Como más que nunca es en este instante cuando adquiere valor aquello que nos pertenece, entonces, las escisiones en nuestra personalidad nos llevarán a preguntarnos qué es aquello que en verdad es nuestro; tanto en el trabajo como en la vida emocional, social, intelectual, económica y, en especial, comprender si nosotros mismos tenemos o no alguna importancia para el mundo que creemos que nos necesita. Como es una edad de definiciones sin excesos en el mundo material ni en el espiritual, hemos de encontrarnos con una resistencia externa o interna que debemos superar para poder ocupar un nuevo lugar en ese mundo en el cual nos ha correspondido vivir.

Ahora hay una expansión y un aumento de conciencia por medio de las confrontaciones necesarias consigo mismo y con los demás; y en ese sentido, debemos actuar fríamente, pues el oficio de Saturno es negar absoluta, esencial y rotundamente toda emoción, impulso pasional o sentimiento. De pronto nos vamos a sentir aislados de los demás; no importa, observémonos sin criticarnos porque si llegamos a juzgarnos negativamente, nos invadirían la frustración, el pesimismo, la polaridad y la resistencia al cambio. Si Saturno es el encargado de obstruir, debemos dedicarnos a poner frenos al mal, al miedo, a la frustración, al pesimismo y a retornar a la fuente que nos ofrece la oportunidad de sufrir (un cambio) para, a través suyo, aprender a analizar y decidir correctamente los valores superiores que ahora podemos visualizar en nosotros mismos.

El trígono de la **Luna Progresada** nos da algún alivio en medio de la dura realidad diaria. La primera vez que tuvimos este aspecto fue cerca de los diez y siete años y pensábamos cambiar al mundo; ahora podemos ver qué tanto nos ha cambiado él, especialmente en logros sociales. Sentimos empatía con el medio, pero por los aspectos adversos podemos quedarnos "con los crespos hechos" en la consecución de algunas de nuestras aspiraciones; es decir, sabemos que todo es magnífico, pero nada sucede y esto nos llena de ansiedades y expectativas. Los efectos psicológicos son adversos, producen estrés, tensión, insatisfacción en general y, como no entendemos qué nos sucede, podemos llegar a perder la confianza y la fe en nosotros mismos, lo que nos vuelve excesivamente pasivos.

Todo esto hay que saber manejarlo para no excedernos en nuestras expectativas y volvernos así exageradamente optimistas, ante una realidad que de pronto nos puede mostrar todo lo contrario. Si aprovechamos bien este tipo de aspecto, nos sentimos acicateados a perfeccionarnos en todo el sentido de la palabra; porque algo en nosotros siente que si no lo hacemos, hemos de perder la posibilidad de crecer en medio de los conflictos internos; en especial cuando nos hemos preparado tanto y las situaciones ni eran tan fáciles o tan difíciles como lo esperábamos. Es algo así como producir nuestras propias crisis si éstas no aparecen como las presentíamos; pero, si no manejamos la situación emocional con la altura pertinente, sencillamente nos bloqueamos y nos sentimos tensos ante las circunstancias de la vida (recuerden que el vocablo crisis proviene del griego *crino*: decidir)

El **Medio Cielo Progresado** a hecho su entrada triunfal en lo social, con un aspecto no muy favorable consigo mismo; en donde nos entra una especie de desánimo, de desgano general, de terquedad interiorizada; como si teniendo un problema profesional en nuestras manos, no supiéramos que hacer con él porque le hemos dado poder o permiso a una fuerza pasiva-externa, para que se meta en nuestros planes y pareciera, entonces, que se estuviera gestando un mal. Todo lo contrario, nuestro comportamiento debiera ser ahora cual si fuéramos el constructor universal con ideas, expresividad correcta, idealismo con dominio emocional y mental, y con el poder del reformista de la humanidad. El Medio Cielo está aún en la casa de la humanidad durante muchos años por delante. ¡Qué difícil es llegar a la mitad de la vida!

**Cuadragésimo quinto año**     **Júpiter** comienza por cuarta vez su sextil de acercamiento con su posición natal.

Marte, Júpiter y Saturno siguen acompañándonos y en especial este último, quien avanza en su tarea de construir, conservar y rendir honores a lo conocido y probado; en defender lo que pensamos y sentimos. Él demanda una acción responsable y el pago de todas las deudas que hemos contraído con la sociedad, ahora que hemos cruzado la mitad de la vida. Nos seguirá dotando de organización, ponderación, perseverancia y seriedad, mientras nos vamos elevando mentalmente por encima de las regiones materiales a verdades de orden más universal. Como ahora tenemos que enfatizar nuestra pulcritud y responsabilidad social, necesitamos de nuestra capacidad de sobrellevar, de ser tolerante, de trabajar lenta profunda y duraderamente.

Viviendo esta edad es necesario conocernos más a nosotros mismos como una entidad separada, distinta y autoconsciente, para identificar al nuevo Yo. Es como si ahora, mirándonos de frente, Saturno nos pusiera a prueba y también a nuestros límites; así como el orden establecido en todas las situaciones de sufrimiento o de desafío psíquico. Saturno seguirá poniendo todo patas arriba cuando sea necesario hacerlo.

El solitario aspecto favorable de **Júpiter** fue el mismo que tuvimos por última vez alrededor de los treinta y tres años de edad. Pareciera ser, entonces, que este año se añade al paquete de edades sumadas que traemos con los importantes aspectos del pasado reciente. Alguna ilusión se mantiene viva en nosotros para que sigamos intentando llegar al final del arco iris, ya que nuevas sensaciones se están despertando e invadiendo nuestros estados internos con optimismo y más confianza en nosotros mismos; nuestros esfuerzos pueden dar resultados muy favorables ahora que hacemos conciencia de estar saliendo de la etapa de la mitad de la vida y hemos aceptado el inexorable paso de los años. Tenemos la idea de aprovechar mejor el tiempo, y de ir y venir por la vida mientras se decide nuestro inmediato futuro ante el cual vemos puertas abiertas.

**Cuadragésimo sexto año** Por tercera vez transitada, los **Nódulos Lunares** están en oposición a su posición natal. Comienza **Urano** su único quincuncio de retorno a su posición original.

A Marte, Júpiter y Saturno les corresponde seguir dirigiendo nuestros pasos. Saturno, determinando nuestra idoneidad, los límites de nuestra conciencia subjetiva, nuestra profesión y este tiempo determinado, nos va enseñando a ser pacientes, cómo ser y cómo devenir; también continúa expresando el terreno de la vida en donde radican nuestra dirección, la fatalidad del ambiente, el propósito, la razón, la responsabilidad social y la voluntad que debemos poner al actuar en este momento. Entonces hay que estar muy alerta, pues Saturno va a individualizarnos aún más por medio de los rechazos ajenos, y a limitar nuestra expresión a través del miedo o de algún recuerdo doloroso. Por tal motivo, seguramente nos corresponderá luchar por la existencia desde el alma y la forma. Tenemos que aprender a manejar los componentes tangibles de nuestra vida, pues Saturno nos ha de mantener nuestro status quo entre lo falso y lo verdadero, y a las cosas en funcionamiento a través del esfuerzo necesario.

Pasada la mitad de la vida debemos minimizar nuestra vulnerabilidad estableciendo límites apropiados y una mejor autodisciplina en el mundo externo; especialmente en donde somos sensibles a expectativas y normas sociales, pues con Saturno necesitamos aprobación social y vivir conforme a alguna norma de éxito o reconocimiento. Como él siempre nos ha de presentar desafíos que desarrollen el alma y las limitaciones que debemos superar, también promueve nuestro crecimiento y reflexión consciente en la búsqueda de la verdad abstracta y su aplicación concreta en la vida que llevamos ahora.

Y, si hay que saber cuando y por qué las cosas ya están desgastadas, los **Nódulos Lunares** son fundamentales en este momento de la existencia, pues ambos están en su nueva oposición consigo mismos. La última vez que lo hicieron teníamos veintiocho años de edad. Marte y Júpiter ayudan al Nódulo Norte a mostrarnos el futuro y Saturno al Nódulo Sur a cómo enterrar el pasado. Cerramos un ciclo a una edad perfecta en la cual como el Nódulo Sur quiere conducirnos hacia la disolución y la separación, ahora, con el cúmulo de experiencias que tenemos, comenzamos a influir mucho más en el crecimiento y la evolución de las demás personas; empezando por los hijos que ya deben estar grandecitos. Nos queda fácil recibir una fuerza espiritual para sembrar conjuntamente con ellos o con otras personas, pues podemos ser el pozo de la dicha para muchos de ellos. Iniciamos de nuevo una acción grupal, de acuerdo a la energía que nos pone en buenos términos con el medio en el cual vivimos y en el que nos es más fácil triunfar. Vemos una meta, apuntamos a ella y, además, algunos de nosotros somos o empezamos a ser abuelos. Sí, desde hace rato que podemos serlo, pero es ahora cuando ese suceso (si ha ocurrido) cierra un círculo en nuestra vida y a la vez abre otro; estamos en el centro de un cierre de cuentas separándonos del ayer y acercándonos de nuevo al mañana, pero cargados de más años.

**Urano**, junto con el aspecto que hacen los Nódulos Lunares, quiere que soltemos amarras del pasado; para eso nos promete libertad económica, espiritual y emocional con este único quincuncio de acercamiento. Ahora hay que trascender los límites de la totalidad de nuestro pasado y de nuestro destino, así como la fragmentación del conocimiento adquirido hasta este momento. Como nos empieza a interesar cada vez más estar libres de enfermedades, la salud se vuelve más importante con la llegada de las primeras canas y eso que no tenemos aún cincuenta años; pero cuántos se sienten ya viejos cuando van acercándose al quinto y sexto piso. Esta es una edad creativa en donde aparecen desvelos y ajustes que debemos ir realizando si queremos vivir una nueva vida. También pueden presentarse bloqueos, desequilibrios, dolencias, inconvenientes y molestias impulsivas que no nos dejan progresar emocionalmente. Para eso, muchos de nosotros ya debemos saber utilizar las ciencias ocultas.

Como Urano comienza a fragmentar nuestras reservas de energía, queremos regenerarnos y entender nuestros procesos para reorganizar aquello desorganizado en nuestra vida, especialmente en lo emocional. Hay que rehacer el rumbo perdido y corregirnos a nosotros mismos sin pensar que las cosas se resolverán por sí mismas o que nos deben llegar gratis o porque sí. Ahora tenemos mayor claridad y sabemos cómo adaptarnos a los sucesos externos, para que nuestros estados internos no nos afecten más de la cuenta. Tal vez necesitemos de la ayuda de otras personas para lograrlo, y hasta la confianza en nosotros mismos nos es fundamental para aprender a no rechazar a quienes se nos acercan; en especial a quienes sabemos que nos pueden ayudar a pesar de lo amargo de la medicina. Es como saber que si necesitamos garrote tenemos que buscarlo; y que tan sólo debemos tener cuidado con nuestra salud mental, pues el constante conflicto interno entre saber qué necesitamos y rechazarlo, puede ser fatal por este aspecto.

A Urano siempre hay que aprovecharlo para irradiar el compañerismo genuino y, como gusta de marcar acontecimientos repentinos y sorpresivos, no olviden que debemos cuidar nuestra salud y no meternos en temas no muy santos; pues también oculta lo que debe ser descubierto y le encanta quebrantar la ley. Con Urano percibimos el sentido de lo que tenemos que afrontar o soportar; en este caso en lo emocional, pues los hijos ya están grandecitos y entenderían el hecho de que estemos reclamando nuestra libertad con respecto a ellos y la vida de pareja..

**Cuadragésimo séptimo año** **Júpiter** comienza por cuarta vez su regreso a la posición natal; mientras la **Luna Progresada** hace su segunda cuadratura de acercamiento con su lugar natal. El **Ascendente Progresado** hace su primera y única semicuadratura de alejamiento con el Ascendente natal.

Marte, Júpiter y Saturno siguen siendo testigos de nuestra evolución. Como desde hace rato se puede haber allanado el camino desde una nueva visión y hacia el discipulado que debemos vivir, es muy importante anclar en la forma aquello que aún no está formado espiritualmente en nosotros. Y si somos discípulos de alguna escuela esotérica, debemos ser conscientes de que Saturno es quien archiva todas las impresiones de la energía que se produce en los éteres akáshicos del plano físico. Entonces hay que saber aprovecharlas ahora para ayudar a establecer un orden social civilizado y a despertar al mundo que nos corresponde. En casos extremos, Saturno es el encargado de capacitarnos como aspirantes para hollar el sendero de probación o purificación; y, si es el caso, al ser humano que debemos ser para funcionarnos como la piedra angular de la familia, la nación y la raza.

Como Saturno quiere construir una sólida base para que cada alma se autorrealice; o un nivel de densidad para que el espíritu alcance la autorrealización, es bueno que vayamos controlando y restringiendo lentamente todas las expresiones negativas de nuestra vida, con el fin de estructurar con fuerza nuestra nueva fría realidad. Debemos hacernos más fuertes, profundos, sólidos y con la velocidad justa, pues con ello reconoceremos la sabiduría de la paciencia y de la oportunidad racional que estamos viviendo.

Por su parte, **Júpiter**, comenzando su excelente cuarto retorno a su posición inicial, nos acompañará unos 13 meses por delante desde el momento en el cual entra al signo en el cual lo tenemos natalmente. Una vez más, el planeta de las puertas abiertas nos concede favores y regalos, mientras nos muestra otras oportunidades para crecer espiritual, física y económicamente. Seguramente, como tenemos otra actitud hacia la vida, ésta nos responde con más beneficios, protección y resultados tangibles ante nuestros pedidos para que nos vaya mejor por la vida. Es un buen momento para viajar tras la búsqueda de nuestras aspiraciones; pero no hay que dejar de lado que toda época de expansión como ésta lleva implícito cortar algunos cordones umbilicales y, en ese sentido, la cuadratura de acercamiento de la **Luna Progresada**, nos puede traer sorpresas desagradables a nivel emocional y familiar.

La vida se nos puede convertir, entonces, en un horizonte social jupiterino muy favorable, pero también en un huracán de sentimientos encontrados, llenos de tormentas que traen toda clase de posibilidades emocionales; o, por el contrario, una sequía absoluta en donde cualquier roce de piel produce un incendio. Todo puede venirse al traste y la ruina emocional es total; de ser así, tomémoslo como lo que es para una posibilidad de cambiar. Hay luchas y ambiciones encontradas en contravía, asuntos incompatibles en nosotros y con las demás personas del círculo familiar; hay rechazos a lo que queremos lograr y, por lo tanto, corresponde sabernos adaptar a las circunstancias de cualquier índole.

Debemos desembarazarnos de afectos personales y de todas las circunstancias basadas en sistemas caducos, así como destruir antiguas y limitadoras ideologías; además de desechar formas de comportamiento personal y de pensar pasado de moda. Todo ello nos permite emerger de nuevo al mundo exterior de una manera fresca, para examinar nuestras crisis internas y exteriorizar nuestro proceso interior de cambio.

Y, para colmo de cambios, hasta el **Ascendente Progresado** nos hace sentir un aspecto no muy positivo en nuestra personalidad; algo está cambiando en la manera de comportarnos y conectarnos con el mundo circundante. Es como una renovación jupiterina total acerca de la forma en que acostumbramos interactuar con el entorno y la proyección hacia nosotros mismos; por lo tanto, este aspecto del Ascendente nos puede definir un nuevo estilo de vida que debemos aprovechar para cambiar las perspectivas de nuestro Yo-personalidad.

**Cuadragésimo octavo año** A pesar de continuar bajo el acompañamiento de Marte y Saturno por ciclo de edades, Júpiter se puede ver avasallado por algunas fatalidades, karmas y hasta por la suerte diferente a la suya que representa Saturno. Es una edad de expansiones por el lado jupiterino, pero también de prestar mucha atención a lo que nos ofrece el destino; pues, aun cuando estamos agradecidos con la vida, queremos más...Y con Saturno podemos tener más... problemas.

Este año es una prolongación de la espiral evolutiva del cuarto retorno de Júpiter, quien desde la edad pasada está empeñado en que abramos puertas a una nueva vida. Pero toda nueva vida requiere de una crisis semejante a la que sufre el gusano cuando va a convertirse en mariposa. Cuando es gusano se alimenta de hojas y al ser mariposa de flores; pero cuando está en su fase de crisálida no hay de qué alimentarse y, entonces, toma mano de sus reservas de energía. Así estamos a esta edad, siendo conscientes de aquello con lo cual contamos y hasta donde nos alcanza, para ser muy realistas en una etapa en donde Júpiter nos llena de optimismo, pero también de exageraciones pensando que hemos cogido el cielo con las manos. Puede ser, pero el proceso, como el del gusano, es largo y crítico.

El aspecto de **Saturno** nos trae una crisis que nos puede llevar a vivir como en el Infierno. Debemos pensar qué podemos hacer en nuestro trabajo y en la vida emocional-pasional, pues esta dirección viene acompañada de un fuerte sabor a crisis, transformación y una etapa de la vida -o alguien- que se muere. Nos corresponde medirnos en nuestras ambiciones, en nuestro grado de aptitud para adaptarnos a lo que sea y en nuestra capacidad para dejar atrás lo caduco. Debemos ser sensatos en la competencia que pone la vida para entrar a una nueva etapa desconocida de nuestra existencia; del compromiso que podemos llegar a adquirir consigo mismos y con los demás; del crecimiento que estamos dispuesto a obtener en un ciclo de nuestra existencia que parece caótica, y del cumplimiento que tenemos que dar a una nueva forma de ser.

Como Júpiter nos puede volver demasiado prepotentes, Saturno hace que dominemos la voluntad mezquina y arrogante de nuestro ser inferior. Por tal motivo, este aspecto nos desestructura para estructurarnos de nuevo; para que adquiramos una nueva firmeza; para que seamos consciente de nuestros límites y para que busquemos la madurez en dichos límites o más allá de ellos. Como viene un nuevo orden a nuestra vida y eso exige una regeneración radical, no debe extrañarnos si de pronto sentimos una gran necesidad de reorientar nuestras miras internas y externas a todo nivel, incluyendo las sociales. Entonces nos basamos en nuestra responsabilidad, seriedad y solidez, pues dicha regeneración nos obliga a entender nuestros procesos de percepción interna.

Como Saturno es el encargado de atar todas las formas, hay que estar muy pendientes de a qué nos comprometemos; pues con su aspecto, Júpiter nos abre puertas y con el suyo, Saturno nos las cierra. Hay que considerar, entonces, la relación existente entre idea y forma; es decir, entre lo que pensamos y lo que podemos hacer. Saturno quiere crear muros para impedir que entre el cambio a nuestras vidas; y trae problemas sólo en aquellos aspectos de la vida en que somos vulnerables; así como oscuridad y restricciones alrededor de cada experiencia. De todos modos, el quincuncio nos obliga a romper las ataduras que nos mantienen atados a las circunstancias que nos debilitan; por ello no estaría de más transmutar los vicios que nos dominan en virtudes, por medio de la contemplación meditativa.

**Cuadragésimo noveno año**     **Júpiter** comienza por quinta vez su sextil de alejamiento con su posición natal, mientras la **Luna Progresada** hace su segundo sextil de acercamiento con su lugar natal.

Ahí vamos despegando de nuevo en la compañía de Marte y Júpiter en una etapa en la cual se ha de despedir Saturno por unos años y regresa la Luna como regente acompañante de Marte y Júpiter hasta cuando tengamos cincuenta y seis años de edad.

Saturno está concretando las posibilidades inherentes al nacimiento de la nueva persona que somos (y de los nietos) a partir de la década de los cincuenta años; así como los patrones establecidos por nuestra etapa de vida anterior a esta edad, y atar nuestra alma a la Tierra con otro tipo de obligaciones. Ahora hay que cultivar raíces profundas y fuertes, para sostener toda la estructura de nuestra nueva etapa de vida y aprender que Saturno nos enseña la ley de la aceptación y la tolerancia.

El aspecto de **Júpiter** nos muestra cuánto trabajo nos cuesta soltar las cosas mientras nos estresamos cada vez más; además, de nuevo estamos buscando un lugar externo en el cual podamos desarrollar más esos potenciales que sentimos crecer en nosotros. Y para ello también nos ayuda el aspecto de la **Luna Progresada** quien pone un toquecito emocional a nuestra vida, a medida que nos vamos alejando de la década de los cuarenta; es decir, lo externo nos motiva a crecer y a prepararnos para vivir en el mundo de una nueva manera. Llega la apertura hacia nuevas  actitudes, mientras de nosotros fluyen nuevas energías, fuerzas internas, ideas y personas que nos persuaden e impulsan para lograr lo que deseamos; a la vez que nuestro nivel de comprensión jupiterino nos da una mayor objetividad, nuevos potenciales y otra oportunidad para crecer.

Júpiter alejándose y la Luna acercándose, ambos bajo el mismo aspecto, nos invitan a aprender, a conocer, a tener más confianza en nosotros mismos; a tener alientos positivos, una sintonía natural para reorganizar la vida social y emocional, y a elaborar estrategias y habilidades para alcanzar ese crecimiento continuo que nos proponemos; ahora que vamos a pasar a la quinta década de vida y cada vez estamos más cerca del infinito.

**Quincuagésimo año**     **Júpiter** comienza por quinta vez su cuadratura de alejamiento con su posición natal; mientras **Saturno** está haciendo el segundo trígono de acercamiento consigo mismo y **Quirón** regresa por primera vez -y tal vez única- a su posición natal. Esta es una edad crítica para los individuos Tauro.

Ahora la regencia de la época está en manos de Marte, Júpiter y la Luna, seguramente porque ya estamos siendo abuelos por ciclo natural. A ciencia cierta, la entrada a la quinta década de vida nos llena de sentimientos de madurez y de vejez garantizada; pero a la vez, algo en nosotros nos dice que no es cierto, que tampoco estamos tan viejos, que todavía tenemos energía a pesar de las canas que ya aparecen desde hace rato en nuestra cabeza o barba.

Todos estos son sentimientos encontrados que trae la cuadratura de

**Júpiter** cuando estamos desarrollando nuestro potencial de logro, y evoluciona nuestra conciencia para subsanar confusiones de identidad o escisiones internas de nuestra personalidad. A los cincuenta hacemos más conciencia de nosotros mismos con tal de aprovechar el hecho de que cada parte en uno tira para su lado, y se adueña de nosotros una tendencia a disgregarnos en medio de la congestión de potencialidades. Como no sabemos qué camino tomar, es el momento para experimentar y expresar de nuevo las facetas en conflicto en nosotros mismos que hay que emparejar o hacer que se respeten.

Muchos vemos esta edad como un muro u obstáculo que debemos sortear; otros la tomamos como una época que nos sirve para ejercitar la paciencia, el aguante, la diplomacia, el optimismo; aquellos sienten nuevas fuerzas que los puede ayudar a solucionar la tensión que trae el mirar otras posibilidades, cruzar la esquina, voltear la cuadra, etcétera. Sea lo que se fuere, es una edad necesaria para una regeneración evolutiva en medio de una guerra entre lo consciente y lo inconsciente que somos; y es que eso somos en este momento: el campo de batalla de fuerzas irresistibles, enfrentadas entre sí a veces por acciones ajenas a nuestra voluntad, pero que de todos modos nos afectan. Los años están pasando y somos conscientes de ellos de una forma diferente.

Una vez más estamos creando las posibilidades, construyendo las barreras, abonando el terreno para que llegue lo aparentemente negativo, mientras nuestras necesidades entran en conflicto con las del medio en el cual vivimos. Debemos, entonces, alejarnos de modos de ser y de actuar caducos, en medio de esos conflictos con el medio externo en el cual vivimos, y en el cual necesitamos establecer nuevas bases cortando cordones umbilicales que nos dieron seguridad y aprendiendo a liberar energías en tensión en nosotros mismos.

El aspecto de **Saturno** dice que esta es una excelente edad para acercarnos a otra etapa de nuestro canoso destino. Una vez más la vida nos trae situaciones, personas y asuntos que ayudarán a solidificar nuestras bases personales, profesionales y del destino en general; sin embargo, aunque el presente está ahora de nuestro lado para ayudarnos, la única condición es tener unas metas claras y definidas, como lo que exige Saturno en este momento tan oportuno; y, como paciencia y persistencia son muy necesarias a la hora de salir de las demoras y frustraciones que podamos estar viviendo, no debemos malgastar el tiempo ni la energía.

Si ya somos abuelos, nos corresponde comenzar a corregir las deficiencias de la figura paterna significativa que somos. Ya hemos aceptado cumplir con regocijo y silenciosamente con el plan evolutivo que el alma eligió y con las responsabilidades que nos corresponden. Y tengamos o no más descendencia, Saturno nos lleva ahora a dar vida a los rituales sociales cíclicos, y a las tradiciones que más necesitamos mediante la defensa que hacemos de la estructura (de vida) y la integridad del Yo (o personal) De cierta manera, a la edad de la quinta década, debemos definir el juego en donde termina uno y comienza el otro (individuo); y la conciencia mediante la comprensión, así como nuestra propia realidad, una nueva realidad. Como Saturno demora y retarda el ritmo de la naturaleza y las cosas en general, creemos que ya estamos viejos y que hay que ir desprendiéndose de la materialidad. A esta edad él nos enseña acerca de otros principios fundamentales de la vida y de cómo estar a cargo de todo lo que podamos controlar, porque a él le gusta que las cosas sean concretas. No hay que olvidar que él ejerce su influencia sobre toda clase de miedos que se adueñan de nosotros.

Pero, ¿y quien es **Quirón**? Supongo que ya ustedes lo saben. Este aspecto conjuntivo nos da la mano para elevar nuestro nivel de ser; aumentar las vibraciones positivas a nivel espiritual; cruzar nuevas puertas del conocimiento; sembrar en otros campos de actividad; esperar otras cosechas y conocer más nuestra fuerza vital para que ésta no nos atropelle en este despertar a una nueva conciencia e iluminación. Así subimos un piso más para... ver más.

Ahora es cuando extraemos de nuestro propio cúmulo de experiencias, la maestría necesaria para poder continuar nuestro crecimiento y evolución personal. Un buen consejo es no mirar atrás ni pensar en nuestro pasado, cada vez más lejano; pues el futuro está comenzando de nuevo y, por lo tanto, el presente es lo más importante. Debemos aprender a gozar de la experiencia con los años adquiridos; vivir como nunca lo hemos hecho y sin importar la edad física, pero sí sin actuar egoístamente y ayudando a todo aquel que nos necesite. Esa es una buena actitud espiritual para renacer de las cenizas, liberarnos de las tensiones, y conocer las partes en nosotros que nos trae el hecho de hacer conciencia del hecho de tener... cincuenta años.

Es un momento de unificación personal; de ser "niño-niña" de nuevo; de correlacionar nuestro mundo interno y externo con la edad que transcurre; de darnos cuenta de asuntos que antes no podíamos saber y que ahora nos permiten gozar de la vida como nunca antes. Entonces sentimos crecer todo lo que está ligado a la realidad, asimilando el pasado e integrándonos más y más con nosotros mismos, y con otras personas de una forma totalmente nueva. Como seguramente estamos pensando qué hemos de hacer con nosotros mismos de aquí en adelante, con confrontamos (dije "confrontamos", no dije deprimimos...) revisando y reestructurando la vida, buscamos la luz espiritual en nosotros mismos para encontrar un nuevo sentido a la vida, participando de ella de una forma más activa, con otros intereses de tipo cada vez más místico. Hemos buscado mucho, y talvez ahora empezamos a encontrar, en una etapa de la existencia en donde lo más importante es el autodescubrimiento y la apertura de puertas a otra clase de conocimiento universal. Seguiremos soñando pero siendo más realistas.

**Quincuagésimo primer año**     **Júpiter** comienza por quinta vez su trígono de alejamiento con su posición natal, mientras la **Luna Progresada** hace su segunda semicuadratura de regreso a su lugar natal.

Ahí vamos trepando -¿o descendiendo por edad?- de la mano de la Luna, Marte y Júpiter cuando este último hace un magnifico y prometedor aspecto. **Júpiter** tiene mucho que darnos cuando ya hemos hecho conciencia de estar en la quinta década de nuestra vida. Ya debemos tener maestría y sabiduría necesaria, representada por la anterior conjunción de Quirón consigo mismo, y ahora Júpiter continúa la labor abriendo puertas gracias a nuestra madurez. Pareciera ser que nuestros asuntos se resuelven por sí solos, o por lo menos con menos desgaste de energía; sí, pero hay que evitar los extremos porque no olviden que las expansiones jupiterinas nos pueden llevar a cometer excesos pensando que la suerte durará el resto de la vida. Nos estamos basando en nuestros avances de comprensión espiritual y estamos motivados por nuevos patrones de conciencia. Con más confianza en nosotros mismos, podemos ser más expresivos con los demás dejando ver nuestra buena suerte; y es cierto, ahora ellos pueden ver lo mejor de cada uno de nosotros, gracias a nuestro conocimiento.

El peligro que encierra esta etapa de vida, es que los logros son más sociales o profesionales que emocionales o en nuestra vida privada; y eso lo sabemos por el aspecto que hace la **Luna Progresada**. De ser así, puede entrar en nuestra vida una especie de desánimo, de desgano emocional general tal, que no sabemos que hacer con él; como si una fuerza pasiva externa se metiera en nuestros planes hogareños y pareciera que se estuviera gestando un mal que hace sufrir al alma. Como son dificultades para conseguir lo que nos proponemos en la vida privada, o que ésta se mete en los logros de nuestra vida pública, dicha situación nos pone irritantes y nerviosos. Lo mejor es estar alerta y meditar en la importancia de lo que queremos lograr con nuestra acción en ambos sectores de nuestra vida, pues estamos a la expectativa sin poder finalizar lo que queremos.

Por otra parte, como queremos ayudar a los demás y participar en sus problemas de acuerdo a nuestro punto de vista, debemos estar muy tranquilos emocionalmente porque, de no ser así, "contaminamos" a los demás con nuestro estado. Esto genera deslealtades, fricciones, maledicencias y traiciones de parte del prójimo, y un estado de impotencia al ver que ellos no aceptan todas nuestras "brillantes" ideas. Pero como la fuerza de cohesión con los demás es superior a nuestras fuerzas, empezamos a recapacitar acerca de cual es el mejor modo para que los otros nos admitan. Tenemos, entonces, que ocultar o por lo menos no dejarnos llevar por nuestras ansias jupiterinas de dominar a los demás, así como dejar de emitir juicios prematuros debido a nuestro estado lunar-emocional.

De todos modos nos definimos de nuevo como individuos guerreros, líderes y progresistas; actitud que entraña una serie de enemigos sociales y emocionales en una etapa en donde -más para el hombre que para la mujer- la energía sexual se está despertando de una manera insospechablemente nueva.

**Quincuagésimo segundo año**      **Júpiter** comienza por quinta vez su oposición con su posición natal; **Saturno** su segunda cuadratura de regreso; y **Plutón** se hace sentir comenzando su único trígono de alejamiento con su posición original (pudo hacerlo también unos dos o tres años antes) La **Luna Progresada** hace su segundo semisextil de acercamiento con su posición natal. Esta es la terminación de un período crítico para las personas de signo Sagitario.

Marte, Júpiter y la Luna siguen siendo nuestros rectores, cuando **Júpiter** hace una de sus oposiciones a su lugar natal. Si Júpiter rige nuestras aspiraciones, entonces ¿qué se nos opone a la realización de algunas de ellas? Toda oposición implica acciones abruptas, y con Júpiter exageradas; acciones agudas y enérgicas, y con Júpiter sobreactuadas como agua y aceite. Con Júpiter nadie se nos puede oponer, hay ambigüedad y autoengrandecimiento. Cualquier compromiso mutuo es ahora la culminación de una etapa en donde dar y tomar, se complementan como las dos caras de una misma moneda; y aparecen escisiones de la personalidad y con los demás, debido a excesos y expansiones que de pronto no se hicieron como debían ser. Pero toda oposición, si la sabemos manejar, trae un verdadero aumento de conciencia; porque nos muestra lo mejor de la polaridad contraria para vencer la resistencia externa e interna; es como una especie de retorno a la fuente luego de una etapa de separación y tensión. Queremos arrojar sobre los demás todo aquello que se nos opone, y que debemos equilibrar hacia un punto de vista social; pero, al mismo tiempo, el medio social tratará de volcar sobre nosotros todo lo peor nuestro y de ellos.

Sin embargo, **Saturno** nos dice que es el mejor momento para querernos más, y para no desesperarnos ni tirarnos a la perdición; pues aun cuando la primera de estas cuadraturas se realizó alrededor de los veintiún años de edad y, doblábamos la primera esquina importante de nuestra vida adquiriendo la mayoría de edad y la posibilidad de dejar nuestra familia, para echarnos la cruz a cuestas formando la nuestra propia, eso desde hace rato ya debe ser una realidad para esta edad. Ahora podemos querer romper los lazos de nuestra propia familia.

Como Saturno da forma al miedo que bloquea el progreso, debemos saber qué clase de nuevos miedos se adueñan de nosotros en este momento. Él nos está dominando en un sentido que nada tiene que ver con el ego, y nos enseña a ser más tolerantes. Ahora tenemos que establecer patrones de seguridad a través del funcionamiento realista y evitar que la forma (cuerpo) sufra alteraciones innecesarias; el paso de los años se nota en todo sentido. Saturno impide que nos salgamos del camino; que repitamos sucesos en la vida; que tengamos acceso a lo desconocido.

Con su cuadratura nos muestra en donde estamos rígidamente egocéntricos; en donde y cómo estamos apegados; en donde y cómo experimentamos dolor y frustración. El aspecto nos hace ver en donde nuestro karma "difícil" entra en su foco más específico; vemos así algún tipo de cruda realidad. Ahora podemos tener difíciles experiencias de aislamiento y desengaño; ver la relatividad de todos los valores tangibles; nuestras heridas, inseguridades, puntos débiles y vulnerabilidad ante la vida. Como el destino nos lleva de nuevo - pero a la fuerza- de una forma ruda y sin contemplación alguna, caemos en algún miedo ya mencionado y, por tal motivo, debemos creer más en nosotros mismos calmando nuestras preocupaciones emocionales, financieras, legales; y mantenemos en una actitud positiva y optimista ante las crisis, frustraciones y obstáculos que ahora traen la vida y las demás personas; debemos reforzar con más experiencia los lados débiles e inseguros; y saldar las deudas materiales y morales que nos pueden perjudicar.

Como los demás nos están criticando y juzgando, debemos ser honestos consigo mismos y, si sabemos que todo eso lo hemos atraído por nuestro propio proceder, aceptar las consecuencias de nuestros actos pasados; pues entre más queramos evadir la ley, peor nos irá. Y no hablo solo de la ley humana: la ley divina también puede llegar en forma de muertes a nuestro alrededor; asuntos inevitables de nuestra salud física, emocional o psicológica. Debemos, entonces, revisar muy bien las bases sobre las cuales hemos estado parados en los últimos años, pues llega el momento de amistades, sociedades y matrimonios que finalizan; así como de fracasos profesionales y metas que no se alcanzan.

Es como si estuviéramos viviendo un nacimiento lento y dificultoso que, de ser muy grave, nos produce aflicciones, desolaciones, egoísmo, injusticia, humildad, miedo y llanto. De todos modos Saturno provoca las penas y las desgracias de la vida; pero también purifica todo aquello con lo que tenga contacto mediante el dolor, el dominio de nosotros mismos, la pena y la resistencia. Porque es así, y ahora, cuando podemos retener la esencia de todos los esfuerzos hechos hacia el verdadero crecimiento espiritual, y una parte de los trabajos más allá de nuestro control. Retener para luego dar todo, más tarde, cuando la naturaleza nos encuentra aptos para ello. Por eso hay que saber esperar dándole tiempo al tiempo; es decir, a Saturno.

**Plutón** y la líbido -que se alborota más en los hombres que en las mujeres- tienen mucho que ver en este aspecto. Por única vez en la vida y durante unos dos años, la vida nos sonríe desde Plutón para cosechar lo sembrado y comernos lo que hemos cocinado, teniendo la seguridad de no haber malgastado el tiempo reciente. Ahora logramos más comprensión acerca de nosotros mismos, de cual es nuestro papel en la vida actual y para donde vamos. Este es el último aspecto verdaderamente importante y positivo que Plutón hace consigo mismo; por eso debemos aprovecharlo para compartir con otras personas los nuevos horizontes que hay en y afuera de nosotros mismos. Obviamente esta actitud minimiza el aspecto desafiante de Júpiter, permitiendo que podamos despedirnos de nuestro pasado siendo más seguros de nosotros mismos y de nuestro futuro. Sabemos que sí han valido la pena los esfuerzos materiales, económicos, profesionales, emocionales y espirituales que hemos hecho; motivo por el cual ahora obtenemos más ayuda de los demás tanto para quitarnos la piel que nos estorba, como para cambiar de valores.

También somos más libres con respecto a nosotros mismos; pues al canalizar el estallido interior de esa fuerza oculta encerrada en nosotros, nos sentimos cual volcán (libidinoso) que no se deja ni se puede apagar. Es la edad en que completamos un ciclo y debemos arrojar al fuego lo que no somos o no nos sirve; porque a Plutón le corresponde abrir el camino de la iniciación y del desarrollo de facultades psíquicas trascendentes que nos conducen a la unión con el Supremo Uno.

Si por algún motivo administramos los bienes y valores de otras personas, debemos aprender a afirmarnos sobre el medio y sobre los otros. Estamos aprendiendo cada vez más a controlar las multitudes; por ello también tenemos que centrar la mente y la fuerza de voluntad en nuestra propia transformación. A partir de esta década debemos crecer más allá de las limitaciones del ego, sabiendo defender nuestros derechos y luchando por ellos. Ya es hora de que definitivamente dejemos pasar lo viejo mediante el dolor y derribando las fronteras del falso yo y los límites del ego. Estamos descomponiendo los entes viejos y gastados, en las partes que los componen para luego volver a reunirlos en un ser nuevo.

Para quienes se han metido en los caminos del servicio público, Plutón describe la posición del individuo dentro de grupos políticos. Les conviene, entonces, descubrir y exhibir su mayor dedicación, fuerza, nobleza y propósito. Allí van a exhibir tanto lo mejor como lo peor de su naturaleza; van a experimentar un sentimiento de grandeza; a exponer los secretos y la tentación de utilizar el poder divino como una herramienta del ego y de la voluntad.

A otros, Plutón nos va a forzar a aventurarnos hacia abajo y a enfrentarnos con nuestra propia naturaleza, generando una conciencia profunda. Es como si tuviéramos que hacer frente a lo que está podrido en nosotros y que cambiemos o muramos si no lo hacemos. De todos modos tenemos que hacer lugar para lo nuevo y ayudar a los demás con nuestras transformaciones; mientras algo en nosotros puede sentirse asustado al iniciar nuevos modelos de vida; por ello debemos incorporar los niveles superiores de consciencia dentro de nuestro mismo ser. Como tenemos que renovar totalmente aquello que sea innecesario para el desarrollo espiritual, es como si definitivamente tuviéramos que matar todo aquello que nos impide crecer espiritualmente; porque nos estamos encontrando con el viejo yo y con nuestros deseos pasados; así como con otra dimensión de nosotros mismos.

Teníamos unos veinticinco años cuando la **Luna Progresada** hizo su último semisextil de acercamiento con su posición natal y ahora, al igual que entonces, las emociones estallan pero de manera diferente. En aquella época loca nos acompañaba la locura de Urano, y ahora lo hacen la libidinosidad de Plutón y la edad madura. Plutón está influyendo en nuestro mundo interno sacando mucha basura, mientras con la Luna absorbemos información o inquietudes externas que nos invitan a bucear en nuestra psiquis, y aún en temas como regresiones, otras vidas, estados alterados de conciencia, etcétera. Crecemos y nos fundimos cada vez más con la humanidad y con las cosas pertenecientes al estado de ser humano. Ahora poseemos un secreto, pero ¿cuál? Cada quien debe saberlo.

Estamos creando algún tipo de semilla que germinará durante el siguiente ciclo, por medio de destilar sabiduría e implantarla en la conciencia del futuro. Nos interesa disfrutar de la vida sin dirección; establecer un puente entre el ayer y el mañana dejando germinar dichas ideas, e involucrarnos en un sin fin de breves e intensas relaciones personales o sociales. Como es bueno liberarnos de todo aquello que nos avergonzaba antes y llevar a cabo una mutación en nuestra consciencia, debemos preocuparnos y sacrificarnos por el porvenir.

**Quincuagésimo tercer año**      Está la **Luna Negra** en su sexta conjunción por tránsito consigo misma, y comienza **Urano** su lejano y único trígono de regreso a su posición natal.

Ahí seguimos con Marte, Júpiter y la Luna como guardianes de nuestro crecimiento, cuando la **Luna Negra** regresa a su posición natal, en el tiempo de continuar despertando la líbido y hacernos nuevos maquillajes... La mente emocional ilimitada y libre de los juicios y prejuicios del ego personal o social, se aventura a ir más allá de las fronteras de lo que se consideraba prohibido, tabú o pecado; tal como lo hicimos al tener diez y ocho años. Para muchas personas la negación a ser madres o padres, y aún a someterse a alguien, tiene consecuencias emocionales porque, de no tener hijos o pareja, el sentimiento de soledad se va haciendo cada vez más fuerte a medida que pasan los años. Es ahora cuando debemos ser muy conscientes del papel que tenemos que jugar como agentes de cualquier clase de mal, a través del odio y las oscuras pasiones desesperantes que nos devoran. La Luna Negra no es una buena consejera en épocas de soledad y, menos aún si la persona es una mujer o alguien con preferencias sexuales no bien vistas por la sociedad.

Pero, afortunadamente, esta es una edad en la cual lo espiritual va tomando cada vez más control sobre lo emocional. El trígono de alejamiento de **Urano** con su posición natal comenzó a suceder cerca de los veinticinco años y ahora empieza el de acercamiento. La diferencia es que mientras en el primero buscábamos y dábamos cualquier cosa, en este momento encontramos y recibimos reconocimiento por parte de la sociedad; en el primero fuimos más expresivos con los demás y ahora, siendo los logros más sociales, tendemos a compartirlos con otras personas. De nuevo sentimos una gran empatía espiritual con el medio gracias a la capacidad de comprensión, elevación, esperanzas, fe en nosotros mismos y en el prójimo.

Urano nos está ofreciendo comprensión acerca de las pautas causales ocultas, así como innovaciones repentinas; pues ahora tenemos que pasar de una actitud a otra, de un tema de vida a otro. Esta edad nos permite armonizar o desconectar nuestras percepciones mentales de las de otras personas, pues Urano representa al ego completamente individualizado.

**Quincuagésimo cuarto año**       **Júpiter** comienza por quinta vez su trígono de acercamiento con su posición natal; mientras **Saturno** hace su segundo sextil de acercamiento a su posición original, y la **Luna Progresada** hace su segunda conjunción con su posición natal.

Marte, Júpiter y la Luna nos siguen aconsejando en una importante edad de nuestra vida. El aspecto de **Júpiter** es una especie de continuación del anterior que está iniciando Urano, en donde éste nos invita a liberarnos de los efectos del destino y Júpiter a ir más allá de las fronteras conocidas, para alcanzar el éxito al cual aspiramos y que creemos merecernos. Hay optimismo rayando en el conformismo; actitud que nos da cierto aire de superioridad, tranquilidad y equilibrio ante las nuevas perspectivas que se están abriendo por el camino que vamos. Comunicamos a otros seres nuestras ideas, mientras vamos descubriendo nuevas posibilidades al valorarnos de otra manera, y comenzamos asuntos con más seguridad económica y profesional.

A nuestros veinticinco años **Saturno** hizo su primer sextil de acercamiento a su posición natal, y ahora hace el segundo para que la gente nos busque con nuevas proposiciones en toda clase de asuntos materiales muy convenientes. Actualmente se concreta todo lo positivo de Saturno, pues como hay más estabilidad, seguridad y confianza, podemos hacer buenas relaciones, tener un cierto descanso que trae buenas noticias de gente que nos está buscando gracias a la experiencia y sabiduría que poseemos en algún asunto en particular. El tiempo está de nuestro lado, pero debemos ser pacientes porque con Saturno los resultados siempre demoran en verse.

Saturno cada vez nos da más permanencia en el espacio y en el tiempo; por un lado nos quiere detener y por el otro liberar, según nuestras orientaciones hacia la Ley y los procedimientos de vida que tengamos. Fortalece nuestros músculos espirituales y nuestra vida en general, generando oportunidades mientras nos inspira reserva, porque ya es hora de ir más allá de lo superficial; motivo por el cual también nos permite percibir la conciencia ordinaria que hemos alcanzado. Necesitamos cuidarnos del caos exterior, así como preservar la armonía entre el altruismo y el egoísmo, y el sentido del yo ya existente. Para eso hay que sacar a relucir las debilidades de la personalidad, pues así señalamos de una vez por toda la frontera de la conciencia del ego personal, los miedos, los temores y la transición de una fase de conciencia a otra. En eso estamos: separando cada vez más el sueño de la realidad y las influencias groseras de las sutiles (el trigo de la cizaña con su guadaña)

Ahora es muy importante que seamos conscientes de lo pesado que puede ser para nuestra mente la abundancia de conocimiento; pues, si no lo hemos sabido aplicar, nos trae el sentido de la frustración, la melancolía y la restricción; pero también grandes recompensas si hemos aprendido cómo esperar por ellas a través de lo aprendido y aplicado.

No debemos olvidar que cada fase de la **Luna Progresada** tiende a durar de 3 ½ a 4 años en su totalidad; motivo por el cual los cambios a los cuales nos vemos inclinados en la vida, modifican nuestro desarrollo interno, nos traen nuevos ambientes, nueva gente, relaciones interpersonales en general, momentos cruciales, decisiones familiares y emocionales internas por tomar. Y esta conjunción es de las más importantes, pues la anterior ocurrió a la fundamental edad de los veintisiete años. En un período crítico de la vida, en el cual debemos dar respuestas provechosas al medio en el cual vivimos y, si no podemos cambiar nuestro destino (cosa que jamás debemos tratar de hacer), por lo menos podemos estar atentos a dichos cambios y aprovechar las circunstancias de tensión o de placer, para que los efectos de dicho destino no nos golpeen de forma tan contundente; como sí lo haría si no trabajáramos nuestras actitudes y estados internos.

Como estamos dejando nuestras huellas dentro del entorno al empezar un nuevo ciclo de actividad, debemos encarnar algún tipo de un nuevo ser, formando o perteneciendo a grupos sociales especiales. Así mismo, vamos a impulsar nuestro movimiento hacia delante de una forma instintiva e iniciar un nuevo ciclo de experiencias. Algo en nosotros, al intuir las nuevas posibilidades y potencialidades, exige un nuevo poder. Ahora, con estos aspectos de Júpiter y la Luna, nos sentimos con la capacidad y el rasgo de carácter suficiente como para demostrar nuestra capacidad de inteligencia sabiéndonos adaptar al medio y a sus exigencias. Esta edad lunar -y la anterior de los veintisiete años- son un importantísimo punto de arranque de oportunidades nuevas, reorientaciones de la personalidad y liberaciones de energías. Nos sentimos muy bien, pero más aún si estamos con una buena compañía… ¿La tendremos?

**Quincuagésimo quinto año**     Los **Nódulos Lunares** regresan por tercera vez a su posición natal; mientras **Neptuno** está en su único trígono de alejamiento con su posición original. Es una edad crítica para las personas Piscis.

Un año más en el cual Marte, Júpiter y la Luna escoltan la conjunción de los **Nódulos Lunares** como un importantísimo aspecto; que la última vez que se presentó fue cuando caminábamos por los treinta y siete años de edad. Ahora tenemos más experiencia para poder recorrer con más seguridad y fe en sí mismo, el camino que nos muestra la vida al ir dejando atrás una etapa más de ella. Entonces se activan aptitudes latentes pero que habían estado dormidas en nosotros y son éstas, precisamente, quienes nos llevan a buscar otro tipo de riquezas por las cuales, de todos modos, tenemos que pagar algún precio. Como a esta conjunción la acompaña un único aspecto de Neptuno, es hora de alinearnos con las energías supremas del universo, y atraer personas y oportunidades que nos benefician. La experiencia acumulada no sólo nos sirve para brindar ayuda, sino para recibir una etapa del destino que nos satisface.

Siempre que los Nódulos Lunares se encuentren consigo mismos hay que procurar cultivar las cualidades del signo y la casa en donde se encuentre natalmente; y más ahora cuando ellos nos indican los nuevos comienzos y, por lo tanto, debemos reducir a material asimilable la sustancia de la experiencia ingerida durante los últimos años, pues ahora hay que cumplir con la visión actual de la conciencia que traemos. El Nódulo Sur, en especial, nos está mostrando el principio de disolución de lo antiguo en la mente y los sentidos; es hora de salir de los karmas negativos que arrastramos desde el pasado.

Como es un momento oportuno para ser útiles a los demás, estamos en el plan de conectarnos con otras personas, cultivar nuestras cualidades, ejercitar la buena voluntad y enfocar nuestra evolución con esas habilidades y técnicas que sabemos que hay que desarrollar en nosotros. Ahora podemos extraer energías de nosotros mismos, cuidando de que no nos superen mientras nos conectamos con otras partes de nosotros mismos y de las demás personas. Estamos ante una especie de nacimiento dificultoso que, si somos responsables, nos trae un karma positivo a nuestra vida.

Pero nuestro progreso que, por cierto, es cada vez más de orden espiritual, ahora lo atestigua el magnífico aspecto de **Neptuno**, que nos permite cosechar lo que hayamos sembrado desde nuestras creencias y servicio social; así como intuir y ser más artífice de nuestro propio arte de saber vivir. Poseedores de una mayor sensibilidad y con un mejor desarrollo individual, ahora empezamos a extraer mejores vibraciones de nosotros mismos, para que la espiritualidad nos acerque aún más a la meditación, la oración, la metafísica, la mística, los movimientos de solidaridad, etcétera. Algunos podemos tener ciertos arrebatos de visiones interiores positivas que no sólo nos beneficien sino a los más próximos a nosotros. Es el momento para solidarizarnos con el sufrimiento ajeno pues, de pronto, también curamos así nuestras confusiones internas y podemos ver mucho mejor qué es y qué no es realidad.

Es un momento para educarnos más; saber más acerca de otras culturas; descansar un rato pensando en que no muy lejos está la jubilación (para quienes la pueden tener); alejar las tensiones del diario vivir; poner mucha atención a los sueños y al mundo de lo que presentimos y quisiéramos que fuera nuestra vida (antes de que Saturno regrese a su posición natal) Es el tiempo para basarnos cada vez más en nuestra vocación; es decir, en aquello que nos gusta; pues nuestra vida está ahora bajo la óptica de una acción estudiada, con amor, con aporte de luz, comunicación con seres superiores, cura a través de la fuerza vital, espíritu perceptivo, explosión de la vida e idealismo expresado en el dominio emocional personal, sobre los demás y en lo físico personal. La acción de Neptuno nos concede irradiación, luz, mente creadora bajo un principio creador, resistencia física-espiritual y vida fecunda.

Una buena labor es dedicarnos a desintegrar las formas y estructuras vitales anticuadas que aún perduran en nuestros centros emocional, físico e intelectual; e irnos desprendiendo de nuestra insignificancia, limitaciones y temores, para así desplazar la ilusión y revelar la verdad. Con Neptuno ya debimos haber encontrado nuestro lugar espiritual a través de una intensa fe, o de un sólido sistema de creencias como un auténtico alimento espiritual y un camino hacia adentro. Hace rato que debe haber estado enviándonos mensajes relacionados con nuestro propósito y dirección en la vida, a través de la intuición, los sueños y las visiones interiores. Pero algo importante ahora, entonces, es no dilapidar nuestra energía personal en fantasías y hechizos; pues cada vez más nos entramos en una esfera más amplia de universalidad y expansión, con ganas de adherirnos a la unidad superior y afinarnos con la totalidad. Por eso es necesario definir hasta qué punto ese idealismo personal invade nuestros razonamientos y las actividades diarias; porque a Neptuno le encanta deformar las percepciones y dejar al descubierto lo que mantenemos oculto...

**Quincuagésimo sexto año** **Júpiter** está en su quinta cuadratura de regreso con su posición natal y los **Nódulos Lunares** continúan en su tercera conjunción transitada consigo mismos.

Este es el último año en el cual la Luna -desde los cuarenta y nueve años-acompaña a Marte y a Júpiter en la regencia de las edades. Seguramente también se le adjudica esta larga etapa porque es cuando ya nuestros hijos (si los tenemos) deben haber tenido los suyos volviéndonos abuelos y abuelas; cosa que, obviamente, también pudo suceder a una edad anterior a los cuarenta y nueve años, pero no tan naturalmente como al tener la que ahora tenemos.

Bien, la cuadratura de **Júpiter** puede influir en que, si el anterior tránsito de Neptuno nos está haciendo descuidar nuestros deberes sociales, llegue una época de fracasos profesionales o de trabas en nuestras metas y aspiraciones. Entonces podemos desesperarnos y tomar el camino o la actitud equivocada respecto a la satisfacción de nuestros anhelos; por ello es bueno no cometer excesos, ni ser extravagantes ni fanfarrones, pues los errores de juicio pueden ser fatales; tampoco es aconsejable meterse en toda clase de situaciones para ver cual resulta, porque puede que no funcione ninguna y luego quedamos con una cruz a cuestas que no podemos cargar.

Nuestros límites están siendo puestos a prueba en una etapa en la cual, como los **Nódulos Lunares** continúan aún el aspecto que se inició el año anterior, queremos dejar el pasado a como dé lugar en una etapa de inercia, transformación o vacuidad. Si sabemos leer los mensajes que nos trae la vida, podemos encontrar cualidades cultivables mientras llegamos a la meta que vemos adelante o adentro de nosotros mismos. Hasta podemos vivir con alguno de los hijos, trabajar con ellos y gastar nuestra rutina en el trabajo diario. Además, continuamos interesados en alinearnos con las energías supremas del universo y concentrando las esperanzas de algún tipo de liberación; pues el Nódulo Sur nos trae a la vida actual experiencias del pasado de las cuales debemos alejarnos.

**Quincuagésimo séptimo año** **Júpiter** comienza por quinta vez su sextil de acercamiento con su posición natal; mientras la **Luna Progresada** natal hace su tercer semisextil de alejamiento con su posición original.

Este es el último año en el cual Marte acompaña a Júpiter por regencia de largas épocas, cerrando así los dos años pasados en donde no hubo verdaderamente ningún aspecto importante. El aspecto menor que hace **Júpiter**, aun cuando es favorable, se ve minimizado por el poderoso acercamiento de Saturno que se efectúa el año entrante. Pero, como Júpiter también está regresando a su posición natal, nos lleva a una edad de cierre de cuentas, balance con el pasado, pago de deudas e inicio del nuevo ciclo que abarca los próximos dos años.

Una extraña sensación comienza a invadir nuestros estados de ser; algo en nosotros presiente que se está terminando y comenzando un ciclo fundamental en nuestra existencia; por un lado hay optimismo jupiterino pero, por el otro, estamos temerosos acerca de lo que ha de traer el futuro saturnino. Nuestros esfuerzos, que ahora creemos que están bien encaminados, nos permiten tener más confianza en nosotros mismos para tratar de visualizar ese futuro más cercano, no más allá del próximo par de años. Vivimos un nacimiento y un funeral al mismo tiempo.

El semisextil de la Luna Progresada nos informa acerca del lugar externo en donde podríamos desarrollar dicha vivencia, y mucho más los potenciales sociales, emocionales y familiares que debemos hacer crecer en nosotros; es decir, lo social nos motiva a crecer y a prepararnos para vivir en el mundo de una nueva manera, identificándonos más con las necesidades ajenas.

**Quincuagésimo octavo año**        Comienza el importante segundo regreso de **Saturno** a su posición natal; mientras inicia el **Sol Progresado** su único sextil de alejamiento consigo mismo, y la **Luna Progresada** hace su tercera semicuadratura de alejamiento con su posición original.

Cuando Júpiter queda como regente solitario de nuestras edades hasta cuando cumplamos sesenta y tres años, comienzan un par de años extraordinariamente importantes de nuestra vida.

En el primero de ellos, **Saturno** hace su segundo regreso a la posición natal, después de unos treinta años de haber comenzado su segundo ciclo. Ahora contamos con la experiencia del primer período y, por lo tanto, ya sabemos que con esa sabiduría y menos esfuerzos, hemos de obtener más logros y lucidez a la hora de definirnos de nuevo a nosotros mismos; pero más a nivel interno que social (como fue en el primer ciclo) Como en esta nueva etapa necesitamos y somos absolutamente capaces de asumir nuestra propia responsabilidad, llega el momento de ser mucho más autores de ese sí mismo; de ver crecer la familia de nuestros hijos con la llegada de los nietos; la muerte de nuestros propios padres (si es por ciclo natural) y aceptar otras cruces a cuestas a cualquier nivel.

Obviamente algunas responsabilidades han de pesar más que otras y como nuestra velocidad ya no es la misma, entonces debemos saber que es el momento de llegar a una cima nueva desde donde podremos ver la última de ellas: la senectud del tercer ciclo dentro de otro año de Saturno. Ahora debemos hacer las paces consigo mismos, aceptarnos, conocernos una vez más como si tuviéramos otra herramienta en la mano. ¡Y claro que la tenemos!: nosotros viéndonos a sí mismos pero de diferente manera. Entonces, con la energía más autopreservada, concentrada y menos desperdiciada, podemos continuar el viaje por la vida o empezar con otros logros emocionales, sociales y profesionales, pues ahora somos alguien más ante los demás. Pero... ¿más qué?

Mucha gente está necesitando de nuestra mano experta; hasta nosotros mismos podemos ser alguien muy respetado en nuestro círculo social y, de ser así, no debemos alimentarnos del sentimiento de cómo éramos antes ¡debemos ser de nuevo! Pero bajo otra estructura de vida. Como hay más restricciones cuando Saturno transita su posición natal (Saturno simboliza cualquier principio restrictivo), nos sentimos limitados por la vida; y, si los problemas de salud comienzan a aparecer, no debemos renegar de los años sino buscar el bienestar y la libertad en nosotros mismos cambiando de actitud y de modo de ser; dejando atrás los apegos innecesarios, los temores irreales, las obligaciones que sabemos que hay que delegar en otros, y las inseguridades propias de la edad; una edad en la cual sentimos que estamos perdiendo la vitalidad y que llega a lo lejos (y no muy lejos) la inexorable tercera edad saturnina.

Ahora comienza la clásica época para preguntarnos hacia donde vamos con lo que hemos hecho profesionalmente; y, si somos asalariados, qué va a suceder de ahora en adelante con nosotros, porque hemos cumplido con un ciclo en el cual ya nadie se ha de fijar en nosotros para darnos otra oportunidad de trabajar. ¿Será el momento de la jubilación forzosa o acordada? Como Saturno nos está quitando de nuevo lo que no necesitamos, definimos entonces esa área de nuestra existencia, pues la próxima vez la definimos con... el Eterno Ahora.

Nuestra esencia va creciendo a la par con el **Sol Progresado,** en un único sextil que comienza a actuar a esta edad; pero que se ha venido sintiendo desde el año pasado. Es cierto que Saturno nos invita a un funeral, pero si podemos controlar los embates del tiempo y las plagas en el alma, el Sol nos llena de ansias de cosechar en medio de circunstancias muy favorables que nos animan. Armonizamos nuestra vida con la de quienes está rota por alguna razón; integramos nuestra energía con la de las demás personas y nos preparamos para recibir satisfacciones de parte de la familia. Ahora debemos comunicar nuestros sentimientos, reunirnos más frecuentemente con ellos (la familia) y amigos; viajar lo más posible, refrenar nuestro temperamento saturnino, calmar la prisa, ser pacientes y tolerantes; no discutir con nadie y cooperar con los demás sabiendo a quién le pedimos y a quién le concedemos favores.

Quisiéramos cosechar; que se vea lo producido por nosotros mismos; que lo que sabemos sea tenido en la cuenta por los demás; salir del encierro, ampliarnos y tener más tiempo para nosotros. De pronto sería bueno tener una compañía si estamos solo; queremos ver triunfar a los hijos y que ojalá nos den nietos. Nos corresponde, entonces, hacer cambios en el hogar o en el sitio de trabajo, sin mezclar lo uno con lo otro para que ambos terrenos no entren en conflicto; porque al Sol progresado también lo acompaña una semicuadratura no muy agradable de la **Luna Progresada**, que daña la armonía familiar; y con esa conjunción de Saturno la situación puede venirse en contra nuestra. Manejamos el perdón, pero nos preguntamos qué podemos hacer para superar lo que nos afecta; pues de pronto nos abandona la pareja ahora que los hijos están grandes. Está bien, se puede ir, pero y ¿quién paga las deudas? Muchos de nosotros derramamos sobre el exterior toda nuestra insatisfacción, queremos que la gente se acople a nosotros y es, precisamente dicha actitud, quien atrae los resultados negativos hacia nosotros. Hay que cuidarnos de una hostilidad sorda, de una inadaptación muy real que nos ronda y que nos puede mostrar nuestra posición para hallar otra clase de valores en la vida y hacer los ajustes necesarios, interna y externamente para salir de cualquier situación. Es ahora, cuando necesitamos de nuestra buena voluntad y dominio sobre sí mismos para no parecer como unos amargados y desadaptados sociales, que nos sentimos viejos antes de tiempo.

Como nada debe desviarnos en el hecho de dirigirnos hacia la realización de un objetivo, debemos enfocar nuestras energías en establecer un contacto con el aspecto físico y concreto de nuestro medio ambiente, para así expresar las nuevas aptitudes de forma tangible para los demás. También debemos fortalecer nuestra voluntad individual, para poder imprimir el objetivo de nuestras nuevas intenciones en el cuerpo psicológico y emocional personal y de la sociedad.

**Quincuagésimo noveno año** **Júpiter** regresa por quinta vez a su posición natal; a la vez que la **Luna Progresada** hace su tercer sextil de alejamiento con su posición original; y el **Medio Cielo Progresado** está haciendo su primer y único sextil de alejamiento, también con su posición natal.

Preciso, para la época en que **Júpiter** se ha quedado solo como nuestro regente, le corresponde ver realizar su quinto retorno. El año anterior lo había hecho Saturno volviéndonos más realistas; ahora Júpiter, habiéndonos dejado Saturno de frente ante una nueva realidad, nos proyecta hacia otra etapa excelente de la vida: la de la expansión realista. Manejamos mucho mejor cualquier situación en la vida; aprendemos a flotar, más que a nadar; es decir: a dejarnos llevar. Y, como comprendemos más el actuar de los demás con nosotros mismos, les damos más oportunidad para que se definan. Nos sentimos bien a pesar de creer que ya vamos para viejos; nos preguntamos qué podemos obtener de nuestra libertad o de lo que representa la familia; y pensamos más en lo que podemos perder o ganar ahora que intentamos evolucionar espiritualmente.

Júpiter nos ubica de frente en la puerta de los sesenta años, mostrándonos otra serie de oportunidades para continuar creciendo que es, al fin y al cabo, la invitación que nos ha estado haciendo desde cuando nacimos. Aquí está abierta esa puerta hacia aspiraciones, mejoramientos y planes nuevos; mientras algunos de nosotros pensamos en retirarnos y de qué vamos a vivir en los próximos treinta años. Cuando estamos terminando nuestra quinta década, se acrecienta el juicio a la vez que vamos adoptando una posición filosófica diferente ante la vida; pareciera como si comenzara la última etapa en la cual podemos alcanzar autonomía, control y mayor realización. Algo en nosotros nos susurra al oído que se inicia la época en la cual se alivia la carga kármica de Saturno, y se amplía nuestra gama de intereses enfocados en ampliar o crear oportunidades que ya no se presentarán de nuevo en nuestra existencia. Al fin y al cabo Saturno dice que el tiempo terrenal se está acabando…

Si el aspecto del año anterior de la **Luna Progresada** no dañó nuestra vida de hogar, este nuevo aspecto nos trae, también, un nuevo aliento; o un aliento emocional mejor que el anterior, pero con otro hogar. Teníamos alrededor de treinta y un años cuando nuestra Luna Progresada estuvo como lo está ahora, y sigue siendo un buen momento para sacar un tiempo para gozar de nuestra vida íntima, modificando situaciones que requieren de nuestra atención en el hogar. No hay que desaprovechar la edad para reforzar lo lazos familiares, en especial con aquellos parientes que pueden estar próximos a morir.

Y, mientras nos dedicamos a mejorar nuestra vida emocional, el **Medio Cielo Progresado** se encarga de nuestros éxitos profesionales pues, muy seguramente está progresando por la Casa XI dando y recibiendo ayuda de los demás. Ahora nos resulta más fácil armonizar nuestras necesidades con las de la sociedad, y con quienes ven en nosotros lo mejor que tenemos para ofrecer; esta actitud genera, entonces, compromisos sociales que nos permiten convertirnos en o ser algo mayor de lo que ya hemos logrado ser. Encontrando un grupo con el cual podamos evolucionar, enfocamos la energía en estabilizar y reforzar nuestros puntos de vista con los de otras personas. Ahora establecemos con ellos un firme objetivo personal y social, mientras vamos fijando las ideas en forma de ideologías; pues, también, es el momento de dedicarnos durante muchos años por delante a identificarnos con algo más vasto que nosotros mismos. Así hemos de inspirar a otros, mientras algo superior nos inspira a nosotros mismos en el momento de llegar a nuestra sexta década de vida.

**Sexagésimo año**   No parece que hubiera ningún aspecto importante para el año en el cual cumplimos exactamente sesenta años de vida; sencillamente es la continuación de los  efectos de las progresiones analizadas recientemente y de las dos conjunciones más importantes del zodíaco: las de Saturno y Júpiter, realizada en el par de años anteriores. Además, como seguimos bajo la regencia de Júpiter por ciclo de edades, continuamos una etapa de expansión, pero con la experiencia y prudencia que nos exige Saturno; y, mientras Júpiter nos da logros sociales, éste nos merma cada vez más nuestra energía física.

Debido al ciclo de Saturno hemos hecho un funeral de una etapa de nuestra vida; y por el de Júpiter hemos realizado un nacimiento. Como cuando el gusano se va a transformar en mariposa y debe dejar de comer hojas para nutrirse del néctar de las flores; motivo por el cual tiene que dejar todo su ser atrás para construir uno nuevo. Ese es el cambio de valores en el cual nos cogen los sesenta años; no cambiamos de vida, pero si las conexiones que teníamos establecidas con ella.

Tal vez para muchas mujeres la vida misma se vuelva rutinaria cuidando nietos; sanando sus enfermedades; llenas de obligaciones, pero con ganas de liberarse de la cocina y todo lo que ella implica: marido, hijos, nietos, etcétera. Para el hombre es distinto pues, pensando que ya no tiene la fuerza de antes, está empeñado en demostrar a las mujeres o a quien ama, todo lo contrario.

**Sexagésimo primer año**       **Júpiter** comienza por sexta vez su sextil de alejamiento con su posición natal; y, dependiendo de su velocidad, la quinta cuadratura de alejamiento. Empieza a hacer sentir **Urano** su única cuadratura de regreso con su posición original; y la **Luna Progresada** hace su tercera cuadratura de alejamiento con su posición inicial. Está el **Ascendente Progresado** haciendo su primer y único sextil de alejamiento con el Ascendente natal.

Esta es una edad que, continuando bajo la asistencia expansiva de **Júpiter**, está llena de acontecimientos astrales. Precisamente, su último sextil de alejamiento se dio cuando teníamos unos 49 años; como en aquel entonces, ahora, si se han podido controlar los embates del tiempo y las plagas,  pensando que cada vez estamos más viejos, las ansias de producir y de vivir son fuertes; debemos ser conscientes de que las circunstancias favorables nos animan. De no sentirnos así, estamos dando pie a que actúen las cuadraturas de Júpiter, Urano y la Luna.

Con la de Júpiter estamos madurando aún más bajo el conocimiento de las barreras que nos impiden expandirnos; si no sobrepasamos los sentimientos que nos invaden acerca de que los años pasan y nos hacemos más viejos, entonces estamos abonando el terreno para que llegue lo aparentemente negativo y nuestras necesidades entran en conflicto con las del medio en el cual vivimos; lo cual puede llenarnos de dudas acerca de aquello que queremos lograr. Debemos, entonces, alejarnos una vez más de modos de ser y de actuar pasados, y que ya no están acordes con nuestra edad; dicha decisión crea conflictos con el medio externo en el cual vivimos; pero qué ha de hacerse, si ahora necesitamos establecer nuevas bases y cortar cordones umbilicales que nos dieron seguridad, y que de repente estamos cambiando por incertidumbres. Es por ello que tenemos que aprender a liberar energías en tensión en nosotros mismos, aún en el subconsciente. Pero mientras la cuadratura de Júpiter es de alejamiento, la de **Urano**, más importante porque es única en la vida, es de acercamiento.

La cuadratura de regreso de Urano a su posición natal es única en la vida y, por lo tanto, muy importante. La de alejamiento comenzó entre los diez y ocho y veintiún años; y ahora, unos cuarenta a cuarenta y dos años después llega la de regreso. En aquella primera liberamos energía contenida en nosotros a una edad en la cual todo nos invitaba a expresarnos con la autenticidad y la rebeldía propia de la generación a la cual pertenecemos; cuando llega la cuadratura de regreso ya no sentimos las insatisfacciones de aquella época remota y, sin embargo, debemos dejar fluir las ansias de libertad e independencia de Urano de alguna manera, pero más experimentada; pues volteamos otra esquina importante de la vida y los cambios que llegan son de tipo más espiritual que externo. Puede haber una cierta tensión y nerviosismo que podemos canalizar en alguna causa o método de crecimiento personal, mientras vamos manifestando nuestro individualismo de una manera ordenada bajo nuevos parámetros de conducta. Como seguimos con la idea de que nada nos sea impuesto, debemos hacer ciertos ajustes en nuestro comportamiento personal, familiar y social. En ese sentido, los desafíos están a la orden del día, y debemos estar dispuestos a aceptarlos haciéndonos escuchar por los demás. ¿Cómo utilizar el tiempo? ¿Dejamos de hacer lo que venimos haciendo o continuamos con ello? Hay que adaptarse a lo que traiga el camino, y ser responsable de la consecuencia de nuestros actos para no sentirnos perdidos.

Con el paso de los años vamos siendo testigos de cómo la forma y la estructura personal, empiezan a avasallar nuestro espíritu. Poco a poco Urano nos pone en contacto con la energía viva que fluye a través nuestro, y con partes inexploradas de nuestra naturaleza. Urano nos está proyectando imágenes e ideas que tienen fuerza para transformarnos; así como nos revela el proceso mediante el cual nos podemos encontrar en situaciones incómodas; hallar mucha más luz y sabiduría a través del conocimiento; y darnos cuenta de cuándo una relación o un estilo de vida es falso, pretencioso o sórdido. Urano nos está sacudiendo del sonambulismo, aún por medio de aprender a servir a los demás.

Después de los años que acabamos de vivir, es momento para tener percepciones claras sobre las cosas, para así poder superar las crisis y recuperar la paz interna. Nunca ha sido mal negocio tomar conciencia de nuestra imperfección, pues eso trae a la conciencia todo cuanto estaba debajo de su umbral, así como libertad y progreso.

La **Luna Progresada** también trae vicisitudes en el alma con esa cuadratura de alejamiento. La última de ellas fue cuando teníamos unos treinta y tres años, y seguramente apenas éramos padres; pero ahora muchos de nosotros ya somos abuelos y si no se han muerto nuestros padres, estamos esperando que lo hagan. Todo ello trae tensiones emocionales, indecisiones familiares, irritaciones y choques que debemos saber canalizar para que las muertes, el divorcio (cualquier clase de separación que venga de fuentes incontrolables uranianas), y las separaciones afectivas, no invadan de pesadumbres nuestra alma. Hay que cuidar la parte económica con la cual sostenemos a la familia, porque meternos en negocios no muy seguros y a esta edad, no da pie para la recuperación instantánea de nuestras finanzas. También hay que ser prudentes y cuidar cada vez más nuestra salud, pues se nos acerca Saturno con sus achaques.

Establecer nuestra identidad echando raíces dentro de un contexto social o entorno mucho más amplio que aquel en el cual hemos vivido, nos permite evolucionar y hacer lo que debemos o queremos hacer. Pero para ello tenemos que mantenernos centrados en medio del flujo emocional que nos atropella, y así moldear, dirigir y controlar nuestro entorno. Es necesario poner a prueba nuestra incipiente fuerza, así como ponernos a la altura de las circunstancias cuando las cosas vayan mal. La vida nos está produciendo una crisis de acción, para ver qué tanto queremos prosperar a través de ella. Y, como necesitamos rechazar las antiguas pautas para poder ser los primeros en llegar hacia donde queremos llegar, debemos darnos cuenta de la inconsciente tendencia a crearnos crisis innecesarias. Como también hay que definir hacia donde crecer para desarrollar nuestra madurez, debemos descubrir la propia fuerza sin contar con la del mundo. Así vamos a disipar antiguas estructuras para construir otras nuevas y emprender una acción directa para dirigir la energía liberada; así como erigir una estructura nueva que apoye la realización de nuestros objetivos y los contenga. Hay que escapar de todo lo conocido.

La cuadratura de alejamiento de la Luna Progresada nos permite consolidar nuevas tendencias de forma drástica y construir la estructura de una nueva etapa de la vida emocional como vehículo vital para establecernos en un nuevo mundo, y para afianzar nuestra visión en la sociedad. Para ello tenemos que crear formas definitivas que abarquen el objetivo de nuestra vida.

También nos está sucediendo el hecho de que el **Ascendente Progresado** hace su primer y único sextil de alejamiento con el Ascendente natal (muy a la par con el Ascendente) y, por lo tanto, nuestra personalidad está cambiando en el sentido social de despojarse de la máscara que la aprisiona. Cada vez nos debe afectar menos el "qué dirán". Como este aspecto nos ayuda a controlar los embates del tiempo y las plagas emocionales y espirituales, las ansias de cosechar según lo que somos, continúan siendo fuertes. Es el momento para aceptarnos y desarrollar más la adaptabilidad a las circunstancias sociales de la vida; y, como nuestra agilidad va mermando, eso no debe minar nuestra alegría; motivo por el cual hay que mantenernos alertas, con el ánimo hacia una nueva apertura de la vida, buscando también nuevas aptitudes mientras prestamos atención a lo que, y a quienes atraemos por nuestros propios méritos y esfuerzos. La Voluntad Divina nos trae a nuestra vida nuevos actores y sucesos ineludibles.

**Sexagésimo segundo año**     **Júpiter** comienza por sexta vez su cuadratura de alejamiento con su posición natal.

La cuadratura de alejamiento de **Júpiter**, puede ser la antesala de los fracasos emocionales de la siguiente edad, si estamos en el plan de expandirnos sin tener en cuenta las consecuencias de nuestros actos. Toda cuadratura de alejamiento es una crisis entre dos elementos no afines en nuestra vida; y, como los elementos representan nuestra psicología, tenemos algún problema interno entre manos o entre piernas. No es una época importante en cuanto a los aspectos que se formen, pero sí lo es en cuanto a todas nuestras aspiraciones. Cada vez sentimos con más énfasis el paso de los años y Júpiter tiende a engañarnos con falsas ilusiones de todo tipo; y más aún, con aquellas que nos hacemos con respecto a ser adinerados o tener aventuras amorosas. Debemos estar atentos de las luchas y las ambiciones conflictivas; de los asuntos incompatibles con nosotros mismos y con las demás personas; de los rechazos a lo que queremos lograr por parte de ellos y, por lo tanto, corresponde sabernos adaptar a las circunstancias de cualquier índole.

**Sexagésimo tercer año**    Puede ser que la **Luna Negra** esté en su séptima conjunción por tránsito consigo misma, o en una cuadratura de alejamiento; mientras **Júpiter** hace su quinto trígono de alejamiento o quincuncio con su posición natal; y **Saturno** está en su tercer y último sextil de alejamiento con su posición original. **Urano** sigue en su cuadratura de regreso a la posición natal. La **Luna Progresada** hace su tercer trígono de alejamiento con su posición natal.

La peligrosa etapa del conformismo y pereza jupiterina que veníamos analizando, se puede complicar con el aspecto de la **Luna Negra**. Si cargamos con la autosuficiencia y prepotencia de Júpiter entonces, el orgullo injustificado, los pensamientos delirantes y desorganizados, el perder el control a como dé lugar en cualquier tema y la personalidad castigadora, dominante y envolvente, nos puede perjudicar enormemente.

Mientras **Júpiter** continúa siendo el protagonista de este paquete de años, con cuánta gracia algunos de nosotros dejamos a la pareja para irnos con alguien más joven; sin pensar que luego esa juventud también se ira con otro más joven que nosotros, cuando ya seamos más viejos. Nos sentimos en el Olimpo, como si nada negativo fuera con nosotros; dejamos fluir la energía de una forma normal en nuestra manera de ser y hacemos los esfuerzos necesarios en medio de una acción directa y de frente a lo que queremos ser o lograr. Estamos bajo la filosofía de vida de la aceptación de nosotros mismos, mientras ensayamos distintas actividades creativas que sean de nuestro agrado; buscamos aperturas gracias a nuestras aptitudes y armonía, mientras sentimos nuevas atracciones emocionales y profesionales.

Una buena fórmula para encarar esta edad es dedicarnos más al autoconocimiento, que a la autosatisfacción a través de actitudes o personas que nos perjudican emocional y espiritualmente. De estar en ese camino, es seguro que recibimos bendiciones, beneficios y bienestar general; además de brillar por nuestra buena suerte y calidez personal. Pero para lograrlo, debemos trabajar en la canalización de energías en medio de circunstancias favorables llena de comodidades; eso genera confianza (interna) que puede convertirse en un peligroso conformismo y pereza, que nos anularía en vida.

Pero, como **Saturno** nos mantiene dentro de la línea legal de los acontecimientos que nos permiten madurar aún más, podemos continuar con el compás y el ritmo de dichos acontecimientos con la cooperación de gente que necesita de nuestra experiencia. A pesar de los años, nuestra curiosidad está viva y nos puede llevar a la dispersión de ideas y al entusiasmo que nos produce encontrar personas que requieran de nuestra asistencia emocional o profesional. Saturno nos ayuda a mantener el esfuerzo como un estímulo; y nuestra expresividad sirve para fomentar las ideas brillantes que nos brindan las oportunidades que traen otras personas a nuestra vida. El optimismo jupiterino nos lleva a la participación de proyectos constructivos, y nos permite usar la persuasión como una herramienta que nos hace sentir el placer de valorarnos intelectualmente.

Como Saturno debe construir desde los átomos minerales hasta el Hombre Perfecto, la pregunta es ¿qué tal va esa construcción en nosotros? De todos modos él nos contiene y define, dando una forma viable a su significado mediante limitaciones cada vez más frecuentes en nuestra vida. Él enseña que lo mejor de nuestra esencia humana se tiene que proyectar en el cuerpo y en la materia; y, con el paso de las edades, irá fijando en la rigidez las cosas existentes, la estructura de las vicisitudes y las fronteras de cada organismo vivo; de nosotros en particular. ¿Cual será la parte de nuestra vida humana que es obra del destino inmutable? Esa respuesta la sabe él y debe interesarnos cada vez más.

Saturno nos garantiza que el espíritu ha de encontrar vehículos conscientes por medio de los cuales podamos expresarnos. No olviden que él nos lleva lentamente a ser en la Tierra lo que ya somos en esencia; y que tal vez va siendo el momento para profundizar en nuestro pasado (hay que segar los efectos de causas pasadas) y en todo lo que se nos ocurra, pero con la observación necesaria. De todos modos Saturno nos proporciona la fortaleza, la fuerza de la vida espiritual, la guía sensata, la perseverancia, los límites y controles que necesitamos conocer en nuestra propia vida; a una edad en que concentramos más nuestros intereses, en vez de desperdiciar la energía en temas sin sentido. Debemos, entonces, ser conscientes de aquellos límites sensatos, para superar los obstáculos y los vicios a través de nuestra experiencia. También hay que trascender los grilletes autoimpuestos.

La cuadratura de **Urano** sigue funcionando desde dos años atrás (ver allá) y hay que tener mucho cuidado, pues no hay que olvidar que él provoca en todo el mundo accidentes, cambios, grandes descubrimientos, insurrección, revolución necesaria y trastornos bruscos, imprevistos y súbitos; así como destellos de repentina inspiración y comprensión. Y, como con este aspecto él separa el bien del mal, y todo aquello que no se encuentra unido correctamente en nosotros, debemos usar el intelecto imparcial con honestidad y justicia.

El trígono de la **Luna Progresada** es algo que no sentíamos desde cuando teníamos unos treinta y seis años de edad. En este nueva oportunidad cosechamos lo que queremos y eso genera ayudas, creatividad, facilidades y oportunidades nuevas, gracias a los esfuerzos acumulados por Saturno. Es una excelente época para hacer conciencia de nuestra alma divina, y obtener o ver los resultados, de alguna clase de conocimiento superior por medio de una filosofía de vida que nos emociona. Nuestra creatividad lunar nos permite expresar los dones que benefician el equilibrio interno, dándonos no sólo facilidades sino felicidad familiar o emocional. Algo en nosotros continúa en pleno florecimiento, comenzando a irradiar energía bajo líneas de menor resistencia; como si tuviéramos una milagrosa protección que hace surgir en nosotros nuevas motivaciones. Tal vez hemos obtenido algo de pasividad y de la misma paz que ansiaba el alma; tal vez nuestras percepciones nos lleven por el camino del positivismo realista.

**Sexagésimo cuarto año**     **Júpiter** comienza poco a poco y por sexta vez, su oposición con su posición natal.

Aquí continuamos con la "peligrosa" influencia de Júpiter, acompañada ahora por Saturno durante los próximos cinco años.

Detengámonos un momento estudiando la relación existente entre este par de planetas, ya que nos han de acompañar con su regencia hasta cuando cumplamos sesenta y nueve años. Están aquí, juntos, los representantes del ego particular; son ellos los encargados respectivamente de la evolución de nuestro Yo, el superyó y la personalidad socializada en la primera mitad de la vida. He aquí los dos polos opuestos de energías disonantes pero complementarias: el más lento de los planetas rápidos y el más rápido de los lentos; mostrándonos en qué nivel de vida estamos; cómo queremos participar con un rol mundial y social; los impulsos específicos; los estados del ser y la ley de causa efecto. Júpiter enseña la Ley, Saturno hace que se vuelva obligatorio respetarla; el primero da las reglas del juego y el segundo nos castiga si las infringimos.

Saturno nos trae la existencia ilusoria de algo diferente a él; es decir, que Júpiter es lo mejor. Pero cuidado, el aspecto de Júpiter es adverso. Recuerden que el oficio de Saturno es dictar y hacer cumplir la ley, y hacer cumplir las leyes exactas del karma; así como disponer el lugar adecuado para cada cosa y para que permanezca así para siempre. Podemos, entonces, estar anquilosándonos en algún sentido; y es allí en donde él nos va a doblegar para ser morales; al fin y al cabo, como es Saturno quien nos muestra el camino para nuestra elevación espiritual, intelectual y moral, a esta edad debemos protegernos y buscar seguridad a través de logros concretos; de una mente concreta; de conocer el dolor, la inseguridad o los sentimientos desagradables. Para contrarrestar efectos adversos, debemos seguir el sendero de las correctas relaciones; ser lo más perfectos posible, justos y parejos; así como ser el centro de toda verdadera autoconciencia; pues Saturno está a sometiendo al alma a pruebas cada vez más extenuantes y duras -cada vez más duras- de ahora en adelante.

Con el aspecto de **Júpiter** tenemos un espíritu que no va con la edad; somos joviales para los años que vivimos o, al contrario, nos sentimos más viejos de lo que aparentamos; también puede haber ciertas frustraciones económicas y, sin embargo, nos gusta estar en constante crecimiento, aumentando la comunicación con el universo y agradecidos con él. Sin ser compulsivos y viviendo el diario vivir sin afanes emocionales peligrosos, puede haber ilusiones (sexuales) nuevas.

Toda oposición genera una división de la personalidad y hay que conciliar en uno, lo que está separado en dos; y aquí lo que está separado es lo que esperábamos obtener como logros en la vida. Entonces, alguna frustración se adueña de nosotros ante la perspectiva de hacer conciencia del otro que somos; ahora vivimos bajo una hiperestimulante contradicción que nos hace sentir atrapados sin salida, y que conlleva un maravilloso potencial de claridad y objetividad. Y lo es porque, mirándonos al espejo para saber qué debemos corregir, la vida nos hace tomar otro tipo de decisiones o de camino.

Hacia esta edad buscamos un campo de acción terrenal en donde las fuerzas cósmicas, a pesar de lo limitados que estemos por las cuatro direcciones, nos permitan encontrar la realización de la unidad universal en nosotros mismos. Y, como este aspecto también nos pone en una nueva relación con el mundo exterior, la vida y sus sucesos nos producen un aumento de conciencia, en donde están en juego nuestras relaciones personales por falta de objetividad. Ahora proyectamos sobre ellos una determinada parte de nuestra propia naturaleza en vez de ser prácticos y aceptar lo que logramos desde aquello que ambicionamos. Nos aferramos desesperadamente al tipo de personas que más necesitamos, y esa actitud puede generar el rechazo por parte de ellos. Júpiter nos muestra nuestras aspiraciones, pero la oposición nos aleja de ellas; o por lo menos nos muestra cuánto nos cuesta alcanzarlas.

**Sexagésimo quinto año** Sigue la influencia de la oposición de **Júpiter** con su posición natal; están comenzando los **Nódulos Lunares** su cuarta oposición natal consigo mismos, y la **Luna Progresada** empieza su tercer quincuncio de alejamiento con su posición natal.

Bajo la regencia de Júpiter y Saturno hemos de vivir cada vez más bajo la estricta justicia imparcial e impersonal de ambos actores. El primero representa la amplitud, la confianza, las necesidades súper conscientes, la devoción, la vergüenza; el segundo la restricción, la desconfianza, las necesidades subconscientes, la obligación, la culpa. A Júpiter, cual patriarca, le encanta abrirse con el corazón y en el corazón de la comunidad; Saturno, cual eremita, representa las exigencias del corazón en la soledad. El uno encarna lo fácil y el otro lo difícil. El primero nos abre, el segundo nos cierra.

Saturno nos empuja contra la inercia, mientras forja la austeridad en que vivimos. Él quiere presidir en nosotros un centro más fuerte del Yo y un centro personal del ser; y con nuestra experiencia (la suya) propiciar la iniciativa acerca de lo que da consejo, duración, firmeza, permanencia, respeto y solidez. Con ello tenemos que aprender a refinar cualquier cosa, empezando por nosotros mismos. Durante estos años, su ciclo nos revela cómo la gravedad se irá apoderando nosotros; así como en dónde hallaremos una experiencia importante y ponderada; el karma del ego encarnado; en donde nos encontraremos con nuestras pruebas kármicas más específicas; en qué dominios tendremos miedo de cualquier cosa, inconvenientes y demoras; las limitaciones de nuestro ego y las necesidades específicas de autodisciplina. Así, con él, hemos venido aprendiendo a ser nosotros mismos, como una forma exclusiva definida; es decir, lo que desde un principio nos enseña Saturno es: a ser en la Tierra lo que ya somos en esencia.

Pero también comenzamos a sentir la una nueva oposición de los **Nódulos Lunares**; tal como sucedió la última vez cuando teníamos cuarenta y seis años de edad. Tal vez Júpiter se ha de encargar del Nódulo Norte abriéndonos a nuevas posibilidades; mientras Saturno se encarga de enterrar la carga que traemos en el Nódulo Sur respecto a nuestro pasado. Como el Nódulo Norte siempre trae nuevas personas a nuestra vida, es el momento de ver cómo ellos han de influir en nuestra evolución y crecimiento personal. Por nuestra edad, seguramente seguimos atrayendo a gente que continúa necesitando de nuestra experiencia, motivo por el cual también es época de ir dejando atrás a algunas de las personas que nos han venido acompañando en el camino. Ahora podemos sembrar de nuevo, comenzando con otro tipo de experiencias compartidas en nuevos temas y ambientes locales. Hay una meta frente a nosotros y entre más rápido cortemos sanamente con el pasado, tanto mejor y más rápido llegaremos a ella. Sin los lastres el globo se eleva más.

El Nódulo Norte puede extraer energías que nos superan, marcando en nuestra vida una época de inercia, transformación o vacuidad; mientras que el Nódulo sur siempre nos ha de mostrar las deudas impagadas. Definitivamente nos estamos separando del ayer y acercándonos al mañana; y dicha sensación también la podemos presentir por el aspecto de la **Luna Progresada** que tiene que ver con nuestro trabajo y la salud. Ahora aparecen ciertos desvelos y ajustes que debemos hacer en nuestra labor y rutina diaria; también pueden presentarse ciertos bloqueos, desequilibrios, dolencias, inconvenientes y molestias impulsivas en la salud física o emocional, que no nos dejan progresar tanto como quisiéramos. Es por ello que la atención espiritual de nuestra alma requiere de un camino o postura filosófica, con la cual podamos comprometernos, ojalá, por el resto de nuestra vida, si es que ya no hemos venido transitando por dicho sendero.

Cuando vamos ya por la mitad de la década de los sesenta, se hacen más presentes los achaques; motivo por el cual comenzamos a hacer ciertas adaptaciones antes de que se nos comiencen a agotar las fuerzas, incluyendo las emocionales; estos ajustes son de cualquier tipo, pero en especial los de salud que nos permitan mantener bajo control la alteración del equilibrio. Si los problemas de salud son inminentes, entonces el ambiente tenso nos llena de angustia y vivimos entre la atracción y rechazo; y la atracción y la repulsión, asunto que genera una gran contradicción en nosotros mismos. Debemos, entonces, detenernos un rato para evaluar nuestra propia expresión y hacer introspección en la búsqueda de significado y que las formas se integren en su realidad cotidiana. Como hacer ésto es necesario para poder llegar a lo esencial en nosotros, debemos mantenernos fieles a una disciplina personal; para así mejorar y perfeccionar, aún más y constantemente, las estructuras construidas en la fase anterior, y nuestra forma de actuar y de hacer las cosas.

Debemos gastar tiempo en enfocarnos para pulir las cosas, organizar y exteriorizar la vida interna; y perfeccionarnos como alma para actuar de una manera nueva y eficaz; también debemos aceptar nuestro cuerpo-vehículo bajo su nueva expresión diferente. Realizar esta transición entre la consciencia subjetiva y la objetiva, nos hace sentir y ver que nos estamos enfrentando a algo mucho más importante que nuestra propia personalidad. Por ello hay que superar toda resistencia; volvernos más conscientes, y vincular nuestras ideas a los conceptos que aparecen ahora en nuestras vidas. Debemos efectuar dicha corrección en nuestra vida y trabajar las debilidades cotidianas, con mucho discernimiento y discriminación; siendo conscientes de la energía compulsiva o molesta, y de todas aquellas energías interferidas entre sí, para que las enfermedades físicas, emocionales y somáticas no nos asalten de improviso. Recuerden que la Luna representa al alma y el aspecto que hace nos habla de un reciclaje... en el alma.

**Sexagésimo sexto año**     **Júpiter** comienza por sexta vez su trígono de acercamiento con su posición natal; mientras **Saturno** está en su tercera y última cuadratura de alejamiento con su posición original. A su vez, **Plutón** comienza su único quincuncio de alejamiento con su posición natal. Es una edad crítica para las personas Piscis.

Júpiter y Saturno siguen siendo nuestros acompañantes por época; en una edad en la cual ambos hacen aspectos importantes en nuestra existencia. Encarnan respectivamente el despliegue de la vida y el "enemigo" de la vida (los enemigos son símbolo de nuestros temores y dudas); el espacio y el tiempo; la expansión y la contracción (de la conciencia); la levedad y gravedad; el potencial infinito, la limitación finita; la vergüenza y la culpa; la moralidad individual y la colectiva; la gracia y el esfuerzo; el preservador y el constructor; la fe y la confianza; la garrocha y el muro; controladores de las condiciones físicas superiores (Júpiter) y de las inferiores (Saturno); las abstracciones mentales y la materia densa; la organización en comunidades y la organización en detalle; el uno unifica comunidades y el otro separa y forma la estructura individual; el primero revela lo que el segundo oculta; el primero da crecimiento excesivo, el segundo lo da restringido, pero a su vez Júpiter expande lo que Saturno ha hecho firme o estable; son la sociabilidad y el aislamiento; el flujo y el reflujo.

**Júpiter** está acercándose de nuevo a su posición natal, bajo un aspecto que promete cosechas; pero Saturno se aleja en una crítica posición con respecto a sí mismo. Los trígonos de acercamiento siempre tienen un fuerte sabor a Júpiter y todo lo que él signifique de mejor en cuanto a sabiduría, logros y puertas abiertas. Si Júpiter es más fuerte que Saturno tendremos paz, al ser conscientes de nuestras percepciones de un futuro mejor; y el positivismo se adueña de nosotros mientras gozamos de la preservación de nuestros dones y privilegios. Como tanto el trígono como Júpiter están muy relacionados con la prosperidad, la realización espiritual y la reconciliación que debemos hacer con el mundo y con nosotros mismos, esta es una etapa de relajación en medio de resoluciones favorables y satisfacciones personales, que nos hacen sentir más seguros y sincronizados con el medio en el cual vivimos.

Pero no nos relajemos mucho; pues si **Saturno** es más fuerte, el aspecto que hace frena las aspiraciones y los logros prometidos por Júpiter. De todos modos este momento de Saturno es muy fuerte, porque es la última cuadratura de alejamiento que hace con su posición natal y la despedida puede ser funesta -aún para nuestra salud- por el quincuncio con el cual lo acompaña Plutón, que también es importante por ser único. Este tipo de cuadratura representa lo peor de Saturno: lo truncado en nuestras aspiraciones jupiterinas, y las tensiones (internas) que se adueñan de nosotros con base en nuestro trabajo y la salud. A pesar de creernos ya viejos antes de tiempo, es el momento para hacer súper esfuerzos personales conectándonos con el gran acumulador de energía que representa Júpiter en nuestra carta astral; porque si no, sucesos cruciales se vendrían sobre y contra nosotros; y, como el medio en el cual vivimos puede hacernos resistencia, debemos entrar en un plan de reconciliación social para que los sucesos contradictorios no minen nuestros propósitos. Debido a la compañía de Plutón también hay que estar atento a ciertos problemas psicológicos que pueden mermar nuestras oportunidades para crecer, poniendo obstáculos emocionales que nos llevan a la necesidad y sentido de hacer esfuerzos para vencer cualquier tipo de miedo que se quiera adueñar de nosotros.

Mientras la cuadratura de Saturno nos invita a liberar fuerzas y a aprender lecciones propias de su significado y la edad, el quincuncio de **Plutón** es único y, por lo tanto, muy importante en las debilidades cotidianas que trae la vida diaria y cierta carga de erotismo con el cual, de pronto, no contábamos en la vida. Para ello hay que hacer esfuerzos concentrados y conscientes, pues la falta de ritmo puede hacer brotar ciertas insatisfacciones ocultas que Saturno quiere matar y Plutón, en cambio, mantenerlas vivas. La irregularidad de este tema trae una enorme irritación emocional, que nos puede llevar a tener una mala salud (enfermedad saturnina), y si la mentalidad no está comprometida para mejorar nuestro modo de actuar, entonces nuestra vida puede estar indecisa y en suspenso. Plutón y el quincuncio tienen que ver con molestias internas de cualquier tipo que afloran a nuestra vida (incluyendo el cáncer o una enfermedad sexual); molestias que si son muy graves nos acercan a la muerte, o al menos a la neurosis. Es por ello que necesitamos nuevos puntos de vista y sacarnos la piedra en el zapato, haciendo reajustes y refinando nuestro modo de vivir.

A Plutón le gusta abrir el camino del dominio de uno mismo y un canal entre los mundos interno y externo. Es más, Plutón afirma radicalmente la autonomía personal que debemos lograr ahora, así como confrontarnos con nuestra verdadera misión de vida; también le encanta mostrar la parte de uno mismo qué más nos cuesta enfrentar y exponer ante los demás; y para eso nos despoja de los mecanismos de defensa. Y ahora ejerce presión sobre nosotros para que lo hagamos, pues sabe que nos tenemos que emancipar totalmente; y que hay que excavar profundamente para ir más allá de nuestras fronteras y defensas habituales. Por tal motivo nos vamos enfrentando cada vez más con lo que hay de burdo e instintivo en nosotros; con las compulsiones personales; con los profundos deseos, con las sombras y con lo primitivo. Entonces nos es necesario entender el subconsciente y enviar hacia las profundidades o hacia la muerte, lo que ya cumplió con su misión o función en nuestra vida. Plutón siempre nos muestra el lado que hemos negado, aquel del cual no hemos hecho caso con anterioridad, porque tal vez no teníamos la fuerza, el conocimiento ni la edad para hacerlo, o porque era pecado... Hay que reconocer aquellas partes de nosotros mismos que el Yo ha excluido de la conciencia por el motivo que sea.

También es el momento para reforzar actitudes, creencias e ideas que contradicen todo lo que sabemos; por eso vamos a reinventarnos a nosotros mismos de una manera drástica, gradual y nueva, removiendo sentimientos profundos. Es como si este aspecto de Plutón fuera a secar todos los cauces para obligarnos a buscar otros en los cuales podamos y debamos introducirnos. Y una de las mejores tácticas de vida para saber llevar estos aspectos, es compartir la necesidad y el amor al prójimo; así como la autorrealización a través de la energía amorosa fraternal realizada y el éxtasis meditativo para sentir las vibraciones de la Madre Cósmica. Como la plena expresión del amor, símbolo del fuego que señala el apostolado, nos permite a esta edad ver la exaltación del poder plutoniano encerrado en nosotros, debemos ser cada vez más conscientes del predominio del espíritu sobre la materia y la soberanía, quemando lo negativo e inservible en nosotros.

**Sexagésimo séptimo año**     **Júpiter** comienza por sexta vez su cuadratura de acercamiento con su posición natal; y la **Luna Progresada** hace su tercera oposición -tal vez la última- con su posición natal.

Curiosamente, aún bajo la vigilancia de Júpiter y Saturno, y contrario a la edad anterior, ambos planetas hacen aspectos diferentes en el sentido de que si Júpiter lo hizo positivo y Saturno negativo, ahora cada uno nos muestra la otra cara de la moneda. Estamos como el paciente Job, cuando Dios-Júpiter y el Diablo-Saturno resolvieron usarlo como balón de fútbol y lo peloteaban de aquí para allá.

Lo muerto como Saturno, resurge como Júpiter. Y este último es la urgencia masculina (regiones superiores de la mente intuitiva), mientras Saturno es la femenina (regiones inferiores del inconsciente personal, el lado oscuro de la naturaleza humana) Ambos son planetas sociales que nos hablan acerca de la decoración del "edificio" en que vivimos y del sentido de la ley; pero las de Júpiter son las leyes naturales, metafísicas o cosmológicas, mientras que las de Saturno son las leyes del karma. Como es, entonces, bajo el simbolismo de estos dos planetas que estudiamos la ley del karma o de causa y efecto, el uno debe comenzar a secundar al otro a esta edad. Es bajo estos parámetros, que debemos regir nuestra vida desde ahora.

El aspecto de **Júpiter** nos muestra lo irredimido que hay en nosotros y las interferencias que pueden presentarse en nuestra vida. Júpiter no es especialista en inhibir pero la cuadratura sí; de modo que vivimos un tire y afloje entre lo que queremos realizar y lo que se puede realizar. Para logra lo mejor, tenemos que trabajar las incompatibilidades esenciales en nosotros mismos; pues Júpiter si rige los impulsos para desarrollarnos, la cuadratura nos muestra los impedimentos para hacerlo. Por ello debemos trabajar muy seriamente nuestra ignorancia, para que los golpes de la vida no nos apabullen con su fuerza irresistible; y como es una edad en la cual las frustraciones y fricciones de cualquier tipo están a la orden del día, hay que poner freno a nuestros excesos para no entorpecernos con energías divergentes en y fuera de nosotros mismos.

Al contrario de la edad anterior, ahora es **Saturno** quien nos ayuda para vencer las dudas, gracias a nuestra suerte y talentos; y nos queda fácil poder hacerlo, porque estamos motivados para ello gracias a nuestra experiencia saturnina. Como él se está despidiendo de los aspectos que puede hacer en una vida, esta es la oportunidad para ser más expresivos con los demás mostrándoles nuestra capacidad de trabajo. También podemos realizar lo que siempre hemos querido hacer gracias al tiempo que tenemos a nuestro favor; pues lenta pero muy sólidamente ahí vamos paso a paso, alejándonos de la década de los sesenta años, ojalá no esperando logros inmediatos, pero sí de largo alcance y de un valor más permanente.

Si no nos hemos jubilado, y hay posibilidad para hacerlo, entonces tenemos más estabilidad, paciencia, habilidad y responsabilidad ante nosotros mismos y nuestros semejantes. Es el momento para pensar qué es aquello que más ambicionamos en la línea de nuestra vocación, no sólo de nuestro trabajo o profesión, si no aquello que nos gustaría haber hecho desde siempre; porque se acerca el momento para hacerlo basándonos en nuestra honestidad y experiencia, mientras continuamos tras su logro con tenacidad y organización, cumpliendo con nuestros derechos y obligaciones. Cada vez más hay que ir saliendo de mucho de lo que venimos arrastrando desde el pasado remoto, para así poder estabilizar mejor nuestra vida presente.

La **Luna Progresada** también hace su última oposición de vida consigo misma y, por lo tanto, nuestra alma sufre alguna clase de enfrentamiento con ella misma. Alguna energía emocional se nos opone ya bien sea en nuestra relación consigo mismos o con los demás, para hacernos enfrentar con aquello que proyectamos en ellos. Tenemos que llegar a acuerdos con lo demás y "lo demás" es todo el mundo circundante. ¿Qué es lo que no vemos en nosotros mismos que los demás sí ven?

Como realizar aquello que nos hemos propuesto en la vida a través de una mente objetiva, nos permite revelar un ideal de perfección, es el momento para superar la desilusión y desunión interna, al tomar conciencia de la existencia, de la naturaleza, de la potencial importancia de la "otra" parte y del propósito de nuestra propia vida. Debemos unir las experiencias internas y externas, para poder unirnos y fundirnos con el "otro" para asegurar la continuación de la fuerza de la vida. Saber utilizar la mente para llevar a cabo el objetivo de nuestras vidas, nos permite ver el resultado de aquello que se comenzó con la edad de la última conjunción de la Luna Progresada consigo misma.

La oposición de la Luna Progresada nos ayuda a aclarar nuestros propósitos y puntos de vista acerca del significado más amplio dentro del propósito de nuestras vidas. Estamos adquiriendo conciencia acerca de vivir con un verdadero propósito existencial para buscar un ideal, infundiendo así de significado las estructuras de esa propia vida y para compartir la vida subjetiva de uno mismo. Sea como fuere que la encaremos, esta es una edad que nos produce un aumento de conciencia por fricción interna y externa, en donde están en juego nuestras relaciones familiares y personales.

**Sexagésimo octavo año**     **Júpiter** comienza por sexta vez su sextil de acercamiento con su posición natal.

Desde hace varios años Júpiter y Saturno han venido acompañándonos, de forma tal que Saturno sigue preservando los compromisos y lo que es real en nosotros. Juntos manifiestan nuestra identidad paterna y el estado de dicha imagen en nuestro complejo psíquico. Cuanto más evolucionados estemos, más poderoso se vuelve Júpiter en nuestra vida, hasta un punto tal en el cual se conoce como El Preservador; mientras que Saturno, cuanto más involucionados estemos, más poderoso se vuelve. Saturno, para bien o para mal, es El Constructor de eso que se preserva, porque en última instancia a él lo que le interesa es cristalizarnos en uno de sus dos extremos.

Su ciclo siempre nos muestra las cosas que verdaderamente duran, permitiéndonos evolucionar según la ley natural. Pero hay que tener mucho cuidado en eso, porque él quiere persistir en lo antiguo y evitar el advenimiento de lo nuevo que trae **Júpiter**. Para ello tenemos que usar nuestras cualidades más relevantes y estabilizadoras. Júpiter ha hecho varios aspectos durante esos años y, ahora, antes de cerrar un nuevo ciclo, hace el positivo sextil de acercamiento consigo mismo. Es muy importante nuestra valoración intelectual, pues la versatilidad del conocimiento nos trae vitalidad y soluciones a diferentes problemas propios de la edad y de nuestro nivel de ser, que nos permiten concretar las ideas de un modo creativo y ventajoso para la evolución de aquello que tenemos entre manos o en mente.

Próximos a terminar la década de nuestros años sesentas, los aspectos que se forman son positivos; como debe ser la mentalidad que debemos tener cuando se está acercando la inexorable vejez de los años que pasaran a ser regidos por Saturno desde la siguiente edad.

**Sexagésimo noveno año**    **Saturno** comienza su tercer y último trígono de alejamiento con su posición natal; mientras **Urano** comienza su único sextil de regreso a su posición original, y está **Neptuno** en su único quincuncio de alejamiento consigo mismo. Por su parte, la **Luna Progresada** hace su tercer quincuncio de acercamiento con su posición inicial.

Terminar los sesentas con la despedida de Júpiter y la regencia única de **Saturno** es quedar en manos suyas, pero bajo un aspecto positivo. Ambos son los grandes exploradores, los llamados Guardianes de las puertas del mundo personal; juntos poseen dos caras, una que mira al interior, la otra hacia el exterior nuestro; y por ello simbolizan la necesidad de trascender los limitados confines del sí mismo y su enorme pequeñez, así como nuestra necesidad de crecimiento hacia la conciencia y los profundos factores motivacionales y colectivos.

Júpiter encarna el mantener -como un sistema auto compensador- al ser saturnino como una forma definida. Como cosa curiosa, ambos rigen las glándulas suprarrenales, Júpiter la derecha y Saturno la izquierda; la primera con su advertencia de alegría y optimismo, y la segunda para indicar peligros… Saturno mismo se ha venido despidiendo de los aspectos favorables y adversos de forma tal que, tanto Júpiter como él mismo, están cerrando un ciclo de existencia. Pero el de Saturno es el último, con Júpiter tenemos otra oportunidad. Un trígono de alejamiento siempre nos sirve para que las cosas se resuelvan solas evitando los extremos, y las expansiones que pueden llevarnos a cometer y vivir excesos de todo tipo. Para ello nos sirven nuestros patrones de conciencia, querer saber acerca de como ser y de la cima de la montaña como símbolo de lugar sagrado y de la conciencia de Dios.

Saturno siempre ha formado nuestro destino, el karma y el puente o camino angosto entre la Individualidad y la Personalidad, que ahora debemos aprender a separar en nosotros mismos. Cuando Saturno hace este aspecto y, a su vez Neptuno hace el suyo, Saturno quiere dar forma a las fuerzas desconocidas y a la inspiración de Neptuno. Saturno siempre influencia el tiempo y la manera de cosechar; y ya debemos estar cosechando en muchos sentidos. Cada vez es más importante para nosotros mantener nuestra vida  a través del instinto de conservación, y tomar el mando de la vida con autodisciplina y conducta responsable. Saturno nos exige adaptarnos a la vida de una manera concreta y sin anestesia; es decir, que cada vez más los años comienzan a pesar y a llegar cargados de… achaques y experiencia.

Pero el sextil de **Urano** es liberador de energías y de novedades subyacentes en nuestro destino. Para cuando sucedió el sextil de alejamiento teníamos unos doce a catorce años, ahora, para el de regreso, ha corrido mucha agua bajo el puente. Urano nos trae alguna clase de genialidad y  libertad de movimiento, respetando la libertad ajena para poder sintonizarnos con la verdad. Si aún pensamos en sublevarnos contra algo, es contra todo lo que impide el verdadero compañerismo; por que es a través de las demás personas que recibimos y trasmitimos el conocimiento del misterio oculto en todos nosotros.

Como de repente podemos sentir unos bríos inesperados de aceptación de sí mismos, mientras nos adaptamos a la idea de que se está acercando el séptimo u octavo piso y la agilidad ya no es la misma, entonces es el momento para buscar y encontrar la alegría en otra clase de temas, y con otra clase de personas y grupos de cualquier tipo social, político o espiritual. Pero hay que estar alerta, porque también cualquier enfermedad puede minar nuestro ánimo.

Precisamente, el quincuncio de **Neptuno** nos pone de manifiesto ante problemas de salud insuperables; es allí cuando la mente uraniana nos muestra una apertura por medio de la meditación, la medicina bioenergética o shamánica, para lograr la sanación del cuerpo o del alma. Nosotros mismos podemos descubrir ciertas aptitudes personales si ponemos atención a los mensajes que nos da la vida. Este aspecto frustra nuestra rutina diaria, tan sólo para que hagamos los ajustes pertinentes en el área espiritual de nuestra vida. Es como tener una llave en la mano y no saber si usarla para abrir o cerrar la puerta; aún más, no sabemos cual puerta es la que hay que abrir o cerrar, cuando estamos próximos a salir de la década de los sesenta años.

Neptuno quiere avivar el fuego de nuestra imaginación e inspiración y buscar algún alivio por la impuesta ansiedad que produce el servir a la humanidad, el amor cósmico, el Paraíso perdido (sobre la Tierra), la redención, las formas de hacer de la vida algo más vital y más rico, la fuente de una purificación redentora, una mayor libertad frente a la limitación del yo personal y del entorno material. Como Neptuno nos muestra algunas vías de escape y la vinculación que tenemos con el universo, desea comerse las cristalizaciones del ego saturnino y conducirnos cada vez más hacia lo amorfo y hacia una visión mas elevada de nosotros mismos. Neptuno, que va a demoler la frontera interna entre consciente e inconsciente, quiere que descubramos la libertad en la unidad y en la universalización.

Tenemos que elevarnos cada vez más por encima de las consideraciones materiales y terrenales, volviéndonos receptivos a lo que es superior. Su ciclo nos impulsa a actuar de una forma elevada, idealista y a escapar de las limitaciones del yo y del mundo material. Paso a paso, entonces, iremos teniendo más atisbos de aquella parte nuestra que es universal e ilimitada; así como compasión por los desamparados y una visión más clara de la eternidad y del infinito. Terminando esta década tenemos que desvanecer todo aquello que ya no sirve; difuminar y disolver las fronteras del "yo", y entre nosotros y los demás; diluir las emociones y la fuerza de una energía hasta entonces concentrada en nosotros; así como las pautas de ordenamiento de la conciencia y de la mente racional; los límites de la unidad informe; los sentimientos superados; las viejas estructuras personales y las sociales. Es decir que, dejando los sesentas, debemos estar más conectados con el colectivo mediante el duelo, la nostalgia y el deseo de fundirnos con la fuente divina y con nuestra alma; con una visión idealista cualquiera; con el sentido de la totalidad y con la unidad de la vida.

La **Luna Progresada** acompaña al quincuncio de alejamiento de Neptuno con uno de acercamiento; y entonces sentimos una profunda ansia de regeneración en nuestra alma, que viene acompañada de una gran crisis dada por el hecho inexorable de sentir que cada vez estamos más cerca de la muerte. Aparecen desvelos y ajustes que debemos ir realizando en medio de bloqueos, desequilibrios, dolencias, inconvenientes y molestias impulsivas que no nos dejan progresar tanto como quisiéramos. Ahora debemos elevarnos por encima de la conciencia de tres dimensiones identificada con el tiempo y sus tensiones, para adquirir un estado ideal de armonía y felicidad interna. Entre el amor y la agresividad, el primero siempre triunfará sobre la segunda. Pero de los tipos de amores, el más importante ahora es el que debemos sentir por nosotros mismos.

Este quincuncio de acercamiento de la Luna Progresada, nos sirve para amaestrar nuestro mundo real a través de ideas intensas; y para asimilar y personificar aquello que nos ha sido revelado con el paso de los años. Ahora hay que poner en práctica esa revelación de perfección, para así aprender a relacionar la imaginación creativa con el mundo exterior, y poder resolver todos los conflictos personales internos. Hay que ir simplificando nuestra vida dominando el intelecto, tomando conciencia de que lo que es fundamental para uno no tiene por qué serlo para todo el mundo. Hay que vivir consciente y plenamente, en consonancia con nuestras creencias y con el propósito de nuestra vida; ahora que hemos llegado a la séptima década de vida.

**Septuagésimo año**    Llegar al séptimo -verdaderamente el octavo- piso de la mano de Saturno y trayendo los    aspectos de la edad  anterior, es quedar de frente al inexorable destino saturnino que dice que desde hace rato nos traquean las rodillas y la orquesta ósea está en pleno achaque. Los años setenta son el acercamiento al inicio de lo que llamaríamos la vejez y hacemos conciencia de estar cada vez más arrugados y con menos fuerzas físicas; sólo contamos con las fuerzas del espíritu de empresa que, dependiendo de nuestro nivel de ser y de toda nuestra carta astral, es más o menos fuerte.

Saturno va a erigir barreras que nos frenan, pues quiere fijar y cristalizar los procesos y las situaciones en forma inamovible, pétrea y segura. Entonces tenemos que regenerar al individuo que hemos alcanzado a ser y seguir sintonizándonos con el verdadero Sí mismo. Como ahora hay que aprender a sufrir en secreto, tomar las estructuras establecidas y cuestionar su valor, también  hay que aprender a ver el valor de las cosas a través de nuestra propia alma; qué parte de ella puede expresarse realmente y ver sus actos como un reflejo de nuestro verdadero ser interior.

**Septuagésimo primer año**    Está la **Luna Negra** en su octava conjunción por tránsito consigo misma, mientras **Júpiter** comienza su regreso por sexta vez a su posición natal. Se inicia una edad crítica para los individuos acuario, que va hasta los setenta y seis años.

Saturno nos acompaña con la seguridad de que las edades que él rige son las mejores para cosechar éxitos personales y espirituales; así como para gozar de lo acumulado a lo largo de la existencia, tanto en experiencia como en sabiduría. Mientras Saturno espera que las cosas se queden como están, Júpiter las va a modificar; no hay que olvidar que este último gobierna la parte del karma que hace que las cosas sean agradables o desagradables. Pero algo va a trabajar Saturno en nosotros mediante el retraso y la decepción. Y más aún, porque la **Luna Negra** se introduce otra vez en nuestra vida a una edad en la cual la líbido sigue siendo un problema. Algo nos puede perturbar el lecho conyugal o nosotros perturbar el ajeno,  a través de un cierto poder de atracción de lo oscuro; pero, también es cierto que la preocupación por motivaciones y significados ocultos nos puede atraer, y más aún si estamos dispuestos a revelarnos contra toda clase de desigualdades y reclamar la equidad original. Ya tenemos los años suficientes para no aguantar injusticias y defender los derechos ajenos. El río subterráneo por donde circulan las pasiones de nuestra alma (insatisfecha) nos puede llenar de sentimientos coléricos, y llegar a sentirnos agraviados, diferentes y menospreciados.

Con tales sentimientos y la excelente conjunción de **Júpiter**, sin nada que perder y habiendo salido de muchas estupideces de la vida, estamos dispuestos a expandir nuestras fronteras interna y externamente de una forma más permanente. Como este aspecto nos permite generar impulsos en una etapa de extraños nuevos comienzos, pueda ser que nos queramos aliar con alguna causa e invertir nuestra energía, tiempo y dinero en apoyar a quienes quieren sobresalir pero no pueden hacerlo por sus propios medios. De ser así, esta edad se entreteje con la siguiente por medio de la buena voluntad de Júpiter.

**Septuagésimo segundo año**     **Júpiter** comienza por séptima vez su sextil de alejamiento con su posición natal; mientras **Urano** hace su única semicuadratura de regreso a su posición original; el **Sol Progresado** su único quintil de alejamiento con su posición original, y la **Luna Progresada** su tercer trígono de acercamiento con su posición natal.

Saturno, con el inicio de la vejez, nos lleva a concretar cada vez más nuestro destino; mientras **Júpiter** nos invita a buscarlo más allá en personas, temas, lugares y situaciones que antes no habíamos contemplado como posibilidad en nuestra vida. Como aquí damos inicio a la vejez física y al desgaste de la maquinaria, con **Saturno,** que siempre tiene que ver con los achaques de la edad, debemos aceptar el paso de los años y actuar de conformidad. ¿Cuántas cirugías plásticas nos habremos hecho hasta el momento? Bien, lo importante son las que hemos realizado en el alma para no dejarnos afectar por los embates del destino, ni por la cruz que hemos llevado a cuestas durante los últimos años.

¿Qué tan solos comenzamos a estar? Eso depende de los hijos y nietos que hemos tenido, pero también de cómo hemos trabajado el hecho de no depender de nadie; porque a Saturno le encanta la soledad y viene de nuevo a minimizar nuestra vulnerabilidad, estableciendo límites y una autodisciplina que preserve nuestra salud, pues hay que hacer ajustes y reciclajes urgentes.

**Urano** se va despidiendo de su vuelta alrededor del sol haciendo la única semicuadratura de regreso que alcanza a hacer en nuestra vida. Hay que estar muy alerta (percepción consciente) a las posibles plagas y tormentas físicas que se sienten en nuestro organismo. En ese sentido tenemos que aprender a adaptarnos y ceder ante los años; y, si queremos ayudar a los demás y participar en sus problemas de acuerdo a nuestro punto de vista, no debemos pasar por viejos aburridores; pues este aspecto genera deslealtades, fricciones, maledicencias y traiciones con el prójimo, y un estado de impotencia en la forma como los demás no nos aceptan con nuestras "brillantes" ideas. Pero como la fuerza de cohesión con los demás es superior a nuestras fuerzas, tal vez debemos recapacitar en cual es el mejor modo para que los otros nos acepten. Tenemos, entonces, que ocultar o por lo menos manejar nuestras ansias de dominar a los demás y emitir juicios prematuros.

Con la vitalidad también tiene que ver el **Sol Progresado** que hace un extraño aspecto de alejamiento, débilmente benéfico, conocido como quintil y durante el cual intuimos a qué tendremos acceso durante los años por venir; y más aún si somos conscientes de cómo vamos a llevar nuestro crecimiento esencial espiritual; es decir, ahora empezamos a descubrir la capacidad que tenemos para conocer lo incognoscible.

También comenzamos a comprender que hay que liberar nuestra energía creadora en actividades no sexuales; y conocer asuntos que antes no podíamos conocer y que ahora nos dejan comprender los sucesos vividos con anterioridad. Podemos pertenecer con seriedad a algún grupo hermético en donde nuestra mente se entretenga buscando el conocimiento. También podemos imponer nuestra voluntad porque nos sentimos más sabios y, como no hay tiempo para desperdiciar, queremos creaciones concretas; para ello necesitamos comunicarnos y dar aún más fuerza a nuestra vida a través de procesos mentales y orales.

Cada vez más queremos, sentimos y necesitamos ponernos bajo la autoridad directa de la evolución cósmica, para lograr la autorrealización final. Ahora tenemos la capacidad de convencer a otros, para que nos apoyen o acompañen; resumiendo así las diversas energías de una manera muy nuestra, ya bien sea por medio de la palabra o los escritos. También poseemos un nivel de conciencia al cual no es fácil acceder sino a través de los años; igualmente, conocemos nuestras obligaciones personales y positivas y sabemos que ya nada se nos puede oponer internamente al deseo de querernos realizar; estamos convencidos de lo que queremos ser y será un arte fundirnos con ello.

Con este aspecto solar progresado, nos sentimos con ansias de dominarnos o hacerlo sobre cualquier materia llevando a la práctica la teoría, ahora que conocemos nuestros potenciales y habilidades; lo cual, además, podremos hacer de una forma personal, única y muy creativa, como algo secreto pero muy positivo. Cada vez más tenemos mejor relación con los procesos mentales y del conocimiento en general, así como con las demás personas.

La **Luna Progresada** en su buen aspecto, nos da la posibilidad de gozar de la familia propia y de la de nuestros hijos (si los hemos tenido con nietos incluidos), o de aquella de la cual nos sentimos partícipes, incluyendo la de los hermanos. Debemos hacer con ellos lo que tal vez no hacíamos antes; como participar más en sus asuntos personales y llevarles nuestro consejo. Es una edad para la armonía, el bienestar consigo mismo y con todos ellos, así como para brindar ayuda y proteger a quienes necesitan de nuestro sabio apoyo espiritual, emocional o económico. Hay que ir pensando en delegar funciones testamentarias que, si no lo hemos hecho con anterioridad, no hay que dejar pasar mucho tiempo.

Llegar a esta edad nos da a pensar que está relacionada con la tierra; y se requiere de este número de años para que el Sol avance un grado en la precesión de los equinoccios dentro de la armonía sincronizada del propio universo. También es el número promedio de latidos por minuto del corazón. Pónganse a pensar que llegar a los setenta y dos, fue toda una vida de esfuerzos para nosotros, mientras que para el Sol tan sólo fue avanzar un grado en una era de 30 grados que dura unos 2.160 años; y para el corazón tan solo fue un minuto de vida…

**Septuagésimo tercer año**     **Júpiter** comienza por séptima vez su cuadratura de alejamiento con su posición natal. Este es el cuarto regreso de los

**Nódulos Lunares** a su posición inicial.

Sin ningún planeta acompañándolo en su regencia hasta cuando cumplamos setenta y siete años, me parece que no hay que dejar de lado el significado de Saturno a quien le encanta la vejez. Sin embargo, nos ocuparemos de él más adelante. Por ahora es necesario que analicemos el difícil aspecto que hace **Júpiter**, a una edad en la cual la expansión ya no es tan en sentido material. Obviamente lo más preocupante sigue siendo nuestra salud con sus achaques; en donde el aspecto puede hacer venir muchas cosas al traste y la ruina podría ser total. Hay que tomar esta edad, y ya dentro de la longevidad, como el indicio de algún tipo de sacrificio; de algo que se nos opone como un obstáculo en el camino, que precisamente nos da la posibilidad de basarnos en nuestra propia filosofía de vida y crecimiento espiritual, para sobreponernos al trance que aparezca en nuestra vida. Puede haber luchas o ambiciones conflictivas en nuestro interior; asuntos incompatibles con nosotros mismos; rechazos internos o externos a algo que queremos lograr y, por lo tanto, corresponde sabernos adaptar a las circunstancias que vivimos de ahora en adelante.

En eso nos ayuda el retorno de los **Nódulos Lunares**, quienes nos instan a lanzarnos a buscar otra clase de experiencias con nosotros mismos y los demás; dejando cargas que traemos y que, definitivamente, ahora son un estorbo en nuestro camino o para nuestro ascenso espiritual y material. Tal vez el Nódulo Norte quiere que nos ocultemos en la oscuridad y la nada durante un buen tiempo, para resurgir luego en la plenitud de la luz espiritual; mientras que el Nódulo Sur lo que quiere ocultar es nuestro aparente libre albedrío y la voluntad, para que aceptemos lo que el destino fatal nos traiga.

Cualquier pensamiento humano puede encontrar ahora un fluir fácil, de acuerdo al modo según el cual nos armonicemos con las energías superiores espirituales evolutivas. Hemos de vivir nuevas experiencias que nos obligan a luchar, tomar decisiones y ejercitar la voluntad ante lo desconocido o el conocido presente, mientras vamos realizando el trabajo que nos corresponde según las acciones efectuadas en el pasado reciente. Los nuevos alimentos que integramos al destino, y que pueden ser de orden físico, emocional o espiritual, nos sirven en nuestra senda evolutiva para el progreso y propósito de vida; además, ahora hay pautas que nos unen, nutren e integran psicológica, emocional y físicamente al todo universal, pero que a la vez nos separan de los demás. Y ambas cosas, cada vez más.

**Septuagésimo cuarto año**      **Júpiter** comienza por séptima vez su trígono de alejamiento con su posición natal; mientras están los **Nódulos Lunares** en su cuarta conjunción transitada con su posición inicial, y **Saturno** hace la última oposición con su posición original. La **Luna Progresada** hace su tercera cuadratura de regreso con su posición natal.

Como cada vez estamos más solos, salimos a cualquier parte buscando viejos conocidos; ya no es fácil que podamos recuperarnos de los fracasos económicos o emocionales. Si los hemos tenido, cuidamos nietos, estamos pendientes de los hijos, vivimos de los recuerdos, cada vez nos divertimos más con nosotros mismos.

**Júpiter** nos da un aliento de vida invitándonos como siempre bajo este aspecto a cosechar benéficamente lo que sembramos; y eso también genera ayudas, facilidades y oportunidades gracias a los esfuerzos acumulados y a la manera como hemos reaccionado ante las oportunidades en general que se nos brindaron y brindan para crecer; pues Júpiter ayuda a reconocer oportunidades evolutivas -y la expansión en particular- en el ámbito social o en grupos sociales naturales. Como debemos ser importantes para alguien, ahora sentimos la necesidad de experimentar lo divino y lo numinoso en nosotros, para luego proyectarlo al exterior de nuestras vidas con otras personas. Cada vez es más importante nuestra postura filosófica ante la vida y, desde esa óptica, cómo nos comparamos y relacionamos con los demás miembros de la comunidad.

Los **Nódulos Lunares** continúan ayudándonos en nuestra proyección hacia adelante y hacia arriba, y en la evolución de nuestros estados internos, según aprovechemos los sucesos externos; por tal motivo, nos es fundamental ser conscientes de las antiguas energías para redistribuirlas en las formas nuevas del presente. Tan solo que ese presente va ligado a la actualidad de nuestra memoria y a las nuevas lecciones que tenemos que aprender para que podamos continuar nuestra evolución. Necesitamos, entonces, desarrollar unas facultades que nos permitan el logro de nuestros anhelos a través de la voluntad y la pureza de intención. También debemos ser muy conscientes de cómo influyen los demás en nuestra evolución y crecimiento; así como las uniones más íntimas que han sobrevivido el paso de los años, y a las condiciones y circunstancias que nos ligan estrechamente con alguien en particular o con los demás en general.

La oposición de **Saturno** (no siempre a esta edad) es fundamental, pues nos permite ver cara a cara y por última vez en la vida, lo que ha sido nuestro destino, lo que traemos en la espalda y lo que debemos quitarnos como una cruz a cuestas que no necesitamos seguir cargando; pero, si creemos que la necesitamos, entonces es el momento para acomodar las cargas y seguir el camino sin renegar ni deprimirnos. Ahora comienza a ser más importante que nunca el hecho de que Saturno condiciona, disciplina y prepara al alma en evolución a través de las oportunidades necesarias para liberarse vida tras vida. Es como si él nos estuviera conduciendo hasta el umbral del primer abismo...

Saturno gobierna el sentido del tiempo en nosotros; es decir, nuestra duración física de vida de acuerdo al karma personal o con el Plan Divino. Como ahora somos capaces de comprender mucho más los límites de nuestra vida en este planeta, él nos va a revelar cómo bloqueamos y entorpecemos, defensivamente, las necesidades básicas de la existencia y que, sin embargo, son las que más necesitamos ahora.

La **Luna Progresada**, que maneja no sólo nuestra estructura física, sino nuestros ciclos emocionales y la sensación que tenemos acerca del tiempo; algo así como si en cada uno de nosotros, subiera o bajara la marea interna, comienza a mostrarnos los estragos del tiempo en nuestro cuerpo y en las emociones. Una vez más la Luna nos deja ver el depósito de hábitos necesarios para que podamos sobrevivir; así como influencias ancestrales y de la memoria, como recuerdos que hacemos acerca de quienes somos y fuimos como individuos cósmicos; y el olvido que también tenemos acerca del mismo tema. ¿Qué recuerdos de la infancia hemos de traer a nuestra memoria? ¿Para qué nos sirven? Lo iremos sabiendo con el pasar de los años.

Pero es importante olvidar y dejar atrás, todos los condicionamientos que marcaron los últimos años de nuestra vida, para poder orientarnos hacia otra etapa de nuestra vida venidera. Como es necesario permitir que algo nuevo germine en nuestro interior, debemos saber rebelarnos contra el status quo. Reconocer la grandeza del Sol en uno es reevaluar y reorganizar nuestra ideología y nuestros pensamientos, con respecto a alguna nueva fuente de potencialidades creativas. Reorientar y dejar atrás, es replantearnos y reevaluar todo lo que habíamos aceptado como cierto. Cada vez es más importante el hecho de que hay que aprender a revivir…

**Septuagésimo quinto año**    Aun cuando no hay un aspecto específico, continúan los efectos de los de la edad anterior, en especial la oposición de Saturno. Podemos estar solos, con los nietos que nos visitan y los hijos que por interés nos hacen venias; queremos vivir la vida con quienes nos apoyan, mientras algún trauma nos hace extrañar a alguien que nos hace falta.

Como Saturno hace permanentes todas las cosas ¿qué será lo que ha de hacer en nosotros? ¿Alguna enfermedad? ¿Qué nos traerá el destino desde lo exterior hacia el interior? Y como Saturno también se opone a todo cambio, debemos cuidarnos con el paso de los años, de no convertirnos en alguien caprichoso y cascarrabias; recuerden que Saturno representa el ego, la mente cerebral inferior y la voluntad personal. Tal vez en otras épocas tuvimos más aprendizaje por la teoría, pero definitivamente a Saturno le fascina el aprendizaje más por la práctica y sin anestesia. Y ahora nos exige, como siempre lo hizo, ser perfectos en nuestro perímetro de realidad diaria; así como reconocer en donde estamos detenidos en nuestro crecimiento.

Saturno nos sigue mostrando lo que debemos enfrentar antes de abrirnos al llamado Sí mismo Superior, y lo que somos capaces de efectuar en la realidad y en el escenario actual de nuestra vida. De nuestra cada vez más corta vida.

**Septuagésimo sexto año**    **Júpiter** está por séptima vez en su oposición con su posición natal; mientras **Urano** hace su único semisextil de acercamiento con su posición original. Termina una edad crítica para las personas acuario, que comenzó a los setenta años.

**Júpiter** siempre representa las aspiraciones futuras, pero con esta oposición, algunas de ellas se van a truncar; por tal motivo es muy importante conciliar en uno lo que está separado en dos. Ahora hay desequilibrios y dolencias, reacciones a iniciativas que nos llegan por parte de otras personas; asunto por el cual no hay que darle tanta importancia a un hecho determinado que nos haga sufrir. Está a prueba nuestra capacidad y frecuencia para tener puntos de vista amplios y comprensivos, así como creer en algo o en alguien con optimismo. Júpiter nos muestra en donde somos vulnerables, cómo nos entregamos a los demás y en donde ejercemos poder; así como la capacidad que tenemos para incrementarlo o para el despliegue de nuevas potencialidades. ¿Tenemos algún poder?

Es bueno ver qué tanta aceptación hacemos de la vida y las circunstancias que vivimos en este momento; pues vamos a necesitar mucho más espacio en vez e encerrarnos tanto, no solo en un sitio determinado sino en nosotros mismos. Para contrarrestar dicha situación, **Urano**, que supervisa la acción del alma sobre la personalidad, vela por lo que ahora es esencial en y para nosotros, pues aún tenemos ideas y pensamientos sin concretar; y que hay que liberar. Hay que cuidarnos de no tener un comportamiento impredecible para los demás, ya que Urano abre puertas hacia ideas excéntricas, y cambios de conciencia e ideas colectivas, para así poder tener una visión de progreso con nuevas perspectivas; aún con un cierto espíritu de contradicción aprovechando la oposición de Júpiter.

Lo que sí no hay que abandonar es nuestra curiosidad mental, ni las reformas sin precedentes; la redención de la forma anticuada y lo antitradicionalista. Urano saca lo caduco como un rechazo a Saturno. También hay que cambiar ciertos modos de vivir y tener nuevas metas, porque Urano nos ha de llevar a estados anímicos de crisis internas; y cualquier poder de decisión para salir de ellas se revela a través de toda clase de posibilidades latentes en nosotros. Urano libera lo encerrado y presionado ocultamente en nosotros, haciéndonos identificar con comportamientos y actitudes propias de la generación en la cual nacimos.

**Septuagésimo séptimo año**    La **Luna Progresada** hace su tercer sextil de regreso con su posición original. Es una edad crítica para las personas Piscis.

**Saturno** vuelve a ser importante (como si acaso hubiera dejado de serlo en algún momento de nuestra vida), porque de aquí en adelante y hasta cuando desencarnemos, rige todas las edades. Trae bloqueos, desequilibrios, dolencias, inconvenientes y molestias impulsivas que no nos dejan progresar; porque este aspecto habla de reorientar nuestras miras según la sociedad en la cual vivimos; y regenerarnos y entender nuestros procesos de percepción interna.

Como Saturno transmite el sentido de inmutabilidad en la perfección y todo lo que interesa retener para el alma humana, debemos estar muy atentos vigilando que nos trae ahora el destino. Él nos está mostrando las partes vulnerables de nuestro Yo y los mecanismos de defensa que tenemos para protegerlo (a lo que nos aferramos para protegernos) Igualmente nos deja ver nuestro proceso psíquico, aquel que desarrollamos mediante las experiencias saturninas del dolor, las limitaciones y la disciplina necesarias para crecer durante toda la vida; pues tarde o temprano seremos plenos y nos liberaremos de la tarea saturnina de ser lo que tenemos que ser; aquello que por destino nos corresponde ser y que Saturno, como súper yo, se encarga de vigilar de forma tal que nos duela en el alma y hasta nos despreciemos, si no alcanzamos a dar la nota que sabemos que debemos ser.

Saturno es la acumulación del conocimiento (que llega siempre con los años); la sobre carga de responsabilidades y la necesidad de satisfacer las expectativas sociales; pero también la forma como hemos de criticar a los demás y ser mezquinos, precisamente, porque creemos que sabemos más que los demás.

La **Luna Progresada** nos ayuda en el sostén emocional; pues ella rige nuestra naturaleza psíquica con todos sus estados de ánimo, y la búsqueda de una serie de necesidades (aún instintivas) de protección o de seguridad, que deseamos con el paso de los años. Es como si de nuevo, el mundo influyera en nuestras reformas personales y nos llegara desde allá un progreso positivo que nos hace sentir bien con nosotros mismos, a través del logro de nuestras metas. Pero también debemos devolver al medio social aquello que él "ha hecho" por nosotros; asunto que logramos hacer de manera providencial con el concurso de la vida misma a nuestro favor.

De todos modos debemos estar muy pendientes de las dependencias que hacemos para encontrar consuelo, sobrevivir y equilibrarnos emocionalmente; dejándonos llevar sin hacer ningún esfuerzo por alcanzar la conciencia de sí mismo. Seguramente ahora estamos estableciendo conexiones con los demás, a través de respuestas emocionales al contacto con otras personas de nuestro medio ambiente.

**Septuagésimo octavo año** **Júpiter** comienza por séptima vez su trígono de acercamiento con su posición natal; mientras la **Luna Progresada** hace su tercera semicuadratura de regreso con su posición original.

Ya sabemos que Saturno no nos abandonará sino cuando dejemos el cuerpo en la tumba. El peor error que podemos tener ahora es exagerar nuestra necesidad de mantenernos y conservarnos apegados a algo resistiéndonos al proceso transformador que se nos viene encima. Nada de miedos, pues Saturno separa la parte oscura y luminosa de la personalidad, arrancándonos la venda de los ojos para que contemplemos lo que puede ser visto desde las alturas, aún con autoexigencias exageradas; para así ser conscientes del "otro" que hay en nosotros, como poderoso creador del "sí mismo básico".

**Júpiter** nos trae ayuda al elevar nuestro nivel de comprensión, esperanzas, fe en nosotros mismos y en el prójimo, humanismo, idealismo, inspiración, tolerancia y entendimiento acerca de las necesidades ajenas y propias; por ello sentimos una gran empatía con el medio que nos puede permitir ver otra clase de realidad. Nuestro crecimiento personal, el desarrollo y la penetración espiritual, nos están ayudando a encontrar un nuevo significado a la vida por medio de la liberación de la sabiduría o de la creatividad. Como a pesar de los años, está apareciendo otra clase de gente adecuada para nosotros y dicho crecimiento, jamás debemos perder nuestro sentido de la aventura, porque con esas personas descubriremos otros mundos externos o internos.

La **Luna Progresada** nos advierte que hay que estar alerta (percepción consciente) a las posibles plagas y tormentas que se ven a lo lejos. En donde tenemos que adaptarnos por última vez y ceder a algo emocional en nuestro interior. Son las últimas dificultades que sentimos para conseguir lo que nos proponemos, y esto nos pone irritantes, nerviosos; genera fricción y afecta el honor y los estados morales. Por ello se recomienda estar alerta y meditar en la importancia de lo que queremos lograr con nuestra acción; además, hay la posibilidad de que no reconozcamos el mal que se nos acerca por fuera o por dentro. Por ello, vemos en este aspecto una serie de advertencias que nos pueden volver muy creativos para sortear dicho mal. Bajo estímulos sin realización aparente, vivimos a la expectativa sin poder finalizar lo que queremos. Trato de ver en este aspecto, la fricción necesaria para mantener vivo nuestro proyecto o abortarlo (se fundió un fusible) antes de que sea peor, pues los acontecimientos se precipitan como sea y por donde sea.

**Septuagésimo noveno año** Con su constante vaivén, la **Luna Negra** está acercándose a su novena conjunción por tránsito consigo misma;

mientras **Júpiter** hace por séptima vez la cuadratura de acercamiento con su posición natal, y **Saturno** efectúa el último trígono de acercamiento con su posición original. La **Luna Progresada** hace su tercer semisextil de acercamiento con su posición inicial.

Como la **Luna Negra** nos está invitando a que seamos el centro de interés, a una edad que si no es por nuestra sabiduría nos perjudicaría enormemente, hay que cuidarnos del utilitarismo y la manipulación emocional que podamos ejercer sobre los demás o ellos sobre nosotros. La Luna Negra representa esa sabiduría milenaria que sostiene la memoria cósmica, tal como las raíces al árbol; y es allí, precisamente, en donde debemos convertirnos en el centro del interés ajeno.

**Júpiter**, encargado de nutrir, preservar y perfeccionar todas las formas, hace un aspecto adverso, precisamente, para nuestra forma corporal a través de la salud. Preocupado por la justicia del orden natural de las cosas, y de la ley social y moral, nuestro interés debe estar enfocado ahora en servir de sabios consejeros a los demás, a pesar de nuestros achaques corporales. Júpiter trae la sabiduría por la expansión de nuestra conciencia y por la apertura de nuestra mente, potenciando así la evolución personal en cualquier situación que vivamos ahora. Aprovechando este aspecto, a esta edad debemos, cada vez más, recapacitar y aprovechar la sabiduría y conocimiento trabajados en la vida, y que ya son de nuestra permanente pertenencia.

Como en este momento nuestra amplitud de miras es más espiritual y filosófica que física, no debemos perder el sentido de la grandeza; porque Júpiter es la puerta abierta o garrocha para saltar los muros traídos ahora por Saturno. En ese sentido, el aspecto de **Saturno** es más favorable que adverso.

Entrando a la década de los ochenta años, tenemos que aprender a manejar las formas establecidas en nuestra vida bajo cualquier estructura; comenzando por nuestro propio cuerpo. No hay que olvidar que es a este planeta a quien corresponde materializar y estabilizar todo lo que toca; que son los huesos y partes duras de nuestro cuerpo lo que más interviene; y que son éstas las que más debemos atender en este momento en que la vejez va en aumento. Con Saturno debemos obstruir hasta al mismo mal, pues siempre protegió nuestra evolución y nuestro ego; pero ya casi abandona su tarea de protector... Y, aun cuando la edad de la muerte depende del conjunto astral en que nacimos, nos corresponde cada vez más estar atentos y vigilar...

El aspecto de la **Luna Progresada** nos trae un aliento de vida. La gran Piscina Universal en donde navegamos y tenemos nuestro ser, se nos presenta cada vez más como una realidad inevitable. En un principio fue el líquido amniótico del cual nacimos y ahora es el fluido universal en el cual vivimos; y que los años nos llevan a vivir inexorablemente. Terminando la década de los setenta, debemos pensar y sentir cada vez más en el hecho de que se nace-sale de la madre y se vuelve-entra a la Madre Tierra al morir.

Como la Luna es el filtro receptor de energías cósmicas que nos protege de grados de conciencia que no podríamos soportar, debemos apoyarnos cada vez más en filosofías de crecimiento o en personas que sepan acerca del tema de saber desencarnar. La Luna es el alma como receptáculo de la memoria; que es aquello que más debemos alimentar a esta edad, para saber zafarnos de los efectos del pasado; y como estamos regresando de nuevo a nosotros mismos, hay que ir rompiendo conscientemente con nuestra propia identidad y con todo nuestro pasado. Sembrar nuevos conceptos dentro de viejas estructuras no es fácil; por eso debemos ser conscientes de que existe algo mucho más amplio que nuestra propia personalidad; y que nada es para uno mismo y todo es para los demás.

¡Qué difícil es transformar el pasado en una mutación del futuro; y nuestras visiones en ideas para sembrar en las generaciones futuras! Es difícil, sí, pero hay que transmitir a alguien la esencia de todas nuestras experiencias; hay que unir a todos bajo una creencia común. De alguna manera, este semisextil de acercamiento de la Luna Progresada, nos permite completar el karma, por haber concentrado algún tipo de sabiduría para una nueva experiencia. Y con dicha experiencia vamos a confrontar la muerte.

**Octogésimo año**     **Júpiter** comienza por séptima vez el sextil de acercamiento con su posición natal.

Con el paso de los años, la década de los ochenta la comenzamos con un buen aspecto de **Júpiter** que nos invita a la apertura hacia el mañana con nuevas actitudes; nos es necesario sentir las nuevas energías que ahora fluyen; las fuerzas internas; las ideas y hasta las personas que nos persuaden e impulsan a lograr lo que deseamos y el objetivo primigenio de nuestra vida. Los años nos traen otro nivel de comprensión con mucha mayor objetividad, nuevos potenciales y una nueva oportunidad de vida antes de desencarnar; no debemos dejar morir las ansias que sentimos por aprender y conocer; mejor debemos aumentar mucho más la confianza en nosotros mismos y en la vida; y hasta alientos positivos con una sintonía natural y automática para reorganizarnos o llevar a cabo la realización de las ideas bajo la nueva comprensión, elaboración de estrategias y habilidades concretas para alcanzar ese crecimiento espiritual continuo que nos hemos propuesto.

Ahora tenemos una oportunidad más para no dejar morir lo que hemos sembrado o queremos hacer. Pero, para lograrlo, tenemos que trabajar de nuevo, interrelacionarnos con todo con más ímpetu y sabiduría; porque de pronto nos hemos dormido un poco esperando quien sabe qué y ahora hay que juntar medios y ayudas para continuar tras esa sensación de mayor libertad que debe embargarnos en este momento de la vida. Como ya debemos tener la capacidad espiritual para transformar lo negativo doloroso en positivo dichoso, hemos de fluir de nuevo con el medio ambiente; y sentirnos reanimados y a gusto por haber hecho lo que había que hacer para que no se nos aguara el final de la vida terrenal.

Como el sextil es aproximativo, el mundo debe influir en nuestras reformas personales, y desde afuera nos debe llegar ahora ayuda y un progreso positivo. Igualmente, hay que devolver al medio social aquello que él "hizo" por nosotros; y debemos lograr hacerlo de manera providencial, con el concurso de la vida misma a nuestro favor.

**Octogésimo primer año**     **Saturno** hace su tercera y última cuadratura de acercamiento con su posición natal.

Saturno se acerca contundentemente cada vez más cargado de años y con los achaques propios de la edad. Como es él quien provee el cascarón que sostiene al espíritu, ese cascarón que es nuestro cuerpo continúa su deterioro inexorable. Por tal motivo debemos ser muy claros con nosotros mismos y con lo que nos sucede, para poder identificar cuales son las energías que se resisten entre sí y producen esa especie de corto circuito en nuestra vitalidad; pues acicateados por los años, debemos incrementar nuestro potencial de logro; evolucionar nuestra conciencia; subsanarnos de confusiones de identidad o escisiones internas de la personalidad producidas en el remoto pasado, haciendo más conciencia de nosotros mismos.

Como dos partes en nosotros continúan tirando cada para su lado: el cuerpo hacia la tierra y el alma hacia la liberación, hay una tendencia a disgregarnos y vernos afectados anímica y corporalmente en medio de la congestión de potencialidades. ¿Será que hay falta de confianza propia? De ser así, es el mejor momento para experimentar y expresar de nuevo la energía que se nos está terminando y, como dice el dicho, "al mal tiempo, buena cara". Las facetas en conflicto en nosotros mismos hay que emparejarlas ahí: en nosotros; pues esta cuadratura es como un muro u obstáculo que debemos sortear y que no podemos ver como algo negativo, si no como una situación personal que nos sirve para ejercitar la paciencia, el aguante, y el optimismo necesario. Como nuevas fuerzas en nosotros nos pueden ayudar a solucionar dicha tensión corporal y espiritual, hay que indagar otras posibilidades y saber cruzar la esquina, etcétera. No podemos seguir viviendo como veníamos haciéndolo y, por lo tanto, nos es necesaria una regeneración total para continuar nuestra evolución. Es como si hubiera una guerra entre lo consciente y lo inconsciente, y nosotros fuéramos el último campo de batalla de esas fuerzas irresistibles, enfrentadas entre sí a veces por acciones ajenas a nuestra voluntad, pero que de todos modos nos afectan por el paso de los años saturninos.

Ante ello, tan sólo podemos aceptar la consecuencia del paso del tiempo y purificarnos en medio del dolor que esto nos produzca; pues, de todos modos, la ley saturnina está actuando cada vez más contundentemente sobre nosotros. Por un lado nos sentimos limitados, pero con una gran confianza en sí mismos y con capacidad de aguante a lo que se nos venga encima; y, por otro lado, no sólo de aguante, sino de hacer lo que sea necesario por lograr lo que nos proponemos, como un desafío peligroso a nuestros años: seguir viviendo.

**Octogésimo segundo año**      Está **Neptuno** en su única oposición con su posición natal, mientras la **Luna Progresada** hace su cuarto y último regreso con su posición original.

Este es un año interesante por la única oposición de **Neptuno** consigo mismo. Cada vez es más importante aprender a desprendernos de lo material, antes de que ello se desprenda de nosotros. No hay que dejar que la materia nos domine más, motivo por el cual debemos dejar -eso sí y de una vez por todas- aquello a lo que no tenemos que seguir aferrados emocional ni materialmente hablando. Buena edad para basarnos en la tranquilidad de espíritu para lograr la paz interior y la santa paciencia; y no compararnos con nadie y mucho menos añorar tiempos remotos que fueron mejores. Debemos bucear más en nosotros mismos, aumentar nuestra energía de una forma más interna que externa, y dejar los sentimientos de culpabilidad o soledad a un lado. Somos nosotros, nuestra memoria y el nivel de ser alcanzado, la voz de la conciencia que nos está juzgando. Si somos honestos, ya debemos saber lo que nos merecemos, pero con... amor. Cada vez más nos preocupa nuestro estado físico y mental; sentimos temor de enfermarnos de los nervios y nos asaltan pensamientos adversos que nos hablan de la mala suerte que hemos tenido; de las circunstancias que no nos fueron favorables y de cómo le hemos transmitido eso a otras personas que han vivido con nosotros. Todo lo contrario: debemos sentirnos vivos, más cerca de la verdadera vida, del origen de nuestro ser y de la serenidad de espíritu. Relajarnos, meditar u orar, son actitudes correctas para aprender a ser la soledad y estar en paz mirando el horizonte lejano que hay allá adentro. Como debemos aceptar el hecho de que cada vez dependemos más de otras personas, no podemos amargarnos; simplemente es así. Hay que cuidarse de sentirnos solos, de ser la víctima, el abandonado, el mártir y de cualquier sentimiento de este tipo, que nos dañaría la vejez. En cambio, hay que aceptar lo inevitable: paso a paso nos acercamos a la despedida final.

Pero el tercer regreso de la **Luna Progresada** a su posición natal también hace de este año algo especial. Como la Luna es la receptora de ciertas energías cósmicas que, en forma de grados de conciencia aún no podemos soportar, es el momento de imaginarnos de una forma neptuniana y lunar, cómo será la entrada a la gran matriz universal en la cual hemos estado navegando siempre... El eterno viaje del alma continúa.

Ahora hay que encontrar las imágenes de lo que será nuestra vida hasta el momento de dejar la carne; así como de estudiar la forma para poder absorber las inconsistencias de nuestra actual vida diaria; para seguir viviendo de acuerdo a normas justas, claras y corrientes en la sociedad humana que nos ve morir. Como la Luna es el pasado personal y símbolo de nuestra personalidad (mezcla de animal y de hombre, una especie de Yo que oponemos a lo que nos rodea), debemos cuidarnos de no volvernos una carga emocional para nadie debido a nuestro comportamiento infantil. Si no podemos cuidarnos, otros tendrán que hacerlo; y, tal vez, los mismos a quienes cuidamos y de quienes nos preocupamos cuando eran niños, lo harán con nosotros ahora.

La Luna refleja una serie de respuestas emocionales que damos a las fuerzas estimulantes de la vida, y cómo consideramos las necesidades y opiniones de otras personas, aún si estamos o no de acuerdo con aquello que creemos que los demás piensan o sienten acerca de nosotros; por eso vemos en este aspecto de la Luna no sólo cómo nos gustaría que los demás nos trataran, sino la simpatía y aversión por otras personas y los procesos para podernos separar emocionalmente de otros individuos en general. Así mismo, su ciclo nos informa cómo estar en buenos términos con nosotros mismos y con ellos. Para ser una semilla y formar otras semillas, nunca es tarde. De todos modos hay que seguir poniendo en duda las viejas estructuras sociales y familiares, para poder proyectar algo nuevo y una fuerte identidad, imagen o personalidad hacia nuevas experiencias, y sobre el mundo exterior o en los demás de forma espontánea, instintiva e impulsiva; y, a pesar de no quedarnos muchos años de vida, hay que unirse hasta el final a cada momento vivido. Para muchos sólo nos queda... Dios o el Eterno Ahora.

**Octogésimo tercer año**          **Júpiter** comienza por séptima vez la conjunción con su posición natal; mientras **Saturno** hace el último sextil de acercamiento con su posición original y **Urano** comienza el regreso a su posición inicial.

El aspecto de **Júpiter** nos trae alguna especie de alivio, de aceptación física o de ánimo para trabajar por comprensión de nuestra situación, las adversidades que podamos estar viviendo. También puede verse como un nuevo tipo de acción, de autoproyección, de interacción, unión o fusión nuestra, que genera automotivación, abundancia, cohesión, prominencia, incremento o solidaridad que motiva en nosotros un cambio personal. No hay que olvidar, que ahora hay una falta de objetividad que nubla nuestra percepción acerca de las demás personas y de uno mismo; por ello este aspecto se identifica con la obstinación y la unilateralidad en nuestro comportamiento emocional y mental. Júpiter nos ayuda a generar impulsos y nuevos comienzos; y verbos como aliar, entretejer y soldar, nos pueden definir muy bien la idea que se expresa a través de nuestro comportamiento.

**Saturno**, feliz con nuestra edad, hace un aspecto favorable. Cada vez está más interesado en permitir que la energía que se encuentra encerrada en la materia se libere y se fusione una vez más con el Todo. Es decir, que nosotros mismos nos liberemos del planeta Tierra, mientras la materia regresa sus componentes a la Madre Planeta. Saturno, el del intelecto abundante, derivado de *Satur Nous* o abundancia de conocimiento, nos permite basarnos en él para continuar o terminar nuestra existencia. El alma o lo espiritual, se ve dominada o limitada por la cruz de la materia que llevamos a cuestas; lo cual simboliza que Saturno es la concretización de las leyes en nosotros mismos; o sea, de aquellas que estamos próximos a liberarnos.

Saturno nos está mostrando el conocimiento de la esencia última del todo, y el fin supremo nuestro dentro de la humanidad que nos correspondió vivir en esta encarnación. ¿Por qué nos ha de extrañar lo que ahora vivimos, si toda la vida Saturno fue quien nos puso las pruebas, las normas disciplinarias y el camino a seguir, a cuyo final nos estamos acercando? Cada vez comprendemos con mayor facilidad, que el ciclo de Saturno fue el ejecutor de nuestro karma con todas aquellas pruebas y obligaciones por cumplir, no solo hasta aquí sino por los años que nos resten de vida. Debemos comprender con él el entendimiento de las leyes universales que sintetiza como verdades universales, y como única solución posible a nuestro razonamiento lógico; por eso, con Saturno discriminamos lo real de lo falso y entendemos la perfección de las estructuras de la sociedad universal. Saturno es la profundidad, son los procedimientos absolutistas, el puente del conocimiento entre el ser superior que somos y su reflejo en el ser inferior del cual ahora quiere separar la escoria; es el modo como hemos de proyectar la sombra, es la vida inmortal o eterna que nos espera… algún día y cada vez más cerca.

Pero esta edad trae sincronizado el inicio del retorno de **Urano** a su posición natal; es decir, estamos comenzando a cumplir un añito uraniano. ¡Qué jóvenes que estamos! Saturno nos agacha y Urano nos libera. Buena paradoja.

Urano nos trae esa libertad que tanto hemos ansiado desde los últimos años. Pero antes de que la energía se libere de la materia, nosotros tenemos que liberarnos de aquello a lo que nos encadenamos en lo emocional y físico principalmente. Como debe ser excelente irse de este planeta sin que nada nos afecte, hay que liberarnos de los absurdos y de lo absurdos que somos; gozar de nuestra percepción interna y dedicarle cada vez más tiempo a nuestra vida espiritual. Desde hace años que debemos estar buscando la libertad interna, conocer lo relacionado con posibilidad de vida luego de la muerte y ser más sabios con respecto a nosotros mismos. Es como si algo interno nos dijera que debemos comenzar de nuevo, en vez de creer que estamos terminando; lo cierto es que la edad es del cuerpo y nosotros NO somos el vehículo en el cual anduvimos por este planeta. Urano nos da esa plenitud cósmica constante del Yo, y poder transferente mágico y trascendente; así como la unificación de nuestros yoes superiores e inferiores, por medio del empleo inteligente de la mente para nuestro desarrollo espiritual, evolutivo y natural.

Hay que sobreponerse al ego saturnino y también lograr la comprensión de todo aquello que impide la realización espiritual; porque aún nos falta el último retorno de Saturno y hay que zafarnos de lo que más podamos antes de dicho regreso. Afortunadamente Urano es símbolo de la mente intuitiva, de la sabiduría, del verdadero conocimiento directo, instantáneo e inmediato a través del ser. Urano tipifica la fuerza de la vida por la cual nuestra voluntad trata de alcanzar lo Divino; igualmente, él encarna cualquier clase de cataclismo sea de nivel psicológico o físico, como aquel que nos puede suceder ahora a tan avanzada edad. Urano es la fuerza auto transformadora y liberadora de la energía que somos; pero libertad con respecto a las ataduras y estructuras caducas de cualquier tipo social, religioso, mental, físico o emocional.

**Octogésimo cuarto año**    **Júpiter** comienza por octava vez su sextil de alejamiento con su posición natal; mientras los **Nódulos Lunares** están haciendo su quinta y última oposición con su posición original. Dependiendo de la velocidad del planeta, **Plutón** comienza su única oposición con su posición natal y la **Luna Progresada** hace su cuarto y último semisextil de alejamiento con su posición inicial.

Comienza la ancianidad indicada por el único retorno de Urano desde el año pasado. **Júpiter**, el conciliador de los opuestos, debe ir haciendo su tarea con nuestra participación, para que la vida se nos haga más fácil con nosotros mismos y con las demás personas. Al fin y al cabo, con el Gran Benéfico que es él, no es fácil que podamos verlo cumplir una vuelta más de doce años en nuestra vida; debemos, entonces, empezar a quedar a paz y salvo con la humanidad. Se sintetiza en este ciclo la forma según la cual vemos a Dios gracias a la comprensión que hemos alcanzado y, seguramente, muchos de nosotros hemos de desencarnar mientras Júpiter se va alejando de su posición natal por séptima vez. Cada vez comprendemos más que el alma o la mente, deben levantarse por sobre, e ir más allá de la cruz que representa la materia en la cual hemos vivido. He aquí lo intelectual elevando a lo material o apoyándose en los elementos; es decir, la mente superior expandiéndose más allá de los limites materiales a los cuales estamos acercándonos.

Tampoco los **Nódulos Lunares** han de alcanzar de nuevo el aspecto que ahora hacen y en donde se miran cara a cara nuestro escaso futuro con nuestro abundante pasado y viceversa. ¿Qué se dirán? ¿Qué tendrán qué decirnos? ¿Estarán tratando de construir el esquema básico de la próxima vida? ¿Habrá una próxima vida? Si el Nódulo Norte es como una puerta de salida, estamos saliendo de todo nuestro pasado. Si ese mismo Nódulo es como una protección divina o providencial que nos asegura, no solamente la adquisición de la memoria que nos corresponde por lo vivido (Nódulo Sur), sino la distribución de la energía kármica tal y como la utilizamos en la presente vida, entonces tenemos que hacer memoria de lo que nos faltó por hacer y nos hubiera gustado llevar a cabo.

He aquí nuestro éxito debido a la voluntad espiritual en medio del camino que transitó y el pedacito temporal que le falta transitar al alma. Ingerir y dirigir nuestras energías, aquellas que se extienden en el tiempo y en el espacio, mucho más allá de la presente vida y cuerpo, son asuntos del Nódulo Norte. Tal futuro o estado desconocido y el paso que vamos a dar hacia él, comienza ahora por una puerta que nos lleva hacia el mañana y hacia una especie de fuente llena de nutrimentos; los mismos que alimentaron esa personalidad con la cual vivimos y que ahora, según el Nódulo Sur, debemos dejar atrás. En este momento podemos tener hambre de algo y no poder saciarnos y, si nos llenamos o adquirimos lo que deseábamos, quedar aún insatisfechos a cualquier nivel. Vemos en esta etapa de nuestra vida, nuestro poder de transformación espiritual; aquel que procede del sacrificio y la renuncia que nos lleva a trascender ahora todo lo material. En conclusión, estudiamos en el Nódulo Norte lo desconocido presente, pero también lo que hemos aprendido con anterioridad y a lo que hemos sido receptivos; asuntos que nos dan tranquilidad y que nos permiten evolucionar sin mucho esfuerzo, por los años (o meses) que nos queden de vida.

Es extraño alcanzar una oposición de **Plutón**, porque si él da la vuelta alrededor del Sol en unos 248 años, la mitad de años nos llevarían a su oposición al tener 124 años de edad. Pero como su órbita es tan errante, dependiendo de la época en que hubiéramos nacido, Plutón, por ejemplo, dura unos 30 años circulando por Tauro, unos 12 por Escorpión, su signo opuesto y en Leo como 20 años. Por ese motivo algunas personas alcanzamos a vivir su oposición y otros no; pero, cuando se da, es alrededor de esta edad.

Y entonces, la fuerza oculta de la naturaleza encerrada en nosotros, quiere liberarse del encierro en el cual ha vivido toda nuestra existencia. Plutón anuncia el fin de la forma en la cual hemos permanecido y formula nuestra angustia ante la muerte; el hecho de mirar de frente aquello que más tememos; a tomar conciencia del fin de un ciclo. Con este aspecto hay que barrer con el residuo kármico, mientras concretamos el Todo en el Uno universal hacia el cual vamos. Plutón nos conduce ahora al centro del vacío y hacia las pruebas que hacen desaparecer el miedo, cuando hacemos conciencia de que en nosotros hay algo indestructible.

Debemos aceptar que hay que descender a las más recónditas profundidades del alma y, sin engañarnos, despertar el genuino conocimiento del bien y del mal. Como tenemos muy poco tiempo para terminar de encarar directamente las cuestiones íntimas de la vida, Plutón nos está enseñando acerca del desapego por medio de cualquier tipo de sufrimiento; mientras hace estallar las fronteras y los puntos de referencia del yo. A esta edad tenemos excitado el miedo a la muerte y por tal motivo Plutón nos ha de guiar a través del abismo de la parca. Entre más nos resistamos a ella, él impone el cambio a quienes se resisten a dicho momento y nos introduce dentro de nuestro propio infierno; entonces, es mejor penetrar en el núcleo de esta experiencia y renacer conscientemente.

Hay que ir en búsqueda de causas ocultas y motivaciones inconscientes; limpiar y eliminar los residuos nocivos, y llegar al fondo de las cosas; pues Plutón personifica los cambios profundos y radicales, y pone a prueba nuestros límites y dolorosamente en contacto con la muerte; así como fin a una vieja forma de expresión o de vida, para que la energía pueda circular de nuevo intensamente. ¿En otra vida? Para eso y por tal motivo, hay que prepararnos para la muerte prescindiendo de lo viejo a través del dolor; pues si Plutón presidie las grandes transformaciones telúricas y nos presiona para que saquemos la verdad de nuestro interior, ahora sí que vamos a saber quienes somos.

Obviamente este ciclo está produciendo en nosotros más decadencia y desintegración; porque él promueve la desintegración mientras propulsa el progreso real del propio espíritu; pero, como también está provocando en nosotros la crisis que precede al renacimiento, hay que pulir el Yo. Ojalá haya tiempo para que reaccionemos con persistencia y reciclemos lo que podamos alcanzar a renovar de nuestro Yo que ahora recuerda el inquietante hecho de su mortalidad pasajera. Mientras se regenera la materia por medio del espíritu, debemos hacer conciencia del hecho de estar reintegrándonos positivamente en el Todo que presentimos. ¡Vamos a renacer totalmente! Pero, por ahora, tenemos que resurgir después de las más duras pruebas físicas y emocionales. ¿Qué de nosotros ha de sobrevivir y perdurar ante la muerte inevitable y la destrucción, sin perder la potencia creadora? Lo sabremos cuando aprendamos a unir el impulso por la vida (Eros) con el impulso por la muerte (Tánatos) Así como aceptamos el primero debemos saber aceptar el segundo.

La **Luna Progresada** también se está despidiendo de sus aspectos y en este caso ayuda a Plutón. ¿Acaso nos quedan algunos deseos por satisfacer o necesidades caprichosas y fantasiosas, reales o materiales? Alejándonos de la nostalgia, debemos trabajar nuestros sentimientos claros y puros; que no nos afecte el humor cambiante para bien o para mal, incluyendo la felicidad de vivir y el bienestar físico que aún nos pueda quedar. Hay que respetar nuestra ancianidad, trabajando sobre la adaptabilidad al mundo cambiante o al medio ambiente que nos atrae en este momento, y la necesidad de proteger y fortalecer nuestro centro emocional para lograr la satisfacción interior, a una edad en la cual no nos queda mucho tiempo para lograrlo.

**Octogésimo quinto año** **Júpiter** comienza por octava vez su cuadratura de alejamiento con su posición natal; mientras la **Luna Progresada** hace su cuarta y última semicuadratura de alejamiento con su posición original.

Cuando **Júpiter** hace cuadraturas, todo su significado choca contra aquel que significa la cuadratura; mientras él habla de expansiones y beneficios, la cuadratura habla de asuntos truncados y dificultades que se ciernen sobre nuestra vida. Puede que en otras edades de nuestra existencia no las hubiéramos sentido tan difíciles, pero ya cerca de los noventa el asunto no es tan fácil. Nuestro humor, tal vez debido al estado de salud o a la manera en que nos corresponde vivir, nos lleva a acciones abruptas, agudas y enérgicas en situaciones difíciles; de pronto sentimos "amenazas" por todas partes que nos llevan a vivir en una constante batalla interior. Es obvio que hay bloqueos de energía, y los cambios drásticos en nuestro organismo y vida producen choques en asuntos que, precisamente, son aquellos que tenemos que conciliar en nosotros y con las demás personas. Pero, cada vez estamos más lejos de todo el mundo y en nuestro propio mundo.

Esta contradicción, genera en nosotros conflictos y crisis inevitables, divergencias y divisiones internas, en donde los demás ni ven ni tienen por qué ser culpables de nuestro dolor; la cuadratura nos trae dudas, nos entorpece, nos frena, nos frustra; es una fuerza irresistible que de golpe nos llena de impedimentos, miedo, necesidad y sentido de esfuerzos, de nuevos esfuerzos en medio del crecimiento que él representa y que la cuadratura trunca.

La **Luna Progresada** apoya la cuadratura de Júpiter con una semicuadratura, ambas de alejamiento. Cada vez más tenemos que aprender a adaptarnos y ceder, pues se adueña de nosotros el desánimo, el desgano general y la terquedad por no admitir lo inexorable. Tenemos un problema en nuestras manos y no sabemos que hacer con él: nosotros mismos. Una fuerza pasiva se ha metido en nuestra vida, y pareciera que se está gestando un mal que nos pone irritantes y nerviosos. Estamos a la expectativa sin poder finalizar lo que queremos, y esto produce el mantenimiento de nuestra tensión activa; y eso es algo que nos puede debilitar en nuestro obrar y hacernos menos consciente de lo esperado.

Derramamos sobre el exterior toda nuestra insatisfacción; exigimos que los demás se amolden a nosotros y es, precisamente dicha actitud, quien atrae los resultados negativos que ahora vivimos. Hay una hostilidad sorda de parte nuestra, y una inadaptación muy real que, si la analizamos a fondo, nos puede mostrar cual es nuestra posición con respecto al mundo en general, para así encontrar otra clase de valores y hacer los ajustes necesarios, interna y externamente, para salir del percance al cual nos ata nuestra determinada situación. Es allí cuando necesitamos de toda nuestra buena voluntad y dominio sobre sí mismo, para no parecer como unos ancianos desadaptados. Los demás nos quieren pero… más nos sienten lástima.

Ahora es más mucho fácil liberarse del pasado que en la década anterior; así como luchar sobre las dependencias de pasadas circunstancias y contra las fuerzas de la inercia para poder seguir hacia adelante. Hay que movilizar la energía y los recursos personales con los cuales contamos, mientras vamos observando y aprovechando todas las oportunidades que el medio nos brinda para hacerlo. Como organizar la experiencia exterior no ha de ser tan fácil, hay que permanecer fiel al instinto personal que pone de manifiesto nuestra frágil identidad, nuestras potencialidades y visiones.

**Octogésimo sexto año**      **Júpiter** comienza por octava vez su trígono de alejamiento con su posición natal; mientras la **Luna Progresada** hace su cuarto y último sextil de alejamiento con su posición inicial; y el **Ascendente Progresado** está iniciando su primera y única cuadratura de alejamiento con el Ascendente original.

Como este aspecto de **Júpiter** nos abre la puerta o conexión entre el consciente y el inconsciente, muchos sentimos esa aspiración religiosa o mística del deseo de crecimiento y de la forma de abrirnos, con la esperanza de que nuestra calidad de vida sea lo mejor que podamos tener. El desapego liberador, la reflexión, la comprensión, la tolerancia y la tranquilidad que nos deben acompañar, nos ayudan para irnos rindiendo cada vez más a lo inexorable. Ahora estamos muy próximos -cada vez más- a conocer la verdad y en donde nos hemos de topar con ella o la verdad que la Divinidad nos revela. Siendo así, poco a poco se van adueñando de nosotros el sedentarismo y el conformismo tan típico de Júpiter.

Con el aspecto de la **Luna Progresada** llega la última apertura hacia nuevas actitudes, pero también fluyen nuevas energías, fuerzas internas, ideas y personas que nos persuaden e impulsan cada vez más a lograr lo que deseamos; es decir, el objetivo primigenio: saber morir.

El **Ascendente Progresado** con esta cuadratura indica nuestro malestar con nosotros mismos. ¿Alcanzaremos a definir un nuevo estilo de vida que debemos aprovechar para cambiar las perspectivas de nuestro viejo yo-personalidad? Si el Ascendente natal indica la forma con la cual nos conectamos con el mundo, esta cuadratura nos puede volver seres inconformes y amargados por ese mismo hecho. En pocas palabras, y para no sufrir por ello, debemos hacer una renovación total de la forma como acostumbrábamos interactuar con el entorno y la proyección hacia nosotros mismos.

**Octogésimo séptimo año**    Esta edad es la continuación de los aspectos anteriores, en donde de todos modos **Saturno** sigue mandando por los achaques de los años y sus limitaciones en el tiempo. Estamos como detenidos y limitando nuestra expresión creativa; juzgándonos y censurándonos excesivamente. Ahora sí que Saturno nos muestra en donde nos sentimos incapaces y torpes; en donde se adueña de nosotros cualquier clase de restricción; en donde no hay ni habrá... anestesia. Estamos cada vez más en manos del sufrimiento, del temor, de confesar nuestros pecados, de hacer penitencias y de la recompensa duradera. Andamos cerca de las fronteras de la conciencia del ego y de su manifestación (la aceptación muy realista de esos límites humanos)

Estamos al final de la exploración de los límites de nuestra conciencia, que encierra todo aquello acerca de lo cual hemos logrado llegar a ser conscientes; y por ello Saturno toma ahora el papel de faro, de fuente de fuerza que nos conduce a un objetivo determinado, y en especial a la libertad mediante comprendernos a nosotros mismos a través de experiencias particulares de esta edad. Saturno encarna el poder de sostener y retener, así como la necesidad de crecimiento y desarrollo; la capacidad para establecer límites a nuestro alrededor y por lo tanto la urgencia de sobrevivir (también es símbolo de incapacidad y de sentimiento de inferioridad) en el mundo físico como individuo y como colectividad; pues, igualmente, representa sentirnos completamente inadecuados en un sitio o momento en particular. Y cada vez más.

Este ciclo nos lleva a aceptar la dura realidad y a basarnos en toda nuestra experiencia; también nos indica qué es lo que debemos ajustar ahora para ayudarnos a nosotros mismos en la vida interna; por lo tanto, es necesario basarnos en la capacidad de raciocinio y aceptación que nos queda; así como en la resistencia y la habilidad que desarrollamos para ejecutar las cosas hasta el final ya cercano. Él refina, a través del sacrificio necesario e implacable, las envolturas en las cuales estamos metidos. Cada vez más, sentimos en nuestro interior la lucha entre la personalidad y la verdadera individualidad; entre lo inferior y lo superior; lo mortalpersonal y lo inmortal-espiritual, es decir entre Saturno que nos mata y Júpiter que nos eleva... para que nazca una nueva vida; y así dejemos de ser una personalidad planetaria para convertirnos en un individuo solar... por el momento. Pues luego tendremos que dejar de ser ese individuo solar para convertirnos en uno galáctico... etcétera. Nos espera el Eterno Ahora.

A esta edad, la **Luna Negra** tan solo nos puede traer el conocimiento arcaico milenario que siempre genera automotivación y abundancia; y conlleva una crisis en la cual deseamos generar impulsos que nos permitan entregar el cuerpo a la Madre Tierra. Trabajando sobre estos sectores de nuestra vida, podemos dejar atrás lo falso para realizar nuestro verdadero ser, al ir fulminando todo aquello que nos domina, al mismo que tiempo que vamos purificando aquello que nos sana el alma; porque al cuerpo ya no lo sana sino la muerte.

Con el aspecto de **Júpiter**, aceptamos la nueva información y las pocas nuevas experiencias que puedan llegar a nuestra vida en el estado actual en el que nos encontramos; él es la espiritualidad, la generación y el revelador de las cosas secretas u ocultas. En ese sentido, también es el telón para la proyección de lo Divino y cómo utilizamos el escenario final de nuestra existencia terrenal que, en un sentido negativo, es andar en las nubes de la incertidumbre. ¿Qué será de nosotros más allá? ¿Habrá más allá?

En el tercer ciclo de **Saturno** (pasados los 85 años) no es mucho lo que hay que decir; porque además no mucha gente piensa en su mañana más allá de la muerte saturnina. Simplemente, al estar mirando cómo se nos muere la vida terrenal, debemos hacer una introspección general, aceptarnos de nuevo para que no cargar sentimientos de culpa y poder dejar las cargas atrás. La soledad y nuestra vocación son ahora nuestras compañeras inseparables, así estemos rodeado de hijos y nietos; y como ahora usted es su juez y su sentencia, debe firmar el veredicto con honestidad, pues sólo usted sabe que hizo, que dejo de hacer y, por lo tanto, sabe qué merece. En el tercer y último retorno de Saturno sobre su posición natal, son más subjetivas que nunca las necesidades de estructurar nuestra identidad universal para destruir el ego terrenal; al fin y al cabo hemos trascendido el qué dirán. Como hay más estabilidad cuando Saturno transita favorablemente su posición natal, observe el signo natal de dicho planeta, su propio signo solar y, si aún hay tiempo, vigile las áreas de la salud mencionadas en dichas secciones. ¿Acaso usted estaba en el mundo o era del mundo? Corte con todo y estudie muy detenidamente sus Casas IV (estado en la vejez), la Casa VI (enfermedades) y la VIII (la muerte) con la posición de los regentes de este sector de su carta, pues es hora de despedirse de Saturno para volver al origen en donde lo espera... el Eterno Ahora.

Cerca de los 90 años, el **Sol Progresado** comienza su única cuadratura de alejamiento consigo mismo y, por lo tanto, nuestra esencia está próxima a despedirse de esta encarnación. Lo supraconsciente-espíritu que requirió de un intelecto-conciencia, está cada vez más en manos de lo que disponga eso que llamamos Divinidad; de la totalidad sin comienzo ni fin; de la unidad principal; del universo y de la eternidad o eterna unidad de la vida representada en nosotros por el Sol y de quien hemos sido su experimento terrenal. Nos aproximamos al origen de la fuerza eterna de la vida, o de la energía vital básica siempre en evolución (o Yo Superior básico fundamental e interior de cada quien) y hacia donde queremos ir, y en lo que ansiamos alcanzar o convertirnos.

El Sol progresando hasta esta edad, es símbolo de nuestro avance dentro del espíritu universal; de la voluntad (aún interior y la voluntad única cósmica); de lo consciente y de los poderes de la mente consciente (la razón y el intelecto), asuntos que nos pueden servir para entrar en el proceso de definir nuestra propia individualidad e independencia; así como nuestro propio sentimiento de esa realidad individual o principio heroico como modelo de perfección que está finalizando su experiencia. Es ahora cuando debemos comprender cual fue y por qué, la senda que nos correspondió recorrer para poder ser una identidad aparte y propia; esa que somos ahora.

La **Luna Progresada** parece querer acompañar al Sol Progresado en su despedida, haciendo ambos una cuadratura de alejamiento. Dependiendo de nuestra evolución espiritual, nuestro centro emocional nos acompañara -bien o mal- en esta despedida. Progresó el alma y progresó la esencia.

**Octogésimo noveno año**   Comienza **Urano** su segundo semisextil de alejamiento con su posición natal; mientras el **Medio Cielo Progresado** está haciendo su primera y única cuadratura de alejamiento con su posición natal.

No podía faltar **Urano** a esta avanzada edad de nuestra vida, cuando es él quien preside la liberación de la energía contenida en la materia. He aquí nuestra voluntad tratando de alcanzar lo Divino, en un momento en el cual se acerca el verdadero despertar y esas ansias de independizarnos, romper y sacudir toda la existencia. Bienaventurado aquel que abandona la pasión de un momento por una promesa que aún no ha visto, dijo Cristo en los Evangelios Apócrifos. Se trata entonces de conciliar, por última vez, las fuerzas en uno mismo, para lograr liberarnos sintiéndonos muy impresionables y delicados, para enfrentarnos a semejante empresa como es la de saber morir; por ese motivo tenemos que cuidarnos y prepararnos, sin olvidar lo que queremos lograr, interna o externamente, en el lejano futuro... que es, a más tardar, mañana.

Con el Medio Cielo Progresado podemos sentirnos en paz o en crisis, al haber hecho o no haber realizado nuestra misión sobre la Tierra; y eso depende de nuestra sinceridad consigo mismos. Si nuestra conclusión es negativa, la ruina emocional en ese sentido es total por medio de una lucha con nuestras ambiciones conflictivas, y en asuntos incompatibles en nosotros mismos; por lo tanto nos corresponde saber adaptarnos a las circunstancias de cualquier índole que estemos viviendo en ese sentido. Tal vez pueda ser este tema y sus resultados, lo que menos nos importa a estas alturas de la vida. ¿Qué hemos de hacer, si lo que necesitamos ahora es dejar las bases conocidas y cortar todos los cordones umbilicales que nos dieron seguridad, y aquella confianza que estamos cambiando por incertidumbre? No nos queda más remedio que aceptar el consejo de Urano y aprender a liberar energías en tensión en nosotros mismos, aún en el subconsciente.

**Nonagésimo año**   **Júpiter** comienza por octava vez su trígono de acercamiento con su posición natal; mientras la **Luna Progresada** hace su cuarto y último trígono de alejamiento con su posición original.

Ahora ha comenzado la senilidad, que durante los próximos 10 años nos llevará de su mano hasta la decrepitud...

Con su aspecto, **Júpiter** nos dice que es época para desentendernos de todo lo que nos afana, y gozar de la poca vida color de rosa que nos pueda quedar; que es una época de comprensión con la cual no contábamos y que, de pronto, podemos durar vivos unos cuantos años más. Al fin y al cabo el aspecto es positivo y Júpiter detesta las funerarias... Es el momento, entonces, para saciar nuestra sed del infinito cósmico como símbolo del alma que se acerca a la energía suprema al tener acceso al universo.

La **Luna Progresada**, acompaña a Júpiter con su excelente trígono de acercamiento haciendo ella misma el de alejamiento con su posición natal. Se despide de nosotros como queriéndonos decir que estamos ya cerca de casa; que siempre nos aceptó y defendió nuestros sentimientos; que toda la vida nos cuidó y protegió; que nos aceptó como fuimos y nos apoyó emocionalmente; que constantemente nos calmó en nuestras angustias, ansiedades, miedos y rabia. Y que lo seguirá haciendo en este momento de la despedida, porque eso es lo único que ella sabe hacer: amar al Gran Hacedor... sea quien sea, sea lo que sea, y si es que lo hay.

Made in the USA
Columbia, SC
27 June 2020